本书为河南理工大学博士基金项目"基于中国传统文化的民营企业道德责任研究"（SKB2013-16）成果，并获得河南理工大学马克思主义学院经费资助

基于马克思主义人本观的企业道德责任研究

魏新强 著

中国社会科学出版社

图书在版编目(CIP)数据

基于马克思主义人本观的企业道德责任研究/魏新强著.—北京:中国社会科学出版社,2016.8

ISBN 978-7-5161-8665-7

Ⅰ.①基… Ⅱ.①魏… Ⅲ.①马克思主义—人本主义—研究 ②企业—职业道德—研究 Ⅳ.①A811.63②F270-05

中国版本图书馆 CIP 数据核字(2016)第 174974 号

出 版 人	赵剑英
责任编辑	田 文
特约编辑	陈 琳
责任校对	张爱华
责任印制	王 超

出　　版	中国社会科学出版社
社　　址	北京鼓楼西大街甲 158 号
邮　　编	100720
网　　址	http://www.csspw.cn
发 行 部	010-84083685
门 市 部	010-84029450
经　　销	新华书店及其他书店

印　　刷	北京明恒达印务有限公司
装　　订	廊坊市广阳区广增装订厂
版　　次	2016 年 8 月第 1 版
印　　次	2016 年 8 月第 1 次印刷

开　　本	710×1000　1/16
印　　张	15.75
插　　页	2
字　　数	231 千字
定　　价	59.00 元

目　　录

绪　　论

一　研究的背景及研究问题的提出

企业道德责任研究缘于 20 世纪中后期企业生产经营的实践。第二次世界大战以后，随着世界经济的恢复与高速发展，企业利益与社会整体利益之间的紧张关系日益凸显。与此同时，社会各界开始密切关注企业社会责任，特别是作为企业社会责任重要维度之一的企业道德责任问题。作为对现实问题的回应，学术界也以积极的姿态对企业道德责任问题提出了种种理论构想。企业道德责任的核心问题是构建企业与其利益相关者（The stakeholders）之间的和谐关系。由此而引发出企业利益相关者对企业的责任要求，其中就有从人本的视角思索企业道德责任这一维度。

（一）研究的国际背景

国外企业道德责任缺失带来了一系列社会问题。20 世纪中后期，国外特别是西方发达国家和地区的一些企业在利润最大化理念支配下，往往忽视甚至漠视其本应当履行的道德责任，由此造成了对员工、消费者和社会公众权益的严重侵害。

首先是国外企业对其内部利益相关者的道德责任缺失。这主要表现在企业漠视道德责任规范，肆意损害员工基本权益等方面。20世纪中后期以来，一些企业在利润最大化理念的驱动下，往往漠视对员工应然的道德责任，不主动提高员工的福利待遇，不积极改善企业的生产经营条件，致使这些企业员工的基本生活、身心健康甚至生命安全得不到有效保障。例如，20 世纪 80 年代，美国乃至世界最大的运动鞋和运动服生产企业——耐克公司，因一味追求自身的利润最大化，在生产经营活动中肆意剥削和压迫员工，故被国际舆论称为"血汗工厂"。在该企业的印度尼西亚工厂，跑鞋生产线上的女工每天工作时间 10.5 个小时，每周工作 6 天，而每天的工资收入仅为 1.03 美元，这甚至难以维持女工的基本生活；在该企业的越南工厂，生产车间"有毒气体超过越南和美国标准，导致 77% 的工人患上呼吸道疾病"①。美国耐克公司的上述生产经营状况是国外企业"血汗经营"的一个标本镜像，折射出资本主义生产经营模式所存在的现实矛盾和人本危机，凸显了企业道德责任缺失给企业员工乃至整个国际社会带来的巨大危害。

其次是企业对其外部利益相关者的道德责任缺失。这主要表现在企业漠视消费者和社会公众权益等方面。在消费者权益方面，一些企业时常生产出存在明显安全隐患的产品出售给消费者；还有一些企业采取隐瞒事实真相、发布虚假广告等手段，蓄意欺骗消费者。例如，20 世纪 70 年代，美国药品企业罗宾斯公司无视使用者安全而生产销售严重危害消费者健康权益的"达康顿"产品，结果造成"15 名女性死于严重的盆腔炎，超过 6 万名女性流产，几百名女性生出的孩子具有严重的先天残疾"②。上述案例充分暴露出部分企业唯利是图的贪婪本性。在社会公众权益方面，部分企业漠视基本的道义和责任，公开质疑企业慈善捐赠行为的合法性。这些企业认为，慈善捐赠就是盗窃企业股东利益，然后无偿施舍给穷人，这是一种典型的杀富济贫行为。在这一错误理念的支配下，这些企业始终对慈善事业漠不关心。例如，20 世纪 50 年代以来，美国企业的总体捐赠金额仅维持在美国全部企业税前利润的 1% 左右，"这个数字远远小于 10% 的免税上限"③。同时，部分企业在利润的诱惑下，对自然资源实施粗放型开采和使用，肆意排放废气、

---

① ［美］约翰·斯坦纳、乔治·斯坦纳：《企业、政府与社会》，诸大建、许艳芳、吴怡等译，人民邮电出版社 2015 年版，第 162 页。

② ［美］琳达·K. 屈维诺、凯瑟琳·A. 尼尔森：《商业伦理管理》第 4 版，何训译，电子工业出版社 2010 年版，第 181 页。

③ ［美］约翰·斯坦纳、乔治·斯坦纳：《企业、政府与社会》，诸大建、许艳芳、吴怡等译，人民邮电出版社 2015 年版，第 153 页。

废水、废渣等有毒有害物质，引发大气、水体以及土壤污染等直接威胁到人类自身健康与生命安全的严重后果。例如，1952 年，英国伦敦地区出现的"毒化学烟雾"事件，导致该地区 3000 多居民因患呼吸道疾病而死亡；1953 年，日本一个海滨的居民因食用受企业污染的贝类食品，导致许多居民因此而出现狂怒症、精神失常，甚至导致部分居民死亡。20 世纪至今，企业对自然环境的破坏是人类面临的最为严重的社会问题之一，这一问题严重威胁着人类自身的生存与发展。

国外企业道德责任缺失引发了社会各界的强烈抗议。随着人们对基本人权、公平消费以及可持续发展理念的认同，国外一些地区的员工、消费者及社会公众组织了一系列主要针对企业道德责任缺失问题的社会运动，其中包括劳工运动、消费者运动及环境保护运动等。这些社会运动旨在要求企业在生产经营活动中主动履行对其利益相关者的道德责任。如劳工运动，其宗旨就是维护员工权益。18 世纪以来，国外企业道德责任缺失行为受到了社会舆论的强烈抨击，并激起了一系列劳工运动。企业员工为了维护自己的政治和经济权益，通过大规模罢工、损毁生产设施等方式，与企业的道德责任缺失行为进行了坚决斗争。又如，消费者运动，其宗旨就是倡导与保护消费者权益。消费者运动不仅及时揭露了企业的不道德行为，而且领导消费者通过一定渠道向不道德的企业索赔，甚至引导消费者以"拒绝购买"的方法来抵制不道德的企业。在消费者运动的引导与熏陶下，西方社会的消费者普遍关心企业产品的质量与安全，关注企业在生产经营过程中是否承担了道德责任。另外，环境保护运动，其初衷就是保护社会公众的根本权益。20 世纪 60 年代以来，面对全球性生态危机对人类生存与发展构成的严峻挑战，人们开始反思传统的经济增长模式，随之在西方社会兴起了一系列以"反对环境污染，保护自然平衡，为人类创造良好生存环境"为主题的环境保护运动。在世界第一个地球日当天，即 1970 年 4 月 22日，来自美国 10000 多所中小学、2000 余所高等院校、2000 多个社区、工商界以及联邦政府的 2000 多万环境保护主义者参加示威活动，抵制企业破坏自然环境的不道德行为，并要求政府采取有效措施治理环境污染。这场运动推动了美国荒野协会、山峦俱乐部、环境保护基金会、全国自然资源保护委员会等各种民间或半民间环境保护组织的产生与发展。显然，这些社会运动已经直接影响到企业的社会声誉和经济利益，甚至造成一些企业的破产和倒闭。严峻的现实告诉企业经营者，忽视道德责任，必将危及企业自身的生存与发展。

企业道德责任缺失引起了社会各界对企业道德责任研究的重视。20世纪60年代以后，陆续出现的一系列直接或间接涉及企业道德责任问题的社会运动，对促进企业道德责任研究发挥了积极的催化作用。这时，国际社会开始密切关注企业道德责任问题。例如，1997年发起于美国的全球报告倡议，旨在提供一个普遍为人们所接受的企业可持续发展报告框架。随后全球报告倡议组织（GRI）在西方社会得到快速发展，"在11年的历程中，全球报告倡议组织机构由1999年的10个增加到2009年的1100个。"① 全球报告倡议组织提倡企业秉承可持续发展理念，并制定GRI指南，涉及企业的劳工措施、人权绩效、产品责任、环境绩效及合理工作绩效等可持续发展指标。目前，全球报告倡议是最著名和最常用的企业道德责任框架体系，已经被65个国家的众多企业所采用。同时，一些比较严肃的企业家也开始认真思考企业道德责任问题，着手把人本道德理念渗透到企业生产经营活动中去，以此推进社会善（social good）的进步。英国企业家理查德·布兰森就认为："要做一个有道德的企业，你必须考虑企业在经营过程中对其他人造成的影响。"② 美国企业家洛克菲勒一生共向社会捐助5.5亿美元，并设立慈善基金；2008年，美国企业家比尔·盖茨将个人的580亿

---

① Ralitza Nikolaeva and Marta Bicho, "The Role of Institutional and Reputational Factors in the Voluntary Adoption of Corporate Social Responsibility Reporting Standards", *Journal of the Academy of Marketing Science*, Vol. 39, No. 1, February 2011, p. 150.

② ［英］理查德·布兰森：《商界裸奔——一切生意的绝对秘密》，李志斌、郑云辉译，中信出版社2015年版，第251页。

美元资产捐献给比尔和梅琳达·盖茨基金会。虽然不同的企业意味着承担不同的道德责任，然而它却在客观上要求企业行为应当有益于社会，从而改变那些不道德或反社会的行为。与此同时，学术界也开始反思企业道德责任问题。20世纪60年代至70年代，美国学者先后编写了《企业伦理案例》、《公司的社会责任》、《伦理学、自由经营和公共政策：企业中的道德问题论文集》等企业伦理学著作，对企业道德责任问题进行了较为系统的分析，倡导企业生产经营要坚守道德底线。对此，美国管理学家安德鲁斯指出，企业的首要目标是维持企业自身的生存，而决定企业自身生存的正是企业的利益相关者；企业的次要目标才是谋求利润最大化。

（二）研究的国内背景

新中国成立60多年来，经历了快速工业化进程和市场经济体制改革，经济与社会发展取得了举世瞩目的成就。企业从计划经济体制下政府的附属物转变为自主决策、独立运营的法人，并成为经济文明的主要载体和社会文明的重要体现。然而，历史通常惊人地相似，当代我国企业发展历程中所面临的道德困境如同是在重现发达国家的企业发展史。在中国经济模式奇迹般发展的同时，由于企业道德责任缺失而引发的社会问题不断加剧，侵犯员工、消费者和社会公众权益等道德责任缺失问题层出不穷，对整个社会的和谐与发展造成了巨大威胁。

首先是企业对其内部利益相关者的道德责任缺失。这主要表现在企业损害员工的基本权益等方面。在我国当前的经济体制下，由于企业对生产资料的垄断，加之我国剩余劳动力大量存在，劳动力商品长期处于买方市场状况。因此，掌控雇佣权力的企业在劳动力市场中处于强势地位。这一状况导致我国企业员工权益长期得不到应有的保护。在此情形下，部分企业漠视马克思主义人本观，逃避理应履行的对员工的道德责任，主要体现在企业不与员工订立劳动合同，不主动提高员工福利，甚至蓄意拖欠克扣员工工资；企业在劳动用工方面存在身份、户籍和性别歧视；企业对员工缺乏人本关怀，任意延长劳动时间，忽视员工工作中的防护措施，致使企业在生产过程中工伤事故频发，严重危及员工的身心健康与生命安全。例如，2010 年"富士康连跳事件"成为中国舆论关注的焦点。富士康推行半军事化管理，忽视员工的基本权益，致使员工频频跳楼自残。又如，近年来四川省企业员工受职业病危害的范围在不断扩大。截至 2014 年 3 月，四川省"非煤矿企业共 21830 家申报职业病危害，申报职业病危害企业的职工总人数为 248.4 万余人，接触职业病危害人数有 71.4 万余人"①；近年来我国企业员工职业病呈高发态势，约有 1 亿左右企业员工深受职业病危害，因此导致每年超过 180 亿元的直接经济损失。另外，我国还存在频繁发生的煤矿安全事故等，这些都充分说明企业对内部利益相关者道德责任缺失的严重性。

其次是企业对其外部利益相关者的道德责任缺失。这主要表现在如下几个方面：一是企业诚信缺失。一些企业通过虚假广告欺骗消费者，甚至大肆制假售假，生产有损消费者利益与健康的产品。例如，2009 年的"三聚氰胺奶粉事件"中，大量婴幼儿因食用三聚氰胺超标奶粉而患肾结石疾病。此外，我国近年来频繁出现的"地沟油事件"、"镉大米事件"以及"瘦肉精事件"等，无不说明企业道德责任缺失的严重性。二是企业缺乏环境保护意识。当前，部分企业为谋求自身利益而忽视对自然环境的保护，由此造成我国资源枯竭、环境污染、生态失衡。目前，我国相当一部分企业采取粗放型生产经营模式，其规模与利润的快速增长是以破坏自然环境为代价的，高能耗、高浪费、高排放现象十分严重，致使我国水污染、空气污染和土地沙漠化问题十分突出。例如，我国环境保护部2015 年 10 月发布的《全国环境统计公报（2014 年）》显示，2014年度，我国接受调查的 15.4633 万家工业企业共排放 205.3 亿吨废水、1740.4 万吨二氧化硫、1404.8 万吨氮氧化物、1456.1 万吨烟（粉）尘、3633.5 万吨危险废物。企业粗放型经营模式正在削弱我

---

① 周玉竹、王鹏、赵永林等：《四川省职业病危害现状调查及原因分析》，《工业卫生与职业病》2015 年第 4 期，第 315 页。

国经济发展的后劲，对我国的生态文明建设和可持续发展战略已经构成了严峻的挑战。

可见，我们大力发展经济，单纯凭借企业利润的扩张并不能保证普遍的社会公正和人民福祉。企业在集中力量攫取利润的背后，却是对员工、消费者和社会公众道德责任的沦丧；政府和社会如若一味放纵企业的不道德经营行为，必将导致人民整体福利的流失。

（三）研究问题的提出

企业道德责任缺失的状况及其对人的权益的损害引发了人们对企业与道德责任互动关系的反思。随着人类文明的进步与市场经济体制的日趋完善，一些企业已经认识到履行道德责任的重要性，开始有意识地实施企业道德责任建设，并积累了一些可资借鉴的经验。那么，什么是企业道德责任？企业道德责任的边界是什么？企业道德责任的人本理据是什么？当代中国企业道德责任缺失的主要表现与成因又是什么？基于马克思主义人本观推动我国企业道德责任建设的方略有哪些？

目前，学者们对这些问题的探讨还不充分，尤其是缺少基本的理论视角和系统的方略研究。政府、企业界和学术界对于企业社会责任和企业道德责任的划分尚不明确，对于从哪些方面去准确把握和全面评价企业道德责任尚未达成普遍共识。对于企业道德责任人本取向的理论依据，已有研究者借鉴西方道德哲学或者利益相关者理论作了初步探索。但是，在马克思主义理论指导下，如何进一步结合人本观、特别是马克思主义人本观来探索我国企业道德责任建设的具体方略的研究还很薄弱。以至于对企业道德责任的当代价值、当代中国企业道德责任缺失的主要表现与成因等问题的分析还不够系统、透彻和科学。由于企业道德责任的相关理论尚不能契合企业运营的实践，导致在企业道德责任建设过程中，致力于改善企业道德责任状况的举措分散而非聚焦于改善的关键因素，故此理论研究尚不能提供行之有效的实践方略来保障企业道德责任建设的顺利进行。因此，我们有必要在马克思主义人本观的意境下，就企业道德责任的概念、边界、理据与价值，以及当代中国企业道德责任缺失的主要表现与成因等问题进行深入的研究，进而探究我国企业道德责任建设的具体方略，以期为政府与企业界提供企业道德责任建设可资借鉴的具体方略。

二 研究目的与意义

（一）研究的目的

本研究的总体目标是为政府和企业界提供一个集马克思主义人本理论探索与具体实践方略于一体、对企业道德责任建设具有指导意义的企业道德责任框架体系，以解决企业道德责任人本层面的缺失问题，实现企业与员工、消费者和社会公众等利益相关者的共赢。具体包括理论研究层面和实践应用层面两个子目标。

理论研究层面：本研究重点梳理历代马克思主义者的人本观，并深入解析马克思主义人本观基本理念的精神内核；同时对企业、道德、责任、道德责任、企业道德责任等概念的内涵进行理论界定，进一步明晰人们对企业道德责任的理论认知。在此基础上，本研究力图打破学科壁垒，积极寻求多学科理论的支撑，主要从哲学、法学、经济学与管理学等学科的基本理论出发，系统阐释企业道德责任的人本理据和时代价值，为从理论上分析企业道德责任建设的具体方略寻求理论支持，并为学术界开展企业道德责任研究提供更加开阔的视野。

实践应用层面：本研究坚持"价值论"与"工具论"相统一的原则，立足于我国企业道德责任的现实状况，对我国企业道德责任缺失的主要表现及其成因进行系统剖析。在此基础上，本研究基于马克思主义人本观，提出企业道德责任的主要原则和基本内容，并结合国外企业道德责任建设的有益经验，从政府监管、社会监督和企业道德自律等方面，提出并论证推动我国企业道德责任"三方共建"的实践模式，以期为政府、社会和企业三方协同治理企业道德责任缺失问题，促进企业乃至整个社会的和谐、稳定与可持续发展提供策略建议。

（二）研究的意义

1. 理论意义

（1）有助于马克思主义理论的拓展与深化。马克思主义理论主要是由哲学、政治经济学、科学社会主义三大部分所构成的综合性社会发展理论。马克思主义理论追求真理和价值的统一，揭示了人类社会发展的一般规律，为企业生产经营注入了人本关怀。企业生产经营的终极目的和价值，不是追求资本家个人物质财富的增加，而是追求全体人民的全面发展与社会的稳定和谐。可是，相当一部分企业生产经营的实践却背离了这一崇高目标，员工在企业生产经营过程中被严重异化了。企业道德责任是道德哲学研究的一个重要方面，涉及哲学、法学、经济学、管理学、教育学等多门学科知识。企业道德责任充满人本关怀色彩，它关注人的生存和价值，关注企业与自然、社会的和谐发展。本研究基于马克思主义人本观的视角，综合运用多门学科知识，积极探寻企业道德责任建设人本价值取向的基础理论，可以拓展与深化马克思主义理论，提高其对现实问题的解释力。

（2）有助于推动企业伦理学的发展。企业道德责任属于企业伦理学研究的重要范畴。企业作为社会的细胞，承担着发展社会生产力、为人类提供物质与精神产品的重要使命。因此，确保企业健康稳定可持续发展对人类自身以及人类社会的发展至关重要。由于企业伦理学产生的时间不长，国内外在企业伦理基础理论和实践操作层面的研究尚处于不断探索和争论的阶段，故此研究的成果也不够丰富、系统和科学。本研究立足于马克思主义人本观的视角，在梳理国内外企业道德责任研究成果的基础上，旨在对企业道德责任的基础理论和企业道德责任建设的具体方略进行较为系统的研究。这对于丰富和发展企业伦理学具有一定的理论意义。

（3）有助于增进企业与社会的和谐共生。随着社会工商业文明的不断发展，企业在社会体系中的地位越来越重要。建立企业与社会和谐共生的关系是人类共同追寻的理想图景。企业和社会存在着相互促进与制约的关系。一方面，社会以其舆论督导等方式促进或制约着企业的发展；另一方面，企业生产经营方式也在一定范围内推动或妨碍着社会的进步。在社会本位主义影响越来越大的今天，如何处置企业与社会二者的关系，使之形成和谐共生的良性局面，这需要学术界仔细探究。基于马克思主义人本观的企业道德责究，无疑为此提供了一个崭新的视野。

2. 现实意义

（1）有利于促进企业承担道德责任。由于我国发展社会主义市场经济和现代工商业的历史不长，故此马克思主义人本道德规范尚未内化为所有企业的道德良心，这一现实导致我国企业承担道德责任的总体状况很不理想。企业对员工、消费者以及社会公众道德责任缺失现象比比皆是。企业道德责任内蕴守法、尊重、关爱、诚信、公正等伦理原则，这是推动企业履行道德责任可鉴利用的伦理资源。因此，重视基于马克思主义人本观的企业道德责任研究，积极推动企业道德责任建设工作，这可以为我国企业履行道德责任营造良好的理论环境和现实环境，促使企业担负起对其员工、消费者和社会公众应然的道德责任。

（2）有利于企业的生存与发展。对于企业而言，声誉是企业的无形资产，员工是企业最宝贵的资源，市场是企业的生命线。企业承担道德责任，将获得社会各界的正面评价，这对于企业提高自己的社会声誉、积累无形资产至关重要。企业承担道德责任，将有助于推动企业实施人本管理，留住人才，进而积累人力资本。企业道德责任也是企业顺利进入国际市场的通行证。近年来，中国企业屡次受到反倾销调查、环境保护问题调查、知识产权问题调查。虽然这些调查在某种程度上反映了新贸易保护主义的抬头，但其对维护员工权益、促进企业诚信和环境保护等现实问题的关注，确实反映了人类文明与可持续发展的要求。可见，企业道德责任已经成为决定企业生存与发展的核心要素与迫切需要。因此，开展企业道德责任研究，推动企业承担道德责任，可以增强企业的国际竞争力，帮助企业应对经济全球化趋势以及国外的企业道德责任运动。

（3）有利于落实科学发展观。科学发展观内蕴马克思主义人本道德规范，并成为我国社会的基本道德要求。因此，马克思主义人本观理应成为我国企业运营的道德标准。就企业内部而言，员工是企业生产经营活动的主体，企业若失去了员工人力资本的能动作用，那么，企业的厂房、设备等物质资本都不能发挥其应有的功能。因此，企业应把维护员工的权益作为其生产经营活动的目的与归宿，在生产经营活动中，切实维护员工的经济利益、民主权利和人格尊严，营造富于人本关怀的工作条件，积极促进员工的全面发展。同时，企业还要肩负起对消费者和社会公众的道德责任，实现企业与消费者和社会公众的和谐发展。可见，开展基于马克思主义人本观的企业道德责任研究，有助于提高企业的道德水平，促进企业、员工、消费者、社会公众的和谐发展，这对于落实科学发展观，构建社会主义和谐社会无疑具有十分重要的意义。

三　国内外研究现状

（一）国外研究现状

二战后，随着经济的恢复与高速发展，国外企业道德责任缺失问题也日趋严重，由此引发了一系列社会问题。20 世纪六七十年代，美国率先开展企业道德责任研究。20 世纪 80 年代至今，企业道德责任问题逐步成为国外企业伦理学研究的热点。对于企业是否具备道德主体地位、什么是企业道德责任、企业道德责任的理论依据以及如何开展企业道德责任建设等企业和社会发展面临的现实问题，国外学术界进行了积极的理论探索。

1．关于企业是否应该承担道德责任的争论

纵观国外企业伦理思想的发展历程，我们不难发现，国外特别是西方国家在进入资本主义阶段后，其学术界对企业是否应该承担道德责任进行了长期的争论。

一是否定企业承担道德责任的观点。随着产业革命的到来，西方国家工商业得到迅猛发展。然而，在古典和新古典经济学"企业非道德神话"思想的误导下，资本家奉行利润最大化的观点，认为企业追逐利润是天经地义的事情；企业承担道德责任，势必产生诸多弊端。英国经济学家亚当·斯密就认为，企业通常以谋取利润为最终目标，它"常既不打算促进公共的利益，又不明白在什么程度上促进公共利益。……政治家试图去引导私人如何运用资本"① 那就是自找麻烦。显然，这种对企业本质与目标的定位，意味着企业不必考虑社会公共利益，也不必承担道德责任。同样，美国经济学家米尔顿·弗里德曼把利润最大化视为企业唯一的追求目标。他认为，企业只是在竞赛规则中追求利润，企业经理只有尽可能地为股东赚钱，没有比接受此外的社会责任更能损坏自由社会的基础。② 他特别指出：遵循预期收入与利润最大化的企业将得以生存和繁荣，其余的则会衰落甚至破产。可见，弗里德曼实际上是拒绝承认企业应该承担道德责任，企业仅需为其股东赚取足够多的利润就是对社会的最大贡献。持同样观点的还有英国学者弗里德里克·A.哈耶克以及美国学者斯蒂芬·利维特等人。

　　二是肯定企业承担道德责任的观点。鉴于企业长期忽视甚至规避其本应承担的道德责任所带来的诸多社会问题，20世纪50—70年代，学术界敏锐地看到了企业道德责任对于企业乃至整个社会的重要性。于是，支持企业应当承担道德责任这一观点的学者越来越多。他们普遍认为：企业应以一种对人类的幸福和社会的健康发展更加负责的姿态存在于社会，而不仅仅是创造财富。正如美国哈佛大学教授林恩·夏普·佩因所言：人们希望今天的企业不仅能够创造财富，而且还应该成为"道德角色"的表率——作为一个在道德框架内开展业务的深具责任心的代表。因此，企业"应该建立更高的伦理标准，为更广泛的社会目标做贡献"③。美国学者理查德·德·乔治认为，企业"非道德神话"是极端错误的，企业是由人组成的机构，即便企业"不是道德人，但是却具有了接受道德评价的

---

① ［英］亚当·斯密：《国富论》，胡长明译，江苏人民出版社2011年版，第214页。

② Milton Friedman, "The Social Responsibility of Business Is to Increase Its Profits", *New York Times Magazine*, No. 13, September 1970, pp. 122 – 126.

③ ［美］林恩·夏普·佩因：《公司道德——高绩效企业的基石》，杨涤等译，机械工业出版社2004年版，第118页。

道德身份"①。美国南伊利诺伊大学的罗宾·伯克利和乔治·沃森进一步指出，企业道德责任"并不是一个矛盾体，而是经营成功的、负责任的企业的一个重要特征"②。澳大利亚新南威尔士大学的贾斯丁·诺兰和路加·泰勒认为，企业必须遵守道德责任，"必须承认人们在经济、社会和文化方面的平等权以及人们的公民与政治权利，并且承认不断发展的人权，特别包括健康、环境、发展与传统文化。"③ 赞同企业应该承担道德责任的还有国际经济伦理学会创始人乔治·恩德勒、德国经济伦理学家霍尔斯特·施泰因曼和阿尔伯特·勒尔等人。

随着关于企业是否应当承担道德责任这一问题争论的深入发展，企业道德责任问题在学术界和企业界引起了巨大反响。特别是20世纪70年代以后，随着企业伦理学的诞生，企业道德责任研究迎来了新的时代。肯定企业道德责任已成为当今学术界和企业界的主流。正如荷兰蒂尔堡大学的维姆·杜宾克和美国雷德兰兹大学的杰弗瑞·史密斯所言，现代社会"一个基本的政治需要就是具有更高道德责任水平的企业。企业道德责任对于维护社会协调、推进社会福利和保障公民的道德权利是必不可少的"④。与此同时，许多富有远见的企业家已经开始自觉带领企业承担道德责任。

2. 关于企业道德责任内涵的界定

从总体来看，由于企业道德责任研究尚处于争论与探索阶段。故此，国外对企业道德责任及其核心——道德责任的人本内涵尚未作出清晰的界定。然而，学者们关于企业道德责任研究的成果为今

---

① ［美］理查德·T. 德·乔治：《经济伦理学》，李布译，北京大学出版社 2002 年版，第 225 页。

② Robyn A. Berkley and George Watson, "The Employer - Employee Relationship as a Building Block for Ethics and Corporate Social Responsibility", *Employee Responsibilities and Rights Journal*, Vol. 21, No. 4, September 2009, p. 277.

③ Justine Nolan and Luke Taylor, "Corporate Responsibility for Economic, Social and Cultural Rights: Rights in Search of a Remedy?", *Journal of Business Ethics*, Vol. 87, No. 2, August 2009, p. 446.

④ Wim Dubbink and Jeffery Smith, "A Political Account of Corporate Moral Responsibility", *Ethical Theory and Moral Practice*, Vol. 14, No. 2, April 2011, p. 223.

后的研究奠定了良好的基础。在什么是企业道德责任这个问题上，国外学者从不同侧面给出了自己的界定，具有代表性的观点主要有以下几种：美国管理学家斯蒂芬·罗宾斯认为，企业道德责任不是社会要求企业履行的经济与法律层面的义务，而是企业谋求有益于社会长久利益的责任①；美国学者哈罗德·孔茨进一步指出，企业道德责任是指，企业应当从道德层面思忖自身活动对社会所造成的影响②；美国学者阿奇·卡罗尔认为，企业社会责任所包含的经济、法律、伦理以及慈善四要素中，后两者是直接的企业道德责任范畴。虽然国外学者从各个角度对企业道德责任的内涵进行了阐释，但是至今仍未取得公允性的界定。正如美国学者凯斯·戴维斯和罗伯特·布罗斯多姆所言，企业道德责任的含义固然模糊不清，但恰恰由于该词模糊不清而获得了社会的广泛支持。③ 不过，我们从国外学者对企业道德责任内涵的诸多界定中，依然能够发现较为一致的看法，那就是：企业道德责任属于企业社会责任的德性层面，是企业在运营活动中对其利益相关者的一种人本关怀和博爱责任。

3. 关于企业道德责任的理论依据

企业道德责任的理论依据是企业承担道德责任的逻辑支点、现实理由及其行为评判的标准。它试图解答的根本问题是，企业在何种层面与意义上是道德的，换言之，企业行为合乎道德的理由何在？对此，国外学者主要从利益相关者理论、企业伦理理论以及企业公民理论三个维度展开论证。

产生于 20 世纪 60 年代的利益相关者理论从企业与其利益相关者的关系的视角分析了企业道德责任的依据。利益相关者理论是对传统的"股东至上"理论的一种扬弃和修正，它强调并详细论证了

---

① Stephen P. Robbins and Mary Coultar, *Management* (*Fifth Edition*), New Jersey: Prentice Hall International, Inc., 1996. 清华大学出版社影印本 1997 年版，第 148—149 页。

② ［美］哈罗德·孔茨：《管理学》，郝国华等译，经济科学出版社 1993 年版，第 689 页。

③ Keith P. Davis and Robert L. Blomstrom, *Business and Society*: *Environment and Responsibility*, New York: MeGraw - Hill, 1975, p. 39.

企业维护其员工、消费者和社会公众等利益相关者基本权益的正当性和必要性。产生于20世纪中后期的企业伦理理论从企业道德主体地位的角度阐释了企业道德责任的依据。1974年11月，第一届企业伦理学研讨会在美国堪萨斯大学召开。这次会议进一步深化了人们对企业道德责任问题的认识，被学术界认为是企业伦理学正式确立的标志。企业伦理理论认为，企业是一个集经济属性、文化属性与道德属性于一体的组织。企业的文化属性与道德属性决定了企业应该遵循一定社会的文化习俗与道德规范。在企业伦理理论看来，企业不仅是一个经济实体，而且也是一个道德主体。产生于20世纪50年代的企业公民理论基于对企业的人性假设，从企业所具有的公民地位的视角解析了企业道德责任的依据。企业公民理论认为，企业在本质是一种既享有公民权利又要承担相应责任的"社会人"。既然企业是一种"社会人"，那么企业就应当遵循社会普遍认可的道德规范，承担"社会人"应有的道德责任，做一个良好的社会公民。正如岩田松雄所言，"企业的存在是为了让社会变得更美好"①。显然，在企业公民理论看来，企业道德责任是内生于企业公民的。国外学术界对企业道德责任的理论依据所做出的探索，为我们开展基于马克思主义人本观的企业道德责任研究提供了有益的经验借鉴和基本的分析框架。

4. 关于企业道德责任建设的方略研究

关于开展企业道德责任建设的具体方略，国外学者们从不同角度提出了各自的观点和看法。概括起来主要有以下几个方面。

（1）构建企业道德责任规范

面对企业道德责任缺失带来的诸多社会问题，1916年美国学者约翰·莫里斯·克拉克已经认识到企业道德责任及其规范的重要性，并指出，我们"需要富于责任效用的经济原则、培育这一原

---

① ［日］岩田松雄：《经营的哲学：星巴克CEO的忠告》，胡静译，北京时代华文书局2015年版，第45页。

则，并将其根植于企业道德中"①。林恩·夏普·佩因强调，企业道德责任的核心是企业坚守基本道德准则和社会价值观。林恩·夏普·佩因期望通过确定"真实、尊严、公平竞争或良好品行"② 等企业道德责任规范，据此作为评价企业行为善恶的标杆。在各种力量的推动下，企业道德责任运动逐步登上了国际舞台。1999 年 1月，由联合国提出并倡导的"全球契约"计划，积极呼吁全世界范围内的企业界领袖遵循人类共同的价值标准，以期构建更加平等的世界市场秩序。该契约涵盖"人权、劳工标准、环境与反贪污"四个方面的十项企业道德责任原则；要求企业主动履行道德责任，以克服全球化所带来的负面影响。同时，美国、欧洲和日本的企业界领袖也普遍认为，企业承担道德责任对于企业自身的发展以及保持全球经济的稳定与可持续发展意义十分重大。为此，他们组成康克斯（CAUX）圆桌会议，并制定了康克斯商务原则（1994）。据统计，近年来"《福布斯》500 强公司中的 80% 采取了在 20 世纪 90年代制定或修改的价值观声明、行为模式或者公司信条"③。

（2）发挥道德资本主义精神

国外学者从发挥道德资本主义精神的视角，提出了企业道德责任建设的思路。国外学者通过对野蛮资本主义适者生存理念的批判，提出了道德资本主义的发展理念。例如，德国学者马克斯·韦伯对传统资本主义企业为了贪得无厌地攫取财富而减少工资、残酷剥削员工的不道德行为进行了批判。马克斯·韦伯认为，资本主义理性的目的就是让个人的资本增值，它宣扬的不仅是一种发迹手段，而且还是一种独特的伦理，一种明显带有功利主义色彩的伦理。从纯粹幸福论观点来看，理性主义完全是无理性，它"随时有

---

① J. Maurice Clark, "The Changing Basis of Economic Responsibility", *Journal of Political Economy*, Vol. 24, No. 3, March 1916, p. 229.

② ［美］林恩·夏普·佩因：《公司道德——高绩效企业的基石》，杨涤等译，机械工业出版社 2004 年版，第 146 页。

③ 朱金瑞：《当代中国企业伦理模式研究》，安徽大学出版社 2011 年版，第 20 页。

可能出现置任何道德规范于不顾的无情获利行为"①。马克斯·韦伯指出，在社会系统中，使资本主义得以发展的不仅是"经济力量"，而且还有价值观。之后，马克斯·韦伯从新教伦理的视角出发，阐释了有利于塑造社会秩序、增进个人幸福的道德资本主义精神。美国学者斯蒂芬·杨认为："道德资本主义要求的是一种心灵的呈献，一种和谐的状态，一种思维的方式。"② 道德资本主义强调的是一种服务意识，是对他人需求的一种信仰般的敏锐。斯蒂芬·杨指出，资本主义社会贫困现象的终结需要有责任感的政府和有道德感的企业共同努力。斯蒂芬·杨认为，通过维护道德资本主义信仰，追求道德资本主义境界等方面的努力，道德资本主义是可以实现的。在此基础上，西班牙学者阿莱霍·何塞·G. 西松和美国学者约翰·罗尔斯分别从开发道德资本与促进社会基本结构的正义等视角阐释了道德资本主义精神。事实上，国外各界已将发挥道德资本主义精神、开发企业道德资本与促进社会基本结构的正义等人本观深深根植于企业道德责任建设的实践之中。

（3）开展企业道德责任教育

开展企业道德责任教育，提升企业的道德责任意识，这是开展企业道德责任建设的有效保障和手段。印度学者阿马蒂亚·森在阐述经济学与道德的关系时认为，经济学的两个核心议题就是与道德密切关联的"动机观"和"社会成就观"。前者是关涉人们对个人或经济组织从事经济活动的动机的道德审视问题；后者是关涉人们对个人或经济组织从事经济活动所取得的社会成就的道德判断问题。对此，阿马蒂亚·森特别指出，在经济活动的道德价值衡量方面，个人或经济组织实现社会利益远比实现个人利益更卓著、更重要。③ 可见，阿马蒂亚·森试图通过阐释经济学的两个核心议题，

---

① ［德］马克斯·韦伯：《新教伦理与资本主义精神》，阎克文译，上海人民出版社 2010 年版，第 188 页。

② ［美］斯蒂芬·杨：《道德资本主义》，余彬译，上海三联书店 2010 年版，第 69 页。

③ ［印度］阿马蒂亚·森：《伦理学与经济学》，王宇、王文玉译，商务印书馆 2000 年版，第 10 页。

揭示个人或经济组织从事经济活动的道德动机。企业作为一种经济组织，其经济活动背后同样隐含着深刻的道德动机。

因此，国外学术界倡议通过开展企业道德责任教育的方式，确保企业保持良好的道德动机，坚守应然的道德责任规范。例如，美国学者斯蒂芬·罗宾斯和玛丽·库尔特指出，教导企业"有道德地解决问题的能力能够使行为的道德层面发生实质性的变化"①，对企业进行道德教育和培训不仅可以提高企业的道德发展水平，而且还可以增强企业员工对企业道德责任规范的认识。此外，国外伦理学界从高校企业伦理教育的视角，提出开设《企业伦理学》和《企业与社会》等课程加强企业道德责任教育。其中《企业伦理学》朝个人决策、个人责任方向发展；《企业与社会》着眼于公司层次的内容，包括商业对社会的影响。② 据统计，"从 1987 年开始，美国哈佛商学院开设'管理与伦理价值'课程，到 1993 年，美国 90% 以上的管理学院（商学院）均开设了企业伦理学方面的课程，并且在最著名的 10 家商学院的 9 门 MBA 核心课程中，企业伦理学都榜上有名。"③ 与此同时，欧洲许多大学也纷纷开设了企业伦理学方面的课程。20 世纪 90 年代中期以后，许多反映企业伦理学最新研究成果的专著陆续出版。国外企业道德责任教育有力地推动了企业道德责任建设的实践。

（二）国内研究现状

改革开放以来，由于市场经济体制不健全、相关法律法规不完善等原因，我国企业道德责任缺失问题日益严重。作为对现实问题的回应，国内学术界从 20 世纪 80 年代开始对企业道德责任进行研究，20 世纪 90 年代以来，国内学术界逐步将企业道德责任问题视为企业伦理学研究的核心议题之一，并围绕企业道德责任的概念界

① ［美］斯蒂芬·罗宾斯、玛丽·库尔特：《罗宾斯管理艺术》，李原、孙健敏、黄小勇译，中国人民大学出版社 2015 年版，第 46 页。

② Carter A. Daniel, *MBA: The First Century*, London: Lewisburg Bucknell University Press, 1998, p. 126.

③ 朱金瑞：《当代中国企业伦理模式研究》，安徽大学出版社 2011 年版，第 19 页。

定、缺失的表现与成因、理论依据及建设方略等问题展开了积极的探究，且推出了一批学术专著和研究论文，使企业道德责任研究的内容得到深化，领域得以拓展，方法有所创新。

1. 关于企业道德责任概念的理论界定

在什么是企业道德责任这个问题上，国内学术界同国外情景相似亦无统一的界定。但是，国内学者从不同的维度对企业道德责任概念所做出的阐释，为我们界定企业道德责任的概念与解析企业道德责任的内涵提供了有价值的线索。

对于企业道德责任的概念及其内涵，目前国内学术界具有代表性的观点有以下几种。王泽应指出，企业道德责任是企业在其生产经营等活动中应当履行的"对员工、客户、社会和环境保护等的社会责任和义务"①。王泽应从经济、法律和精神文化三个方面对企业道德责任的内涵进行了阐述。王泽应认为，企业道德责任体现在经济方面应包含：提供优质安全的商品和服务，赚取利润应符合法律和道德；提供和主动缴纳国家税收等。企业道德责任体现在法律方面应包含：依法办事；遵循市场规则和交易秩序；依法治厂和依法管理公司等。企业道德责任体现在精神文化方面应包含：提升企业的形象和信誉；发展和扩充企业的精神文化生命等。胡凯和胡骄平认为，企业道德责任就是"企业对社会负责"②。胡凯和胡骄平在阐述企业道德责任边界公正的基础上，进一步指出企业道德责任实际上是一种狭义上的企业社会责任，即企业对其利益相关者应然的、有能力承担的责任。杨一凡认为，企业道德责任是"企业在生产经营以及其他社会活动中所应自觉履行和承担的伦理规范和道德义务"③。杨一凡进一步将企业道德责任分为企业内部道德责任和企业外部道德责任两个部分；企业内部道德责任主要包含企业应当

---

① 王泽应：《论企业道德责任的依据、表现与内化》，《道德与文明》2005 年第 3 期，第 36 页。

② 胡凯、胡骄平：《论企业道德责任边界公正的充要条件》，《伦理学研究》2014 第 6 期，第 81 页。

③ 杨一凡：《企业道德责任重塑》，《经济与管理》2015 年第 10 期，第 71 页。

善待员工等方面，企业外部道德责任主要包含企业应当诚实守信、保护环境以及回馈社会等方面。

可见，国内学术界主要立足于利益相关者理论来界定企业道德责任的概念，指出企业道德责任是企业对员工、消费者、社会和自然环境等利益相关者道义上应然的义务与责任。然而，国内学术界对企业道德责任与企业其他责任的区别与联系尚未展开深度研究，以至于在区分企业道德责任和企业其他责任方面尚存在不同程度的分歧。

2. 关于企业道德责任缺失问题的研究

改革开放以来，在现实生活中企业道德责任缺失已成为不争的事实，这亦引起了国内学术界的深度关切。针对我国企业道德责任缺失的原因与表现，国内学术界普遍认为，我国企业道德责任缺失的原因主要是，体制改革与转型打破了既往的计划经济及其对应的法律与道德规范，且市场经济及其对应的法律与道德规范还没有真正形成。故此，人们的行为缺乏符合现代市场经济需要的价值观的规约。显然，在这一特殊的历史条件下，人们的价值观与道德观层面必然出现强烈的困惑、深度的迷失和剧烈的冲突，由此导致人性扭曲、享乐主义以及拜金主义等十分严重和普遍的社会道德滑坡现象，其中企业道德滑坡问题尤为严重。对此，岳瑨认为，在我国面临现代性市场经济冲击、传统伦理资源呈现断裂的背景下，由于法制不健全、政府监管失职等原因，致使企业道德责任缺失问题在所难免。① 另外，杨一凡也从我国转型期企业道德责任意识淡薄、法律法规滞后、政府激励政策单一、社会监督体系不完善等原因出发，揭示企业损害员工利益、生产劣质产品、设法偷税漏税、搞不正当竞争、破坏自然环境等失德、败德行为。基于国内学者对企业道德责任缺失问题的研究我们可以看出，企业道德责任缺失的诱因，一方面是由于我国社会转轨历程中，国家法律制度及社会道德规范严重滞后于社会经济发展的实际需要，导致社会不良风气泛滥；另一方面是由于企业自身逐利弃义，道德觉悟低下，甚至故意

① 岳瑨：《企业如何规避道德风险》，《哲学动态》2014 年第 7 期，第 94 页。

逃避道德责任。企业道德责任缺失集中体现在两方面，一方面是在企业内部，重点表现在企业损害员工权益；另一方面是在企业外部，集中体现在企业对消费者、国家与社会等利益相关者权益的损害。

3．关于企业道德责任的理论依据

对于企业道德责任的依据，国内学术界从道德哲学等视角提出了不同的见解。王泽应从三个方面详细论证了企业道德责任的依据：一是作为牟利性的经济组织，企业务必要善待其利益相关者以寻求他们的支持，这样才能实现企业自身与其利益相关者双赢的价值目标；二是作为基于社会契约而成立的法人组织，企业必须使自身的经营活动符合契约各方的意愿，促成契约目标的顺利实现；三是作为拥有自由意志与行为能力的伦理主体，企业应当具备一定的道德意识与道德精神，自觉履行道德责任。[①]曹凤月从企业与社会的关系出发，深入阐发了企业道德责任的依据。她认为，作为利益关系的存在，企业只有与其利益相关者保持互惠互利的协作关系，对其利益相关者负责，才能为自己赢得良好的生存与发展空间，这是企业履行道德责任的必然性依据；作为契约性的存在，企业与其利益相关者的互动关系是依靠契约维系的，企业为了维持与其利益相关者的良性关系，就需要承担契约所规定的道德责任，这是企业履行道德责任的必要性依据；作为共生的存在，企业应当通过实施公正分配、为员工提供安全的工作环境、减少环境污染以及从事社区公益活动等途径，满足其利益相关者的物质与精神生活所需，从而实现与其利益相关者的共生，这是企业履行道德责任的应然性依据。[②]曾春海深入剖析了先秦儒家伦理对企业道德责任建设的价值。他指出，儒家伦理所倡导的一些道德观，如"仁"、"义"、"信"等，是符合当前我国企业道德责任建设需要的，企业可以将其模拟

---

① 王泽应：《论企业道德责任的依据、表现与内化》，《道德与文明》2005 年第 3 期，第 36—38 页。

② 曹凤月：《企业道德责任的哲学追问》，《当代电力文化》2013 年第 4 期，第 59—61 页。

推论于企业伦理中，作为企业的道德责任原则。[①] 此外，2012年党的十八大提出的社会主义核心价值观，也应成为我国企业道德责任建设的价值标杆。

4. 关于企业道德责任建设的方略研究

关于企业道德责任建设的具体方略，国内学者从不同的视角提出了各种建设方略，集中起来主要有以下几个方面。

（1）关于构建企业道德责任规范

企业道德责任规范是企业在生产经营活动中处理与利益相关者关系的道德行为准则；构建企业道德责任规范是企业道德责任建设的前提工作。在市场经济体制下，构建科学的企业道德责任规范体系，可以实现企业道德责任范围的明确化、内容的具体化，可以推动企业在诚信的轨道上从事生产经营活动，进而优化企业契约的社会经济环境，消减企业道德责任缺失现象。对此，夏绪梅提出了多维度的企业伦理评价体系。在该体系中，企业对员工的道德责任规范主要是，企业应依法与员工签订劳动合同、工作时间符合国家规定、不存在用工歧视和强迫劳动、按照政府标准及时发放员工薪酬、为员工提供民主参与管理的渠道；企业对消费者的道德责任规范主要是，企业应生产价格合理且安全可靠的产品、为消费者提供全面真实的产品信息、迅速处理消费者投诉；企业对公益的道德责任规范主要是，企业应吸纳更多的人就业、提供平等就业机会、支援建设公共设施；企业对商业伙伴的道德责任规范主要是，企业应依法经营、公平交易、公平竞争和照章纳税；企业对股东和投资者的道德责任规范主要是，企业应保证股东和投资者利益，为股东和投资者提供真实的经营信息、注重企业长期稳定发展；企业对环境的道德责任规范主要是，企业应节约资源能源、生产环保产品、积极治理污染。[②] 另外，王小锡结合我国企业道德责任建设状况，从

---

① 曾春海：《儒商与企业伦理》，《湖南大学学报》（社会科学版）2015年第2期，第95页。

② 夏绪梅：《基于利益相关者视角的企业伦理评价研究》，《经济体制改革》2011年第6期，第107页。

企业的道德理念与道德原则、道德性制度、道德环境、道德忠诚、产品道德涵量、道德性销售、社会道德责任以及道德领导与领导道德等八个方面①提出了构建企业道德资本评估指标体系的倡议，这为学术界和企业界构建企业道德责任规范提供了有益的思路。

（2）关于企业道德责任建设的法制保障

近年来，国内学者从法律与制度的视角展开企业道德责任建设问题的方略研究。社会转型时期的道德规范错位与重构，是人类历史发展与社会变革进程中的普遍现象；由此而导致的道德行为主体所面临的道德困境与道德责任缺失行为，也是转型社会所面临的共同课题，转型中国所出现的企业道德责任缺失现象也不例外。法律和制度是转型社会引导与规制企业道德行为的重要工具，因此，进行企业道德责任建设离不开法律与制度的强制性保障功能。有效的制度供给可以促进企业道德责任建设运动的开展。对此，王小锡提出，在企业内部可以通过实施道德制度化、执行 SA 8000 国际标准、建立企业道德委员会等途径实施企业道德责任建设。在企业外部，通过建设诚信政府，影响和引导企业道德责任建设；通过法律法规的严格执行，处罚失信者、保护守信者，从而为企业道德责任建设营造良好氛围。② 杨一凡认为，企业在日常经营活动中很少自觉履行道德责任，为此国家"可以制定适当的法律来提升企业的道德责任意识"③，通过对企业的法律监督，为企业提供一个公平的竞争环境；同时，政府还可以制定一些准则和激励性政策来引导企业履行道德责任。

（3）关于人本理念与企业思想政治教育

国内学者普遍认识到企业道德责任建设应坚持以人为本的管理理念。国内一些学者认为，企业树立人本理念是开展企业道德责任建设的前提性工作。沈烈等人认为，"以人为本"是企业"和谐内

---

① 王小锡：《九论道德资本——企业道德资本类型及其评估指标体系》，《道德与文明》2014 年第 6 期，第 6—7 页。

② 王小锡：《当代中国企业道德现状及其发展策略分析》，《社会科学战线》2013 年第 2 期，第 236—238 页。

③ 杨一凡：《企业道德责任重塑》，《经济与管理》2015 年第 10 期，第 73 页。

部控制环境的核心"①。沈烈等人进一步指出，企业构建和谐内部控制环境的首要环节是满足员工实现自我价值的愿望。因此，企业应当树立人本至尊的理念，在理顺员工的人性、需求、价值观等方面的前提下，通过企业人本文化建设以及密切关注员工的生理健康、家庭生活和思想动态等人本化举措，充分体现企业对员工的人性关怀。陈进华和欧文辉也认为企业需要树立人本理念，并具体提出企业应当从尊重个人价值、信任、自由等方面，开展企业道德责任建设，"克服局部出现的企业伦理危机"②。企业树立人本理念需要企业思想政治教育的保障。企业思想政治教育，特别是对企业经营者和员工的职业道德教育是破解中国企业道德管理困境的重要出路。企业思想政治教育决定着企业的价值观和生产经营理念，它是企业加强道德责任建设的关键环节。对此，聂增民认为，当前企业应积极开展思想政治工作，强化以社会主义核心价值观为主题的道德教育，引导企业形成价值共识，从而"提高企业管理人员和全体员工的思想道德素质，为企业可持续发展打造好队伍，奠定好思想道德基础"③。

综上可见，企业道德责任缺失，既受宏观层面上经济、法制与文化环境的影响，也存在微观层面上企业自身道德意识淡薄的原因。有鉴于此，实施企业道德责任建设应从多方面着手，积极推动经济、法制与文化体制改革，提升企业的道德自律意识，为企业生产经营活动营造良好的道德环境。

（三）国内外研究评析

1．国内外已有的研究成果

近年来，国内外企业道德责任研究在理据拓展、实践方略以及对社会热点问题的把握等方面进行了开创性的探索，并取得了一系列研究成果，这为我们进一步开展企业道德责任研究打下了良好的

---

① 沈烈、孙德芝、康均：《论人本和谐的企业内部控制环境构建》，《审计研究》2014 年第 6 期，第 109 页。

② 陈进华、欧文辉：《国家治理现代化中企业伦理的转向》，《哲学研究》2014 年第 11 期，第 99 页。

③ 聂增民：《企业道德实践的价值及其实现路径》，《河北师范大学学报》（哲学社会科学版）2015 年第 5 期，第 151 页。

基础。

（1）拓展了企业道德责任的理论理据

企业道德责任的理论理据是开展企业道德责任研究的逻辑前提。关于企业道德责任的理论理据，国外学者从利益相关者理论、企业伦理理论、企业公民理论等维度展开论证。国内学者则尝试从中国传统文化与当代企业管理伦理等视野出发进行论证，并推出了一些研究成果。国内外学者关于企业道德责任理论理据的积极探索，在一定程度上拓展了企业道德责任研究的理论论域，为今后进一步开展企业道德责任研究提供了基本的人本视角。

（2）积极探索企业道德责任建设的实践方略

探索企业道德责任建设的实践方略是开展企业道德责任研究的重要目的之一。对此，国内外学者从企业道德责任规范的构建、企业道德责任的法律制度保障、树立以人为本的企业管理理念、开展企业道德责任教育、发挥道德资本主义精神等角度，积极探索企业道德责任建设的实践方略。国内外学者对企业道德责任建设方略的积极探索，为本研究的进一步探索提供了可资参考的视角。

（3）密切关注社会热点问题

纵观国内外研究文献，学者们无不紧扣时代热点，针对人权保护、公平正义、慈善捐助、社会诚信、环境保护等问题，从伦理道德的视角展开企业道德责任研究。这些研究成果在一定程度上推动了企业道德责任建设，促进了人类社会的进步与和谐，同时也为后来者提供了企业道德责任研究的历史素材。

2．需要进一步研究的问题

（1）挖掘马克思主义人本观的当代价值

从总体上看，目前国内外学者主要立足于传统文化和企业伦理理论开展企业道德责任研究，尤其是对现实企业道德责任问题的关切，而很少发掘马克思主义人本观及其对当代企业道德责任建设的价值。因此，我们需要进一步挖掘马克思主义人本观及其当代价值，使其内化为当代中国企业道德责任的人本规范，并据此推动企业道德责任建设。这是我们今后需要努力的方向之一。

（2）进一步推动学科之间的交融

企业伦理学作为一门新兴的交叉学科，其研究的主要对象——企业道德责任问题涉及哲学、法学、经济学、管理学、教育学等领域的相关知识。从整体上看，目前存在的问题是，上述学科领域的学者纷纷在本学科领域内各自为战，彼此之间缺乏交流的意愿与对话的渠道。经济管理学界仅从企业经营管理的视角来分析企业道德责任，难以摆脱工具理性的思维；法学界过多强调法制的强制性约束作用，忽视企业道德责任的义务层面。二者都忽略了企业道德责任本质所蕴含的对经济、管理和法律的超越。哲学界则偏好于从道德的本性视角，站在道德哲学的角度对企业道德责任问题进行理论思辨。由于道德哲学的论证方式相当抽象，政府与企业界人士难以完全理解；同时，理论思辨往往脱离企业经营的实践，也就难以对企业道德责任问题做出切合实际的判断。故此，哲学界的研究成果难以影响政府决策和企业行为。如何打破学科壁垒，形成企业道德责任研究多学科交叉融合的态势，形成一批有解释力的、可操作的研究成果，这需要我们进一步探索和研究。

（3）促进研究的系统化科学化

目前学术界对企业道德责任的系统化研究尚显不足。现有文献主要集中在对企业道德责任的重要性、必要性方面的尝试性分析。部分学者致力于企业道德责任的概念及其内涵界定（事实上，国内外学者对企业道德责任的概念及其内涵至今尚未做出清晰的界定和本质上的把握，没有取得一种基本的理论共识）。目前学术界就企业道德责任的理据、价值和建设方略的研究尚显不足，且大都停留在经验层面，具有较为明显的功利主义色彩。学术界缺乏对企业道德责任的逻辑必然性和价值合理性的理论证明，使得已有研究缺乏理论深度，可操作性亦不够理想。

四　研究内容与方法

（一）研究内容

本研究以马克思主义人本观为切入点，以企业道德责任建设中的人本缺失问题为导向，通过对马克思主义人本观的历史追溯和系统梳理，结合对企业道德责任的文献研究、经典案例深度解析等方法，在借鉴国外企业道德责任建设经验的基础上，提出基于马克思主义人本观推动我国企业道德责任建设的理论与实践模式。

具体而言，本研究共分为七个部分：第一部分（绪论），主要论述企业道德责任的研究背景、研究目的与意义、国内外研究现状，并提出研究的逻辑框架及思维线路；第二部分（理论研究），主要梳理中外传统人本观的内涵，为本研究寻求人本理论根基；并立足于马克思主义理论，阐释马克思主义人本观的科学内涵，为本研究奠定理论基础；第三部分（理论切入），在全面阐释本研究涉及的基本概念的基础上，重点厘清企业道德责任的内涵与边界，并找出马克思主义人本观与企业道德责任的内在关联；第四部分（问题导向），本部分基于马克思主义人本观，全面考察我国企业道德责任的现状，并系统分析我国企业道德责任缺失的原因；第五部分（经验借鉴），主要研究国外企业道德责任建设的实践经验及其借鉴意义；第六部分（具体方略），主要研究基于马克思主义人本观推动我国企业道德责任建设的具体方略；第七部分（结论与展望），在上述研究的基础上，概括本研究的主要创新点以及今后尚需继续深化企业道德责任研究领域的一些努力方向。

（二）研究方法

本研究紧扣企业道德责任这一主题，坚持理论与实践相结合的研究方法，对研究内容中所涉及的主要问题给予合理的理论解答和实践指导。具体而言，本研究拟采用如下研究方法：

一是文献研究法。本研究通过文献资料研究，系统梳理马克思主义人本观、道德、道德责任、企业道德责任等概念的基本内涵，深入分析企业道德责任的理论与现实依据，为确证企业道德责任建设的人本价值取向寻求理论资源。同时，本研究将通过系统研读国内外学者关于企业道德责任建设策略方面的已有文献，探寻已有文献中有益于推动我国企业道德责任建设的有益经验。

二是案例分析法。本研究选取我国企业道德责任缺失的典型案例，然后基于马克思主义人本观的视野，深度分析我国企业道德责任缺失的状况及原因，据此为论证我国企业道德责任建设的具体方略提供基本思路。同时，本研究选取国外企业道德责任建设方面的典型案例，深入解析国外企业道德责任建设的具体做法，以期为论证我国企业道德责任建设的具体方略提供经验借鉴。

三是逻辑归纳法。结合文献研究与案例分析，本研究采用逻辑归纳方法，将马克思主义人本观和企业道德责任的理论内涵进行系统归纳，通过逻辑演绎，得出其思想要点，据此探寻两者之间的内在关联。在此基础上，本研究系统归纳国外企业道德责任建设的成功经验，进而形成我国企业道德责任的基本内容和主要原则，依此探寻基于马克思主义人本观推动我国企业道德责任建设的具体方略。

第一章　马克思主义人本观的历史
回溯及其科学内涵

马克思主义人本观是本研究的立论基础，中西方传统文化中的人本观又是马克思主义人本观的重要思想渊源。因此，开展基于马克思主义人本观的企业道德责任研究，我们有必要首先厘清中西方传统文化中内蕴的人本观，辨析其进步意义和理论缺陷，借此为我们廓清马克思主义人本观提供必要的理论前提。在此基础上，我们还需要系统梳理马克思主义理论中蕴含的人本观、深入解析马克思主义人本观的基本内涵，据此为基于马克思主义人本观的企业道德责任研究提供必要的立论基础。

第一节　中西方传统文化中的人本观

人本观抑或"以人为本"的思想理念，无论是在中国还是在西方，都是一个源远流长的重要思想。孕育在中西方传统文化之中的人本观博大精深，且其内涵随着历史的发展而不断衍变、丰富和完善。中西方传统文化中的人本观及其实践模式体现了人类对社会发展规律的共同探索和对美好社会理想的共同追求。但是，由于中西方历史条件和社会环境的不同，中西方传统文化中的人本观又呈现出各自不同的特点。

一　中国传统文化中的人本观

在源远流长的中国优秀传统文化中，散落着无数"人本论"、

"民本论"等人本观的思想精粹。人本观是中国传统文化遗产中最珍贵、最重要的组成部分。作为中华民族传统文化中的一个基本价值取向，人本观深深植根于中华优秀文化的沃土之中。中国古代的进步思想家和开明君主通过对人的问题的思考，最终形成了以肯定人的本体地位、维护人的生存权益以及重视人的人格尊严为主要特征的中国传统人本观。在人本观的陶冶下，不仅历代圣贤明君几乎都把好德重生、谋求百姓福祉作为其统治的基本手段，而且也促使黎民百姓自觉地把自己置于现实的社会关系中来考虑自我的生存之道。

（一）肯定人的本体地位

中国传统人本观肯定人在自然界和国家中的本体地位。中国传统人本观是在否定"神本"和"君本"的基础上确立起来的。在中华文明的早期，人们经历了"神本"和"君本"的阶段。限于当时低下的生产力水平，人们在强大的自然界和君主专制制度面前显得非常弱小和无助。当时的人们不能科学解释自然界的一些客观存在和社会发展的一般规律，因而往往把一些自然和社会现象当作人格化的"鬼神"和"上天"，把自然界和君主当作主宰人类一切行为的"鬼神"、"天子"，等等。对自然界的无能为力使人们产生了对"鬼神"和"君主"的顶礼膜拜。

随着社会生产力的发展与人类认识和改造自然能力的提升，人们开始反思人神及人君关系，肯定了人在自然界和国家中的本体地位。例如，春秋战国时期儒学的开创者孔子提出："务民之义，敬鬼神而远之，可谓知矣。"（《论语·雍也第六》）主张人们应对鬼神持怀疑态度。孔子进一步提出："未能事人，焉能事鬼？"（《论语·先进第十一》）主张人的利益优先于神。随后，经过中国历代思想家的讨论和宣扬，人在自然界中的本体地位被确定了起来。在此基础上，中国历代思想家、政治家提出"国以民为本"的人本观，肯定人在国家中的本体地位。例如，春秋时期齐国政治家管仲强调："夫霸王之所始也，以人为本，本理则国固，本乱则国危。"（《管子·霸言》）管仲以人为本的治国理念在一定程度上体现了他对人的作用和价值的重视与肯定。中国传统儒学的重要代表孟子更是旗帜鲜明地提出了"民为贵，社稷次之，君为轻"（《孟子·尽心下》）的民贵君轻论。在孟子看来，人民的价值和地位高于国家和君主。春秋战国时期的荀子提出了"君者，舟也；庶人者，水也。水则载舟，水则覆舟"（《荀子·王制篇第九》）的著名论断，形象而深刻地阐明了人民群众在国家与社会中的本体地位。唐朝宰相魏征进一步阐释了荀子的民水君舟论。魏征指出："怨不在大，可畏惟人，载舟覆舟，所宜深慎。奔车朽索，其可忽乎！"（《贞观政要·论君道第一》）由此可见，中国传统人本观在指认人的作用和价值的基础上，较为科学地阐释了人民的历史决定作用，充分肯定了人民在自然界和国家中的本体地位。

（二）维护人的生存权益

中国传统人本观的显著特征就是关注民生，特别是关注人的生存权益。中国古代的进步思想家和开明统治者在总结王朝更迭的经验教训中，深刻认识到人民的伟大力量及其维护人民利益的重要性，因而提出了种种安抚人民的主张，试图给人民营造一个良好的生存环境。据《尚书·盘庚中》记载，商朝的第二十位君王盘庚提出："古我前后罔不惟民之承保"（《尚书·盘庚中》）；周朝统治者提出"皇天无亲，惟德是辅；民心无常，惟惠之怀"（《尚书·蔡仲之命》）的思想。可见，商周时期的统治者已经有恤民、惠民的思想萌芽。春秋战国时期，管仲提出："政之所兴，在顺民心；政之所废，在逆民心。"（《管子·牧民》）管仲还认为富民是治国的根本原则，因而他提出"凡治国之道，必先富民。民富则易治也，民贫则难治也……，是以善为国者，必先富民"（《管子·治国》）的观点。可见，管仲把富民视为君主建立和巩固霸王之业的基础。孔子主张统治者在治理国家时应"敬事而信，节用而爱人，使民以时"（《论语·学而第一》），"因民之所利而利之"（《论语·尧曰第二十》）。他特别指出，"百姓不足，君孰与足"（《论语·颜渊第十二》），警告统治者当居安思危，节用爱人。汉朝的董仲舒站在体察人民疾苦的基础上提出了"屈民而伸君，屈君而伸天"（《春秋繁露·玉杯第二》）的主张，其目的是让"百姓各安其业"，为人民生存提供基本的保障。唐朝皇帝李世民从君民关系的视角阐释了关注民生的重要性，他提出"为君之道，必须先存百姓"（《贞观政要·论君道第一》）的民生理观；并形象地指出，如果君主为了自己的利益而损害百姓的利益，就如同切割自己的股肉充饥。李世民深谙安抚百姓才能治国安邦的道理，把维护人民生存权益作为治国安邦的核心内容，并采取了一系列安民、富民、护民政策，使唐朝出现了"贞观之治"的良好局面。综上可见，中国传统人本观蕴含着丰富的恤民、惠民思想，彰显了其关注民生，维护人的生存权益的鲜明印迹。

（三）重视人的人格尊严

中国传统人本观十分注重人的人格独立与尊严，并把维护人，特别是基层人民的人格独立和尊严作为统治者实施"仁政"、关爱人民的道德标准。例如，孔子就十分重视维护人的人格独立和尊严，孔子指出："三军可夺帅也，匹夫不可夺志也。"（《论语·子罕第九》）在这里，孔子认识到军队有被夺去主帅的可能，但却不能够强迫一个普通的人改变其志向。孔子虽是站在统治阶级立场上提出其仁学人本观，但其中所蕴含的重视人的人格尊严的思想，彰显了"爱人"的思想精粹，充分体现了他的人本情怀。孟子强调做人要有大丈夫的气概，在立身处世方面要坚守节操，提出："贫贱不能移，富贵不能淫，威武不能屈，此之谓大丈夫。"（《孟子·滕文公下》）由此可知，中国传统儒学的代表人物孔子和孟子虽然也提倡通权达变的思想，但在立身处世和维护人格尊严方面都是恪守原则且不愿苟且的。因为，对他们来说，人格尊严是立身处世的基本原则。另外，道家也十分重视人的人格独立和精神自由。道家的创始人老子提出："圣人心无常心，以百姓心为心。"（《道德经·第四十九章》）老子指出统治者应收敛自己的意欲，尊重老百姓的人格与意志，克服以自我为中心的观念而去体察百姓疾苦，并据此提出爱民恤民的政治主张。道家的另外一位重要代表庄子认为，人的生命要与天地万物合而为一；人的心灵要与道德契合统一。为此，庄子提出"至人无己，神人无功，圣人无名"（《庄子·逍遥游》）的逍遥主张，旨在提示人们以养生为主，顺应自然，达到忘我的德性境界，摆脱功名的束缚，以实现人格独立和精神自由。综上可知，中国传统人本观内蕴着丰富的重民爱人等思想精华，充分体现了其尊重人的人格尊严的人本价值取向。

二　西方传统文化中的人本观

西方传统人本观源远流长，表征着西方文明的发展轨迹。在西方，人本观的萌芽最早可追溯到古希腊时期。因为"在希腊哲学的多种多样的形式中，几乎可以发现以后的所有观点的胚胎、萌芽"①。古希腊哲学家对于人的探究，不仅转移了既往哲学关注的目光，而且为人们开启了通向人本主义哲学之门，奠定了西方哲学人本和理性的根基。古希腊哲学后经人文主义、人道主义和人本主义的继承和发展，最终形成了以肯定人的价值和地位、赞同人的自然欲求的合理性以及提倡人在政治上的自由和平等为主要特征的西方传统人本观。

（一）充分肯定人的价值和地位

西方传统人本观充分肯定人的价值和地位。早在古希腊时期，智者学派的著名哲学家普罗泰戈拉就提出了"人是万物的尺度"的命题，这可以看作是西方人本观的最早宣言。普罗泰戈拉的这一命题充溢着人本哲理，它表明在西方社会，人类经历长期的进化与发展之后，已经逐步察觉到自身的存在、价值和地位。在此基础上，苏格拉底则宣布：作为思维者的人是万物的尺度，"事物就是对我显现的那个样子"，个人可以通过自己的意识和反思来认识事物。②柏拉图认为人的心灵本身就是认识事物的源泉。亚里士多德进一步提出，理性是思维的思维，只有在思维的世界里，人们才能实现客观与主观的统一。尽管在古希腊时期，人们对人的认识还只是一种

---

① 《马克思恩格斯选集》第4卷，人民出版社1995年版，第287页。
② 赵敦华：《西方哲学简史》，北京大学出版社2010年版，第36页。

感性的直观和机智的概括。但是，古希腊文明已经有了对人的沉思，开始意识到人自身的存在，并充分肯定了人的价值和崇高。继古希腊文明之后，欧洲人文主义、人道主义和人本主义学者在极力批判宗教神学和封建专制主义对人性的禁锢和摧残的基础上，高度赞扬人的崇高和伟大，充分肯定人的价值、地位和作用。正如人文主义学者莎士比亚所言，"人类是多么了不得的杰作！多么高贵的理性！多么伟大的力量！……宇宙的精华！万物的灵长！"① 人道主义哲学家康德试图重新规定人在自然界的中心地位，他明确提出了"人为自然界立法"命题，通过以自我意识为核心的认识论，达到了以人为中心的世界观。此外，康德还提出"人是目的而非手段"的论断。康德指出，在目的秩序里，"人（以及每一个理性存在者）就是目的本身，亦即他决不能为任何人（甚至上帝）单单用作手段"②。人本主义哲学家费尔巴哈从捍卫人的自然权利出发，深刻批判了人的存在的宗教异化现象。费尔巴哈指出宗教是导致人类不幸的主要根源，是导致尘世苦难的根源。费尔巴哈强调，哲学的任务就是将"神学变为人本学"③，将神或上帝现实化。有鉴于此，费尔巴哈谋求通过创建"爱的宗教"来消除人世间的异化现象，从而重构人与人之间的关系，确立人在世界中的主体地位。

（二）赞同人的自然欲求的合理性

西方传统人本观的显著特征之一就是较为系统地论证了人的自然欲求的现实合理性。例如，人文主义学者极力反对中世纪宗教神学的禁欲主义观念——对人性及人的欲求的排斥、贬低和压抑。他们认为，人的自然欲求具有现实合理性，因为人本身就是自然的产物，人生来就具有追求快乐、幸福的自然欲望与自然本性。他们认为，人类谋求自己的幸福不能寄希望于上天，而应寄希望于现实生

---

① ［德］歌德：《读莎士比亚》，张可、元化译，上海书店出版社2008年版，第83页。

② ［德］康德：《实践理性批判》，邓晓芒译，商务印书馆2000年版，第144页。

③ ［德］费尔巴哈：《费尔巴哈哲学著作选集》上卷，荣震华等译，商务印书馆1984年版，第122页。

活之中。现实生活中的凡人才是最真实的人，而凡人的世俗感性欲望是合理的，人应当享受现实生活的快乐。人本主义哲学家费尔巴哈提出人的感性自然本质观。费尔巴哈人本主义哲学的首要目的就是从哲学层面上，通过论证现实的人的自然属性来阐述"人是人的最高本质"。费尔巴哈人本主义哲学的主题，一是自然；二是人。费尔巴哈认为，自然是人生存与发展的根基，人不仅应该认同人自身以外的自然，而且也应该认同人自身的自然属性；人若否定其自身的自然属性就等于否定了人性。因此，在费尔巴哈看来，人的本质就体现在"我欲故我在"①的命题之中。在此基础上，费尔巴哈把"人本身"与自然结合起来，从人本主义哲学的视角对人的需要、欲求、情感等方面进行了深入的研究，得出人在本质上就是一个具有感性欲望的、和自然密切相连的生命体的结论，充分肯定了人的自然欲求的现实合理性。

（三）提倡人在政治上的自由和平等

西方传统人本观竭力追求人在政治上的自由和平等。西方学者，特别是人文主义与人道主义学者从对人的理性认识出发，在充分肯定人的价值、主体地位和自然欲求的基础上，积极呼吁人的平等和自由。文艺复兴运动时期，人文主义学者认为人是天生平等的。为此，他们极力批判以门第、权力与财富为基础的封建专制主义等级制度和观念，倡导以人权替代特权，提倡社会应肯定人的个性的独立、自由和解放。例如，法国学者拉伯雷在《巨人传》一书中将自由看作人的本质属性，期望人从教会的约束与羁绊中解放出来，从而根据自己的意愿和爱好自由地生存。人道主义学者以理性主义、自然法和社会契约论为理论依据，强调人的个体理性的至高无上性，宣布封建专制的压迫同"人的自然本性"相抵触，应当予以废除。为此，他们提出天赋人权，希望建立一个永恒的理性国家和理性社会，以期实现人与人之间的"自由"、"平等"和"博

---

① ［德］费尔巴哈：《费尔巴哈哲学著作选集》上卷，荣震华等译，商务印书馆1984年版，第591页。

爱"。例如，卢梭从人性本善的立场出发，系统阐述了社会契约理论和天赋人权学说。在卢梭看来，"人生而自由，只是在进入社会之后才逐渐失去自由，社会不平等伴随着文明进程而出现和发展"①。为了实现人的自由和平等，卢梭主张建立政治上自由平等的资产阶级"理性王国"，消除封建专制及其暴政和压迫。伏尔泰奉行自然权利学说，认为人们本质上是平等的，要求人人享有"自然权利"。为此，伏尔泰主张君主立宪制，由开明的君主按照哲学家的意见来治理国家，实现法律面前人人平等。孟德斯鸠提倡法律特别是自然法约束下的资产阶级的自由和平等，并明确提出了"三权分立"学说，推动了现代资本主义"自由民主"制度的发展。

三　传统人本观评析

无论是在中国还是在西方，传统人本观作为人学理论的重要组成部分，无疑是道说人的问题，提倡人本理念的最为响亮的口号。传统人本观在探索人的本质和追寻以人为本的历程中发挥了积极的作用。它在以"人本"反对"神本"和"君本"的过程中，充分肯定人的个人尊严、地位和价值，积极弘扬仁政和理性精神，极大地推动了经济的发展、政治的进步和社会的和谐，这为后继学者开展人本理论研究提供了宝贵的思想资源。但由于其历史和阶级的局限性，传统人本观不可避免地存在着一定程度的理论缺陷。它没有认识到人的本质的社会性、实践性和历史性，因而不可能正确揭示人的本质，也因此必然导致对人本质认识上的唯心主义。

（一）传统人本观的历史进步性

人本观作为人类传统文化的一个重要组成部分，既源远流长，又深入人心。传统人本观作为一些进步的思想家、政治家的治国理念，在一定程度上抑制了宗教神学和封建专制制度对人民的过度剥削和压迫，客观上反映了人民的利益和愿望，维护了人民的利益。在今天看来，传统人本观对人的尊崇，把人当作世界的本真和最高

---

① 赵敦华：《西方哲学简史》，北京大学出版社 2010 年版，第 280 页。

存在的主张仍然具有一定的历史进步意义。

首先，促进了经济的发展。从经济文明层面看，传统人本观无一例外地反对愚昧的宗教神学和腐朽的封建专制制度，将目光从天上转移到人间，普遍强调人的主体地位。这对于遏制统治阶级过分压榨与盘剥劳动人民，维护经济的发展发挥了积极的促进作用。例如，传统人本观倡导统治者采取恤民、惠民、富民的经济措施，在一定程度上解放了社会生产力、促进了经济的发展。既往的历史已经证明，统治者接受和践行人本观，奉行以人为本的施政理念，就会出现一定时期的经济发展、民生富足和社会繁荣的局面。中国历史上的"文景之治"、"贞观之治"以及"康乾盛世"等就是典型的例证。传统人本观对统治阶级的特权起到了一定程度的扼制作用，并深刻影响到历代统治者的治国理念，这客观上为劳动人民争取了一些生存与发展的自由空间，从而有利于生产力的提高和经济的健康发展。

其次，促进了政治的民主。从政治文明层面看，传统人本观以"人本"反对"神本"和"君本"，强调用人权代替神权和君权，有力地打击了宗教神学和封建专制制度，极大地推动了政治的文明和进步。中国传统人本观主张仁政和德治，对君权神授和封建君主专制起到了一定程度的制约作用。例如，中国传统人本观对君民关系做了朴素的论证，提出得人心者得天下，民心向背决定国家兴亡等观点，在一定程度上肯定了人民的历史地位和作用，客观上制约了君权神授和尊君思想。同时，中国传统人本观在承认君主专制的前提下，主张王道与德治的统一，提倡统治者实施仁政、体恤人民，这对促进政治的民主进步起到了一定的作用。同时，中国传统人本观为历代仁人志士所宣扬，培育了一些深具人本意识、关爱劳动人民的政治家，这在一定程度上推动了中国的政治民主化进程。西方传统人本观的共同意向和深层旨归，就是提倡人在政治上的"自由"、"平等"、"博爱"，追求人的全面发展，呼吁把人当作人，把属于人的东西归还给人。可见，传统人本观对民主政治的发展起到了积极的推动作用。

最后，维护了社会的稳定。从社会文明层面看，传统人本观有助于维护社会稳定。中国传统人本观内蕴重民、爱民、利民、恤民等思想，倡导统治者体察人民疾苦，关注人民生活，警示统治者只有崇德向善，保障人民安居乐业，统治才能长久。有鉴于此，一些开明的统治者积极从中寻找国家长治久安的良策，并提出爱民、利民、恤民等施政策略和具体措施，给劳动人民提供了一个相对安定的生产和生活环境。这在一定程度上有利于缓和社会矛盾，从而有助于维护社会的和谐与稳定。西方传统人本观认识到人的重要地位和作用，并立足于现世人的现实生活世界，肯定现世人的个人尊严、地位和价值，提倡关注人的幸福和权益。在此基础上，西方传统人本观极力颂扬人的理性和价值，并提出人人平等、尊重人权的人本主张。这种以人为目的和归宿的价值哲学对于促进社会法制文明的进步，进而对于维护个人基本权益和社会的稳定起到了积极的促进作用。

（二）传统人本观的历史局限性

传统人本观虽然体现了思想家与政治家在一定程度上对人民的重视，在人类历史发展过程中曾发挥过积极的进步作用，它有力地打击了宗教神学和封建专制主义。但由于其不可避免的历史局限性和阶级局限性而存在着致命的不足，主要表现在以下几点。

首先，传统人本观是唯心主义历史观。传统人本观具有一定的历史局限性和阶级局限性，它不是真正的群众史观，而是一种为剥削阶级服务的唯心史观。传统人本观产生于奴隶社会，形成发展于封建社会。在这一特定的历史条件下，由于受到生产力发展水平的限制，人们尚不能揭开各种社会现象的本质联系，所以人们不可能科学地阐明社会发展的一般规律。例如，费尔巴哈就把人类社会看作是由众多单个的个人"纯粹自然联系起来的普遍性"[①]。同时，传统人本观以抽象人性为出发点，过于强调人的自然属性，把人的本质归结为感性的自然本质，并且对人作出非社会性、非历史性、

---

① 《马克思恩格斯选集》第 1 卷，人民出版社 1995 年版，第 60 页。

非实践性以及利己性的理解，把人理解为"自然人"、"理性人"和"抽象的生物学意义上的人"。正如马克思所言，他们从未关注过从事实践活动的人，而是囿于抽象的"人"，且仅在感性的维度上认同"现实的、单独的、肉体的人"①。可见，传统人本观没有真正了解人。这致使传统人本观认识不到人的社会属性及社会本质，认识不到人的本质的历史性及人民群众是人类社会历史的真正创造者和社会发展的决定性力量，也认识不到人的本质的实践性及社会实践对于改造世界和改造人自身的伟大作用。同时，由于缺少系统化、理论化的知识支撑和论证，传统人本观没有形成完整而科学的理论体系。因此，传统人本观不可避免地夸大精神和个人的历史作用，必然导致对人的本质认识上的唯心主义。

其次，传统人本观具有一定程度上的虚假性。从目的与归宿来看，传统人本观本质上是以统治阶级的利益为本，对人民的重视仅仅是作为实现统治阶级利益的一种手段。历史和阶级的局限性决定了传统人本观的目的与归宿不是以人民群众的根本利益为本，而是以承认和服从统治阶级剥削人民的合理性为前提，以维护统治阶级长久统治和攫取人民利益为本。传统人本观在重民、爱民、利民、恤民以及自由、平等、博爱等争取民心口号的表层下，隐藏着为统治者存社稷、固君权、创造剩余价值的长远利益服务的本质。因而，传统人本观是君本位、官本位抑或资本位意义上的人本观，它以人本为手段，进而达到缓和阶级矛盾，维护统治阶级长久控制与剥削人民，获取各种利益的真实目的。可见，传统人本观本质上是统治阶级的御民之术，具有明显的工具性痕迹。传统人本观真正关切的是统治阶级的根本权益，而很少关注劳动人民的基本权益，这对广大人民和无产阶级而言无疑具有一定程度的虚假性和欺骗性。

再次，传统人本观不可能真正地实现。从实践过程上看，传统人本观是从观念、口号意义上来讲的，而没有真正将其诉诸一以贯之的实践。中西方历代王朝的统治阶级压迫和剥削人民的阶级本性

---

① 《马克思恩格斯选集》第1卷，人民出版社1995年版，第147页。

决定了传统人本观不可能真正地实现。实际上，中西方历代王朝的统治阶级往往把人民视为自己的私有财产，而不是一个平等的政治主体。因而他们把人民的觉醒看作是对自己统治的一种威胁，并一贯实施愚民政策用以抑制人民的觉醒，阻碍人民认识自己的力量和作用。只有当无法控制人民的反抗进而威胁到自身的统治时，统治阶级才会被迫承认人民的地位和作用，并实施一定期限、一定程度、一定范围的怀柔政策，用以笼络人心、安抚人民，进而延续自己的统治。事实上，中西方历代王朝的统治阶级决不会因重民、爱民、利民、恤民以及自由、平等和博爱而自动放弃对人民的压迫和剥削。总之，由于历史和阶级的局限性，决定了传统人本观不可能在剥削阶级统治的社会里得到一如既往的、彻底的贯彻和落实。

总之，传统人本观在中西方传统文化中具有非常重要的地位。作为中西方传统文化的重要组成部分，传统人本观贯穿于人类文明几千年的发展历程之中，其内涵随着人类历史的发展和社会的进步而不断得以丰富和完善。传统人本观是中西方传统文化的历史积淀，它既具有一定的历史进步性，也有不可避免的历史局限性。因此，我们应批判地继承传统人本观中的积极成果，服务于今天的社会主义改革和建设。在我们大力发展社会主义市场经济、加强精神文明建设的今天，传统人本观中的重民、爱民、利民、恤民以及自由、平等、博爱等人本观点，可以经过马克思主义的改造，成为我们完善社会主义企业道德责任规范、开展企业道德责任建设的思想资源。

第二节　马克思主义理论中的人本观

马克思在指导无产阶级革命实践的过程中，继承了世界文明史上人本观的积极成果，科学地揭示了人的本质，把对人本的认识提高到了一个新的高度，形成了经典马克思主义人本观。中国共产党以马克思主义理论为指导，在为实现共产主义理想而奋斗的过程中，将马克思主义基本原理同中国革命、建设和改革事业相结合，并在实践中不断创新与发展，形成了当代马克思主义人本观。

一 马克思的人本观

早在青年时期，马克思就确立了为人类幸福而奋斗的崇高志向。随后，马克思将这一志向作为其致力于理论研究与革命活动的思想动力。在马克思的理论著作中，蕴含着他对人，特别是对无产阶级的深切关怀、无限同情和深刻理解，体现着马克思对于人的解放和全面发展的热切向往。具体而言，马克思的人本观集中体现在他对人的本质的界定、对异化劳动现象的批判以及对未来社会人的全面发展的憧憬等方面。

（一）系统阐释了人的本质

在对人的本质问题的认识上，马克思对既往哲学家将人看作"自然人"、"理性人"或"抽象的生物学意义上的人"的唯心主义人本观进行了辩证地批判，并从现实的人的实践活动的视角以及社会关系的维度，系统揭示与论证了人的本质。马克思指出，现实的人存在的前提是人，现实的人意味着人不是存在于一种离群索居与一成不变状况中的人，而是存在于能够凭借经验察看到的、现实生活当中的、且"在一定条件下进行的发展过程中的人"①。马克思认为，现实的人是从事人类社会实践活动的主体，认识人的本质的"出发点是从事实际活动的人"②。在马克思看来，现实的人不单是人类开展物质与文化实践活动的主体，而且还是形成各种社会关系的基本元素。故此，马克思进一步提出，人的本质不是单独个人所具有的生物学意义上的抽象物；就其现实性而言，人的本质"是一切社会关系的总和"③。马克思在创建历史唯物主义的历程中，立足于人的现实性，结合人所处的具体历史境况与社会关系，并从人的实践的维度出发，正确揭示且系统论证了人的本质与存在方式——在特定社会关系中为了实现自身目的而开展具体实践活动的人。简

① 《马克思恩格斯选集》第 1 卷，人民出版社 1995 年版，第 73 页。
② 同上。
③ 同上书，第 56 页。

言之，社会关系中的实践活动表征着人的本质及其存在方式。马克思对人的本质的科学界定，为我们认识现实的人找到了现实的基点。

（二）深入批判了异化劳动现象

马克思看到了资本主义制度下，人特别是处于社会底层的劳动人民的凄惨境况。对此马克思在其《1844年经济学哲学手稿》中，通过对资本主义生产活动的系统考察，对普遍存在于其中的异化劳动与人的异化现象展开了深刻的揭露与批判。马克思认为，在资本主义社会里，人特别是劳动人民在以资本家攫取剩余价值为目标的异化劳动过程中被严重异化了，由此导致人的类本质不能够得以完整地实现。正如马克思所言，人在劳动过程中"不是肯定自己，而是否定自己，不是感到幸福，而是感到不幸"[①]；而且人在这一劳动过程中，因为不能自主发挥自身的智力与体力，所以导致自己的精神和肉体遭受巨大的摧残。劳动本来是人自主地改造自然和自身的活动，然而，资本主义异化劳动却导致了人的异化存在，致使"动物的东西成为人的东西"[②]，人在劳动过程中发觉自己与动物或机器竟然没有本质区别！马克思通过批判资本主义制度下的异化劳动问题，深入揭露了资本家对劳动人民的压迫与剥削，体现出对资本主义异化劳动的极度不满和对劳动人民的深切关怀。

（三）竭力倡导人的全面发展

马克思深刻意识到，资本主义制度下异化现象的总根源是资本家对劳动人民的残酷压迫与剥削，劳动人民仅仅被资本家当作创造与实现剩余价值的工具。马克思急切要求变革这一状况，并设想通过推翻资本主义制度和构建共产主义社会等措施，实现人的彻底解放与全面发展。在马克思看来，未来的共产主义社会将完全消除既往旧社会的阶级与阶级敌对现象，共产主义社会将是一个"以每一个个人的全面而自由的发展为基本原则的社会形式"[③]；在这一社

---

① ［德］马克思：《1844年经济学哲学手稿》，人民出版社2000年版，第54页。
② 同上书，第55页。
③ 《马克思恩格斯全集》第44卷，人民出版社2001年版，第683页。

会里，每个人都享有全面发展自身能力的自由，并且每个人的全面发展是所有人全面发展的前提。马克思进一步设想，在共产主义社会中，人的全面发展将具体体现在个人能力的完全发挥、素质的巨大提升以及物质与精神需求的充分满足等方面。马克思进一步分析指出，在共产主义社会里，由于生产力的高度发展与社会分工的消失，生产劳动将由奴役人的手段转变为解放人的举措，并将为每一个人提供全面展现与提升自己能力的契机，故此，生产劳动将"从一种负担变成一种快乐"①。可见，马克思人本观的逻辑旨归就在于人的全面发展，这也成为伟大导师毕生所矢志探寻的重要价值目标。

马克思的全部学说都是围绕着如何使人摆脱压迫、剥削和异化，实现人的解放以及人的全面而自由的发展来展开的。马克思把实现人的解放、全面而自由的发展作为无产阶级和人类奋斗的最终目标。可见，马克思人本观具有坚定的人民价值取向，这也成为马克思主义理论的本质规定和核心价值理念。

二　当代中国马克思主义人本观

新中国成立以来，以毛泽东、邓小平、江泽民、胡锦涛、习近平等为代表的当代中国马克思主义者，在辩证地吸收中外传统文化中的人本观精华，在继承经典马克思主义人本观精神内核的基础上，结合中国社会主义革命、建设和改革的实践，创造性地提出了当代中国马克思主义人本观。具体而言，当代中国马克思主义人本观的内涵主要有以下三个方面。

（一）充分肯定人的主体性

充分肯定人的主体性是当代中国马克思主义人本观的理论起点。当代中国马克思主义者秉承经典马克思主义人本观，充分肯定了人，尤其是从事生产实践活动的人民的历史主体地位及其主体创造性。

---

① 《马克思恩格斯选集》第3卷，人民出版社1995年版，第644页。

首先，肯定人的历史主体地位。在唯物史观的影响下，当代中国马克思主义者认为，人民是创造历史的主体力量。对此，毛泽东指出，人民"群众是真正的英雄"①，只有认识到这一点我们才能获取基本的常识。毛泽东进一步提出了"人民，只有人民才是创造世界历史的动力"②的人民主体地位观。在这一价值观念的指导下，中国共产党第一代领导集体充分发扬人民群众的主体作用，积极开展物质文化等生产实践活动。据此迅速恢复了国民经济，促进了社会主义事业的全面进步，这为我国改革开放奠定了坚实的基础。新世纪新阶段，党的新一代领导集体依然秉承这一价值观念，高度肯定人的历史主体地位及其在国家建设中的主体作用。习近平在总结 2015 工作时指出，我们"没有人民支持，这些工作是难以做好的，我要为我们伟大的人民点赞"③。可见，当代中国马克思主义者将充分肯定人，特别是将广大劳动人民的历史主体地位视为自己矢志不渝的价值追求。

其次，肯定人的主体创造性。当代中国马克思主义者指出，人民的主体创造性活动是社会发展的动力之源，无论是社会的发展还是人自身的发展都是通过人民的主体创造性活动实现的。对此，毛泽东指出，人是一切事物当中最为珍贵的，"只要有了人，什么人间奇迹也可以造出来"④。邓小平十分尊重并积极支持人民的创造精神，他对带有时代特色的人民创举，诸如家庭联产承包责任制、乡镇企业等都给予了充分肯定，并把人民的实践经验提升到理论的高度，借此制定出正确的政策和路线，从而推动了中国改革开放的大潮。正如邓小平所言，家庭联产承包的发明权是农民的，农村改革中的有益经验都是基层人民"创造出来的，我们把它拿来加工作为全国的指导"⑤。江泽民指出，发挥人民的主体创造性对建设中

---

① 《毛泽东选集》第 3 卷，人民出版社 1991 年版，第 790 页。
② 同上书，第 1031 页。
③ 习近平：《国家主席习近平发表二〇一五年新年贺词》，2015 年 1 月 1 日，人民网（http://politics.people.com.cn/n/2015/0101/c1024-26309646.html）。
④ 《毛泽东选集》第 4 卷，人民出版社 1977 年版，第 1512 页。
⑤ 《邓小平文选》第 3 卷，人民出版社 1993 年版，第 382 页。

国特色社会主义事业有着特别重要的意义，因此，我们只有通过不断提高人民的思想道德素质和科学文化素质，发挥人民的"积极性、主动性、创造性"①，才能促进中国生产力的发展。胡锦涛充分肯定了"尊重人民主体地位，发挥人民首创精神"②的重要性。

（二）积极维护人的各项权益

维护人的各项权益是当代中国马克思主义人本观的基本价值维度。人不仅是社会历史发展的主体，更是社会历史发展的目的。故此，当代中国马克思主义者一贯将寻求与维护人民的各项权益作为自己毕生的价值追求。

首先，重视维护人民的政治权利。当代中国马克思主义者从执政理念和制度上切实保障人的自由和平等。当代中国马克思主义者确立了全心全意为人民服务的执政理念，并以此作为自己的行为准则。对此，毛泽东强调，共产党人不同于其他政党的一个显著标志就是"和最广大的人民群众取得最密切的联系。全心全意地为人民服务"③。在此基础上，当代中国马克思主义者积极维护人民的平等地位。邓小平指出："公民在法律和制度面前人人平等"④；习近平指出，各级领导干部中的"任何人都没有法律之外的绝对权力，任何人行使权力都必须为人民服务，对人民负责并自觉接受人民监督"⑤。综上可见，当代中国马克思主义者始终秉承人民立场，坚定地站在人民一边，积极维护人民的政治权利。

其次，重视维护人民的经济利益。理念是行动的先导，理论上的成熟必然带来实践上的自觉。在中国革命和建设的实践中，当代中国马克思主义者秉承为人民服务的施政理念，始终将保护人民经济利益，关切人民日常生活作为开展各项工作的重要目标。对此，毛泽东指出，无产阶级革命要想取得人民的拥护，就需要"真心实

---

① 《江泽民文选》第3卷，人民出版社2006年版，第275页。
② 中共中央文献研究室：《科学发展观重要论述摘编》，中央文献出版社2009年版，第30页。
③ 《毛泽东选集》第3卷，人民出版社1991年版，第1094页。
④ 《邓小平文选》第3卷，人民出版社1993年版，第332页。
⑤ 习近平：《习近平谈治国理政》，外文出版社2014年版，第388页。

意地为群众谋利益，解决群众的生产和生活的问题……解决群众的一切问题"①。当代中国马克思主义者还十分注重解决分配领域中的不公平问题。邓小平提出的社会主义本质理论，把社会主义的目的和归宿置于全国人民的共同富裕之上，显示了"富裕目标"的广泛性。同时，当代中国马克思主义者提倡关心人民生活。例如，江泽民强调，共产党员应"关心群众疾苦，为群众办实事、办好事"②；习近平指出，我们共产党的干部关心、救济"每一个需要关心救济的人，是我们的责任，也是我们的义务"③。

最后，重视维护人民的长远利益。当代中国马克思主义者积极提倡可持续发展战略和生态文明建设，旨在为人民群众创造良好的生存环境。胡锦涛指出，落实科学发展观必须努力实现"经济发展和人口、资源、环境相协调，不断保护和增强发展的可持续性"④。当前，大力推动生态文明，建设美丽中国，实现中华民族永续发展是人民群众的共同愿望。为此，党的十八大提出了生态文明建设的目标和任务，并采取各种措施积极促进我国绿色产业的发展，以期不断改善人们赖以生存的生态环境。2013年9月，习近平在访问哈萨克斯坦时进一步强调提出，我们"既要绿水青山，也要金山银山。宁要绿水青山，不要金山银山，而且绿水青山就是金山银山"⑤。习近平的这一论断表明了当代中国马克思主义者对生态环境问题的重视程度，体现了当代中国马克思主义者推动我国生态文明建设、造福亿万人民的勇气和决心，彰显了当代中国马克思主义者重视维护人民长远利益的人本情怀。

（三）努力促成人的全面发展

实现人的全面发展，是马克思恩格斯提出的未来共产主义社会

---

① 《毛泽东选集》第1卷，人民出版社1991年版，第138—139页。
② 《江泽民文选》第2卷，人民出版社2006年版，第45页。
③ 习近平：《摆脱贫困》，福建人民出版社2014年版，第60页。
④ 中共中央文献研究室：《毛泽东 邓小平 江泽民论科学发展》，中央文献出版社2009年版，第34页。
⑤ 中共中央宣传部：《习近平总书记系列重要讲话读本》，学习出版社2014年版，第120页。

的基本原则之一，也是当代中国马克思主义者的奋斗目标。把人的全面发展作为执政目的，有助于我们在为实现共产主义而创造物质财富和精神财富的同时，深切关照作为财富创造主体的人民群众。

在推动人的全面发展过程中，毛泽东第一次提出了培养德、智、体全面发展的社会主义新人的要求。毛泽东指出，全面发展要求人民在"德育、智育、体育"① 方面都得以发展，这样才能成为社会主义国家的合格劳动者。邓小平结合我国改革开放和现代化建设的新形势，提出培养"有共产主义的理想、有道德、有文化、守纪律"② 的四有新人的要求。为此，邓小平提出要"两手抓"，两手都要硬，把培养四有新人作为塑造人、全面提升人的素质的一个重要目标。江泽民指出，我们开展各项工作必须兼顾推进人的素质的提升，竭力促成"人的全面发展"③。为了努力推进人的全面发展，江泽民特别强调要提高人的思想道德和科学文化素质，实现人的思想和精神生活的全面发展。2015 年，《"十三五"规划建议》提出"对每个人的全面自由发展提供保障"、"保障所有人的全面发展"等观点，均充分体现了以习近平为代表的当代中国马克思主义者将推动人的全面发展作为自己的崇高追求。当代中国马克思主义者把马克思关于人的全面发展思想推进到新的高度，对人的全面发展作出了新的阐述；同时把促进人的全面发展作为自己的执政夙愿，彰显了对人的全面发展的关注。

综上可见，当代中国马克思主义者的成功之处就在于树立了以人民利益为导向的马克思主义人本观。当代中国马克思主义者紧紧地站在广大人民群众一边，把肯定人的主体地位、维护人的权益和促进人的全面发展作为自己矢志不渝的坚定信念和价值追求，因而始终得到人民的衷心拥护和支持，这也是其执政党——中国共产党永葆生机与活力的基石。

---

① 《毛泽东文集》第 7 卷，人民出版社 1999 年版，第 226 页。
② 《邓小平文选》第 3 卷，人民出版社 1993 年版，第 28 页。
③ 《江泽民文选》第 3 卷，人民出版社 2006 年版，第 294 页。

第三节　马克思主义人本观基本
内涵的理论界定

人本观是人类历史文化发展进程中的一个核心价值理念。作为一个历史文化范畴，人本观伴随着人类文明史的出现而产生，其内涵随着人类历史的发展而不断演变、丰富和发展。人本观在不同的历史阶段和不同的文化背景下有着特定的内涵。中西方传统文化中的以"人本"反对"神本"、"官本"、"君本"等思想无不表征着人本观的历史与文化特征。那么，在当代中国社会主义改革与建设的特定历史条件和文化背景下，我们有必要在辩证扬弃中西方传统人本观的基础上，对马克思主义人本观进行语义学分析，揭示出马克思主义人本观的科学内涵和精神实质，这是认识、理解、树立马克思主义人本观并付诸企业道德责任建设的前提性工作。

一　马克思主义人本观中"人"的含义

理解人的内涵是解析马克思主义人本观科学内涵的前提。为此，我们有必要厘清人到底是什么？根据马克思人的本质理论，人是"一切社会关系的总和"；同时，人也是"现实的人"、"完整的人"。因此，我们应依据马克思人的本质理论及其关于人的存在的界说，从外延和内涵两个方面来阐释马克思主义人本观中"人"的含义。从外延上看，马克思主义人本观中的"人"应包括三个方面：一是指作为类存在意义上的人，这是相对于自然或物、神或上帝而言的；二是指作为社会群体意义上的人，这是相对于其他群体而言的；三是指具有独立个性和人格的人，这是人作为个体相对于其他个体的人而言的。这三个方面分别对应三层关系；即人与自然的关系，人与社会的关系，人与人的关系。从内涵上看，马克思主义人本观中的"人"应包括两个方面：一是"现实的人"。"现实的人"要求我们决不能像唯心主义哲学那样，把人理解为一种主观的意识，也不能像机械唯物主义那样，把人仅仅理解为抽象的、生物学意义上的人，而应该把人看作是社会关系中的现实的、具体的存在。二是"完整的人"。"完整的人"要求我们在社会关系中，从人的实践活动、现实需要、价值实现等角度出发来看待人，把人看作是在社会关系中追求全面发展的人。简言之，在我国改革开放和建设社会主义的新时期，马克思主义人本观中的"人"应该指最大多数的，从事社会主义建设的人，即一切赞成、拥护和参加社会主义建设事业的劳动者，其主体应该是在企业和农村从事物质生产劳动的工农群众。

　　具体到企业道德责任而言，马克思主义人本观意境下企业道德责任研究中的"人"应该涉及企业方方面面的利益相关者，包括企业的员工、消费者、社会公众以及股东、政府、企业竞争者，等等。实际上，由于企业利益相关者理论、企业伦理理论以及企业公民理论等企业道德责任的基础理论提出的时间都不长，学术界对企业利益相关者的界定、范围以及分类尚存在诸多争议，致使这些理论本身还处于不断争论和完善阶段。特别是对于企业利益相关者的范围和分类尚不明朗和统一，突出的表现就是学术界对企业利益相关者的分类过于繁杂和分散。同时，鉴于股东、政府、企业竞争者等企业利益相关者要么是处于强势地位的个人或组织，要么是其他的强势经济组织，所以企业的这类利益相关者不是企业道德责任人本层面缺失的主要受害人，与马克思主义人本观的关涉度也不强。结合马克思主义人本观中"人"的含义以及企业道德责任缺失的主要受害人。一方面，员工、消费者和社会公众相对于政府、企业竞争者等企业的利益相关者是处于社会关系中的人，而不是强势组织；另一方面，员工、消费者和社会公众相对于企业股东、政府、企业竞争者而言又处于社会的弱势地位，他们往往是企业道德责任缺失的主要受害人。故此，本研究选取企业的员工、企业产品的消费者，以及除企业的员工与消费者之外且与企业有利益关涉的社会公众这三类企业利益相关者，作为基于马克思主义人本观的企业道德责任研究中"人"的主要指涉对象。

二　马克思主义人本观中"本"的含义

从词源学意义上讲，人们从本体论和价值论的视角对"本"作出了多重解读，代表性的有以下三种：一是"本"的原意，指草木的茎或根。许慎在《说文解字》一书中对"本"字的界定是："本，木下曰本，一在其下"。可见，"本"字原意是指草木茎干之下的根部。二是"本"的引申义，"本"在现时代语境下往往被人们从本体论意义上引申为事物的本源、根源或根据。三是"本"的拓展意，由"本"的本意和引申义，人们从价值论意义上将"本"字拓展为，一个事物在事物集合之中的根本或核心地位。据此，马克思主义人本观中的"本"主要是人们对人在社会与经济发展中的主体地位、作用与价值的肯定。首先，从地位上看，马克思主义人本观中的"本"指人在社会与经济发展中居于核心地位；其次，从作用上看，马克思主义人本观中的"本"指人在社会与经济发展中发挥着根本作用；最后，从价值上看，马克思主义人本观中的"本"指人是经济与社会发展的根本的、终极的目的。可见，马克思主义人本观中的"本"是价值论意义上指涉的"根本"的"本"，而不是本体论意义上"本原"的"本"。这就是说，马克思主义人本观中的"本"指涉的是一个价值论命题，而非本体论命题。我们提出马克思主义人本观，主要目的不是为了回答人的本源问题，而是为了回答人为什么是社会与经济发展的根本目的问题。中国共产党提出"以人为本"，其本意就是要将实现人民群众的根本权益作为社会与经济发展的根本目的。

在基于马克思主义人本观的企业道德责任研究中，马克思主义人本观中的"本"特指在价值论意义上，企业应将维护员工、消费者、社会公众的权益作为其生产经营活动的核心任务和根本目的。在社会主义特定的制度环境下，"本"的内涵决定了企业生产经营活动不应当固守资本主义制度下以"以物为本"或者"以资为本"的陈腐思想，而应当树立马克思主义人本观，积极维护员工、消费者和社会公众的根本权益。一方面，我国社会主义国家的性质决定了人民是国家和社会的主人，因此，人民的权益应该在社会与经济发展中居于核心地位；另一方面，社会主义的本质以及社会主义生产的目的也决定了我国企业生产经营的目的是要满足人民物质与文化生活的需要，并且以实现人民的共同富裕为出发点和落脚点。所以，满足作为人民重要载体的企业员工、消费者以及社会公众的利益诉求，理应成为我国企业生产经营活动的根本目的或终极归宿。因此，马克思主义人本观中的"本"置于企业道德责任研究中的特定内涵，就是肯定企业员工、消费者以及社会公众在企业生产经营活动中的核心地位和根本作用，就是将维护与实现企业员工、消费者以及社会公众的根本权益作为企业生产经营活动的根本目的和终极归宿。

三　马克思主义人本观的科学内涵

马克思主义人本观是人们在社会与经济发展过程中，在对人及人的主体地位、作用和价值的反思过程中，特别是在对既往企业固守"以物为本"和"以资为本"的发展观，片面追求利润最大化所付出的沉痛代价的反思中，提出的一种人本理念。对马克思主义人本观的科学内涵，已有学者给出了较为详细的界定。例如，韩庆祥等人对科学发展观中的"以人为本"做了详细的解读。韩庆祥等人认为，科学发展观的"以人为本"包含着特定的内涵。首先，"以人为本"是人们对人在社会与经济发展中主体地位和作用的一种肯定。其次，"以人为本"也是一种思维方式。"以人为本"要求我们在思考、分析与解决问题时，将人看作手段与目的的统一，既要看到人的历史地位与作用，又要关注人的现实生活世界，关注人的生存与发展的现实需要。基于学者们已有的研究成果，笔者认为，我们应从"人"与"本"的内涵出发探求马克思主义人本观的本质内涵。其一，从"人"的外延和内涵来看，人的本质是一切社会关系的总和。在社会关系中，人是自然属性、社会属性和个体属性的有机统一，具有现实性和完整性。其二，"本"蕴含着根本、核心的价值取向。可见，人本就是要求我们在社会与经济发过程中，以社会关系中的"人"的根本权益为出发点和归宿，肯定并尊重人的现实利益诉求和全面发展的需要。因此，马克思主义人本观最根本的含义就是，肯定人既是社会与经济发展的手段，又是社会与经济发展的目的的思想理念。马克思主义人本观的核心思想就是肯定人的生存与发展权益高于一切。

综上所述，在基于马克思主义人本观的企业道德责任研究中，马克思主义人本观特指在价值论意义上，企业确立的以维护与实现员工、消费者、社会公众的权益作为其生产经营活动的核心任务和根本目的的思想理念。也就是说，企业应充分肯定员工、消费者、社会公众在企业生产经营活动中的主体地位、作用与价值。首先，从地位上看，马克思主义人本观要求企业将员工、消费者、社会公众置于企业生产、经营与发展的核心地位。其次，从作用上看，马克思主义人本观强调员工、消费者和社会公众在企业生产经营活动中发挥着根本作用。再次，从价值上看，马克思主义人本观肯定维护与实现员工、消费者、社会公众的根本权益是企业生产经营活动的根本目的或终极目标。特别需要指出的是，企业道德责任建设的人本价值取向，着重强调的是价值论意义上指涉的，企业以其员工、消费者、社会公众的根本权益为本。本研究提出企业道德责任建设的人本价值取向，主要目的不是为了回答员工、消费者、社会公众对于企业或者世界的本源问题，而是为了回答员工、消费者、社会公众在企业生产经营活动中的地位、作用与价值为什么对于企业来说是最根本、最核心的，也应该成为企业生产经营所应当优先考虑的问题。基于马克思主义人本观的企业道德责任研究提出企业道德责任建设的人本价值取向，其本意就是要将维护与实现员工、消费者、社会公众的根本权益，作为企业生产经营活动以及企业道德责任建设的根本目的。

马克思主义人本观对人、社会和自然的多层次、多角度、多方面的审视和探究所形成的丰富人本理念是建设中华民族共有的精神家园的文化根基，理应成为今天我们开展企业道德责任建设可资利用的宝贵资源。

第二章 企业道德责任的概念界定及其人本理据

　　基于马克思主义人本观的企业道德责任研究关注的重点是，什么是企业道德责任？企业道德责任的边界是什么？马克思主义人本观与企业道德责任有着怎样的关联？企业为什么需要履行道德责任？只有厘清这些问题，我们才能够立足于马克思主义人本观的视角开展如何推动企业履行道德责任问题的研究。因此，廓清企业道德责任的概念及其马克思主义人本理据，这是基于马克思主义人本观开展企业道德责任研究的关键。为此，我们有必要首先厘定企业、道德、责任、道德责任等企业道德责任的相关概念。在此基础上，本研究通过辨析企业责任体系的三种界说廓清企业道德责任的内涵与边界，并基于马克思主义人本观的视野，深入解析企业道德责任相关理论与马克思主义人本观的内在关联，为基于马克思主义人本观开展企业道德责任建设的实践方略研究提供必要的理论依据。

第一节　企业道德责任相关概念的界定

　　企业道德责任涉及企业、道德、责任、道德责任等相关概念。企业道德责任的相关概念和内涵随着历史的发展而不断丰富和变化。由于历史、文化背景和阶级立场的不同，人们对企业道德责任的相关概念有着不同的理解。在社会主义改革和建设的新时期，基于马克思主义人本观，在恪守人民利益导向的前提下界定这些概念，对我们深刻把握马克思主义人本观与企业道德责任的必然联系有着十分重要的意义。

一　企业及其本质

关于企业及其本质的阐释，主要集中在古典企业理论、新制度经济学企业理论和马克思主义企业理论之中。虽然企业本质最早由科斯提出，但对企业本质的阐释可以追溯到亚当·斯密的社会分工理论。以亚当·斯密和马歇尔为代表的古典企业理论主要从社会分工和组织的角度对企业的起源及其本质进行了说明；其后，新制度经济学企业理论从交易费用、企业契约等视角说明企业的本质及其存在的理由。马克思则站在无产阶级利益的立场上，从剩余价值的角度分析了资本主义企业——资本的载体的本质。作为当代中国马克思主义者，我们认为，企业的本质是经济属性和社会属性的统一体，是"经济人"和"道德人"的统一体。

（一）古典企业理论对企业本质的认识

古典企业理论关于企业本质的阐述，主要体现在古典经济学与新古典经济学对企业本质的认识上。亚当·斯密、马歇尔分别是古典经济学与新古典经济学的杰出代表，他们分别从分工的意义和交易价格的角度说明了企业的本质。

1．古典经济学的企业本质观

古典企业理论的显著特点是从劳动分工和效率的角度看企业。在欧洲工业化社会初期，以亚当·斯密为代表的古典经济学家发现，市场经济较之传统的庄园经济，可以通过分工和交换获得更高的效率，企业便是分工的产物。

古典经济学的创始者、经济学家亚当·斯密的分工理论蕴涵着原始的企业本质思想。亚当·斯密根据他的分工和效率理论认为，企业是一种将资本、土地和劳动力等生产要素组织起来，通过一定的技术化进程使之转化成为一定的产出，从而增加国民财富的生产组织，其存在目的在于创造利润。亚当·斯密重点研究了劳动分工在提高劳动效率和社会生产力中的作用。亚当·斯密认为，企业本质上是分工的结果，当市场的需求提高时，个人生产就不能满足市场需求，因为个人的劳动效率低，于是就需要分工。分工需要把工人组织起来共同劳动以提高效率，于是就产生了企业。亚当·斯密认为，企业存在的理由是，企业分工所形成的效率和社会生产力要比家庭作坊和手工工厂高很多。对此，亚当·斯密做了三个方面的解释：一是分工有利于劳动者劳动熟练程度的提高；二是分工减少了工作转换的时间；三是分工推动了机器的发明，机器的发明为劳动提供了便利。这就是著名的斯密定理。正如亚当·斯密所言，"社会生产力、人类劳动技能和思维判断力的大幅提高都是分工的结果"①。

亚当·斯密对于企业本质的认识有其合理性，但也有明显的缺陷。其合理性在于，从分工提高效率和生产力的角度对企业产生的原因及其本质所作出的解释，符合企业产生与发展的历史逻辑。其缺陷在于，第一，亚当·斯密对企业本质的认识没有反映出企业的社会属性。社会是企业产生与发展的基本前提；作为社会的一员，企业的本质和目的不仅仅是为企业主或股东获取利润而存在的生产函数，它还必须服从社会发展的需要。第二，亚当·斯密对于企业本质的认识难以解释市场经济条件下企业存在的现实。在市场经济条件下，按照亚当·斯密对于企业本质的认识难以解答以下两个问题：一是为什么规模较大的劳动分工所形成的效率往往大于规模较小的劳动分工？二是为什么企业没有因此而无限扩张？显然，古典经济学家亚当·斯密对于企业本质的认识没有也不能回答上述问题。

总之，以亚当·斯密为代表的古典经济学家对企业存在的原因及其本质的分析，都是建立在基于分工带来的效率和追求利润最大化的同质目标之上的。虽然亚当·斯密并没有明确而系统地提出关于企业本质的理论。但是，他关于劳动分工能够带来效率和生产力提高的观点，还是对后继学者继续探讨企业的本质产生了深远的

---

① ［英］亚当·斯密：《国富论》，胡长明译，江苏人民出版社 2011 年版，第 4 页。

影响。

2. 新古典经济学对企业本质的认识

19 世纪末期，英国经济学家马歇尔开辟了新古典经济学，从而为人们打开了在微观视野研究企业本质之门。新古典经济学的显著特点是从价格的角度看企业，将企业的本质界定为一个完全由外生技术变量决定的生产函数。

新古典经济学认为，企业是股东的企业，企业的本质是一个在市场中从事专业化生产的，通过价格与供求关系追求既定资源下股东利润最大化的生产单位。新古典经济学的核心任务就是揭示价格变动在平衡供求关系和资源配置中的作用。在新古典经济学的研究范式中，新古典经济学家将社会分为纯粹的生产者和纯粹的消费者两个部分，通过充分信息、完全理性、完全竞争、资源自由流动等一系列假设，将企业视为以劳动力、土地、资本、组织管理等生产要素的投入为自变量，以产出为因变量的生产函数。也就是说，企业是通过既定技术条件下的生产将这些要素转换为产出，通过市场供求关系和价格变动，达到投入和产出的最优组合。显然，在新古典经济学看来，企业就是一个以实现企业股东利润最大化的生产函数。

学术界通常把新古典经济学对企业的认识称为新古典企业理论。虽然新古典企业理论的研究范式为我们理解企业提供了诸多方便。但是，它却没有解释企业的利益结构与组织结构。在新古典企业理论严格的假设条件下，企业对生产的预期是完全理性的，企业决定生产的唯一变量是价格。新古典企业理论对企业本质的认知——生产函数，关注的仅仅是企业的技术层面。新古典企业理论没有深入企业组织内部去探寻企业存在的原因、企业的规模及企业的内部组织结构。面临组织、制度、时间、市场等不确定性因素对企业运营效率的影响以及企业如何作出相应的决策，企业内部如何组织、如何配置生产要素、如何将生产要素转换为产出，如何分配劳动成果，新古典经济学对此并没有关注。显然，新古典企业本质理论是一种静态优化理论。可见，新古典企业理论主要强调企业的生产本质，生产成本的节约是其考虑的首要因素。因此，新古典企业理论实际上将企业看作是一个将生产要素投入转化为产出的"黑匣子"。

综上所述，传统经济学中的古典和新古典企业理论，将研究企业本质的视野几乎全部集中在企业生产这一基本功能上。古典和新古典企业理论从劳动分工、效率、交易和价格等角度分析企业的本质，将企业的本质界定为一个纯粹为了利润而生产的函数。古典和新古典企业理论认为，如果企业尽可能高效率地利用资源去生产社会所需要的产品和服务，并且以消费者愿意支付的价格来销售，那么就可以说企业尽到了自己的责任。显然，古典和新古典企业理论认为，企业只需要承担最基本的经济责任，而不需要承担其他社会责任特别是道德责任，这显然是一种消极的企业责任观。

（二）新制度经济学企业理论对企业本质的认识

在对传统企业理论的反思和不满中，1937年新制度经济学的代表人物、经济学家科斯发表了《企业的性质》一文，由此开启了新制度经济学各流派对企业本质的深入探索。交易费用理论、企业契约理论和团队生产理论作为新制度经济学企业理论的主要代表，围绕着企业与市场的关系及其企业的组织结构、尤其是治理结构，试图从企业形成和演变的规律中探究企业的本质。

1. 交易费用理论的企业本质观

科斯是交易费用理论的开创者。科斯在《企业的性质》这篇经典论文中首先将交易作为分析的基本对象，试图运用交易费用理论，在有限理性的假设前提下，从不同企业之间签约的角度阐释企业为什么存在、企业规模由什么决定等企业本质问题。科斯认为，企业出现的根本原因是经济主体在相互作用时会发生交易成本。在科斯看来，市场和企业是配置劳动力和生产要素的两种不同的协调方式。在企业以外，价格变动决定生产。在市场交易活动中，生产活动通过一系列市场交易来协调，因而参与生产活动的市场主体需要经常进行谈判并签订各种契约。在企业以内，企业组织安排生产。由于企业的存在，部分市场交易被企业组织所取代。企业主与其他要素所有者订立一个长期的契约，从而不必在企业内部频繁地进行谈判并签订各种契约，同时还能利用行政命令进行管理和指挥，这样就能节约某些市场交易费用。

因此，科斯认为，市场协调和企业协调是可以相互替代的，当企业协调能节约交易成本时，企业就会替代市场。① 可见，在科斯的研究框架内，企业与市场的不同就在于它是用企业家"权威"替代市场的价格导向来配置资源，企业的存在使一系列要素所有者之间的短期契约被一个长期契约——企业与生产要素所有者的契约所替代，从而节约了交易费用。科斯同时看到，通过企业配置资源时也有协调成本，这一成本与企业规模成正比。所以，企业规模的大小因而也取决于企业的存在所节约的交易费用与企业存在所引起的组织费用和管理费用的比较。当在企业内组织交易的边际成本与在市场交易的边际成本相等时，企业规模就不再扩大。科斯从交易费用的角度出发来研究企业存在的合理性，并把企业的本质视为一种和市场相区别的交易活动的契约形式，即对市场交易活动的替代物。然而，这种界定并没有揭示企业的系统目的和它的价值取向。但是，他的这一观点开创了现代企业理论研究的先河，为后来的企业契约理论、团队生产理论的形成奠定了基础。

2. 企业契约理论的企业本质观

张五常和奥利弗·威廉姆森等人在科斯交易费用理论的基础上提出了企业契约理论。张五常在《企业的合约性质》（1983）一文中指出，市场的交易对象是产品，企业内部的交易对象是生产要素，企业和市场都是一种契约，两者并无实质性的差别。企业并非为取代市场而设立，而仅仅是用要素市场取代产品市场，或者说是用一种契约替换另一种契约。张五常认为，企业本质上只是契约安排的一种方式，其存在与否取决于这种契约安排方式所节约的定价费用是否能弥补市场代理的成本。作为企业契约理论的集大成者，

---

① Coase R. H, "The Nature of the Firm", *Economics New Series*, Vol. 4, No. 16, November 1937, pp. 386 – 405.

奥利弗·威廉姆森在继承科斯交易费用观点的基础上，对企业的本质作了进一步解释。奥利弗·威廉姆森认为，企业是一种关系型契约，这种"关系型契约是企业动态的、长期的、重复性的契约"①。奥利弗·威廉姆森把交易作为基本的分析单位，将有限理性、资产专用性和机会主义等概念结合起来，从节约交易成本的角度研究企业的本质及其与市场彼此间的替代关系，从而发展了契约理论的第二条线索——不完全企业契约理论。不同于古典经济学中的"经济人"假设，奥利弗·威廉姆森提出了"合约人"假设。"合约人"与"经济人"根本区别是有限理性和机会主义。奥利弗·威廉姆森认为，"合约人"的有限理性和资产专用性将导致签约后的机会主义，进而导致契约是不完全的并由此可能导致交易成本的增加。因而，组成纵向一体化的企业，各签约主体在企业内部形成某种相对长期的、重复性的、各方默认的交易关系，这是解决这个问题的一种办法。据此，他们把企业的本质看作是适应不完全契约而出现的一种节约交易成本的治理结构。

3. 团队生产理论的企业本质观

阿尔钦和德姆塞茨在解释企业本质问题时，将分析的重点从节约市场交易费用转向企业内部生产效率的提高和节约监督费用上来。他们认识到通过生产要素之间的整合可以带来额外的合作收益，据此，他们提出了团队生产理论。阿尔钦和德姆塞茨认为，企业产生的主要原因是由于单个私有者为了更好地利用其比较优势，故而采用专业化分工进行合作生产，从而使得合作生产的总产出大于他们分别进行生产所取得的产出之合，由此可以取得额外的合作收益。在阿尔钦和德姆塞茨看来，企业这一经济组织的优越性体现在"通过要素投入者的合作，可以更好地利用他们的比较优势，并在一定程度上促进劳动报酬支付与生产率相一致"②。企业团队生

---

① 王立宏：《企业契约性质理论的问题研究》，《社会科学辑刊》2014年第6期，第134页。

② Armen A. Alchian and Harold Demsetz, "Production, Information Costs, and Economic Organization", *The American Economic Review*, Vol. 62, No. 5, December 1972, p.778.

产方式中存在难以计量单个成员的贡献以及每个成员都有偷懒的动机等问题，这导致团队生产方式中每个成员都有偷懒的动机。因此，要想利用团队生产方式，就需要团队生产的监督人员，监管团队成员因偷懒动机而产生的"搭便车"行为。为此，阿尔钦和德姆塞茨提出设置一种有效的产权结构并安排监督人员，并授予监督人员以剩余索取的权力和行政权力，使其有动力和权力行使监督职能；同时，监督人员利用合同将团队生产方式中其他成员的收入固定化，这就形成了团队的内部治理结构，进而导致了企业产生。显然，在阿尔钦和德姆塞茨看来，企业是作为一种提高生产效率和节约监督费用的装置而存在的，也就是说，企业本质上是一种团队生产方式——一种包含生产要素交易契约的团队生产方式。

新制度经济学对企业本质的理论认知——契约安排和交易费用的节约，关注的是企业的制度层面。新制度经济学将企业看作是股东的企业，研究企业仅仅选取制度向量，缺省生产关系的维度，这决定了新制度经济学对企业本质的各种论证方式，只能落脚到为股东节省交易费用上来，进而认为企业的本质是"一系列契约的连接"（a nexus of constructs）。实际上，新制度经济学没有真正弄清企业内部、企业与市场、企业与社会的关系，没有能够准确把握什么是企业。新制度经济学所提出的企业本质观，实际上是"股东利益至上观"和"资本强权观"。在这种理论逻辑下，寻求股东利益最大化的契约及其制度安排也自然成为新制度经济学企业理论的最终归宿。这一点与新古典经济学的企业本质观近似。但是，对比新古典经济学把企业当成生产函数的观点，新制度经济学把我们的视野带入企业内部，从交易费用和契约等角度分析了企业产生的原因、功能及其本质。新制度经济学的这一理论创新弥补了以往忽视企业内部结构的缺陷，在揭示企业本质问题上取得了一些进展，迈出了有意义的一步，为我们开辟了正确认识企业本质的道路。

（三）马克思主义理论的企业本质观

马克思主义理论将唯物主义作为科学的认识论，在批判继承古典经济学、新古典经济学以及新制度经济学企业理论的基础上，从生产力和生产关系这一相互联系和作用的体系出发，深入探讨了企业的起源及其本质问题。

1. 马克思的企业本质观

对于企业的起源，马克思在继承亚当·斯密社会分工观点的基础上，进一步论证了分工与市场在企业产生与发展中的作用。马克思认为随着社会生产力的发展产生了私有制与剩余产品，进而产生了交换与市场。市场中最初的交换主体是拥有剩余产品的家庭，随着社会分工的发展，出现了利用专业化分工优势进行生产的商品生产者，即专业化生产组织——企业。所以企业是伴随着分工和市场而产生的，没有分工和市场就没有企业。

在论证企业产生和分析资本主义生产过程的基础上，马克思发展了劳动价值论，提出了生产过程二重性学说，并基于此剖析了企业本质的二重属性。马克思认为，从价值形成过程看，生产过程属于商品生产过程，这体现了与生产力发展程度相关的生产过程的自然属性；从价值增值过程看，生产过程属于资本主义生产过程，这体现了与生产关系相关的生产过程的社会属性，后者是"商品生产的资本主义形式"①。在此基础上，马克思进一步从生产力和生产关系两个维度分析企业的本质。马克思认为企业的本质主要表现为以下两个方面。从生产力角度看，企业的自然属性体现着企业是与一定社会的生产力发展程度相适应的经济组织。也就是说，企业是以分工协作为前提，以团队生产方式为基础，以交换获利为目的的经济组织。从生产关系角度看，企业的社会属性规定着企业是一定社会的生产关系的载体，它反映了一定社会制度下生产资料的所有制形式、生产的目的及劳动者之间的分配关系。可见，企业的性质既受制于一定社会生产力的发展程度，又受制于一定社会生产关系的性质。企业在本质上属于一定社会的生产力与生产关系的聚合体，既在一定的社会生产力水平上进行基本的生产活动，又对社会生产关系产生重要影响，在生产力和生产关系的对立统一中实现其

---

① ［德］马克思：《资本论》第 1 卷，人民出版社 1975 年版，第 223 页。

存在的意义与功能。

马克思认为，资本主义制度下的企业是一种资本家和工人之间的契约关系。在资本主义制度下，工人作为"劳动力"这种特殊商品的所有者，在劳动力市场上与作为资本所有者的资本家签订契约，把自己的劳动力卖给资本家。劳动力买卖契约签订以后，资本家与工人就从平等签订契约的关系转变为奴役与被奴役、剥削与被剥削的关系了。在随后的资本主义企业生产过程中，工人们在同一资本家的指挥下，在同一时间和空间内生产商品，这在历史上和逻辑上就形成了资本主义生产的起点。现代资本主义企业也没有彻底改变这种关系。可见，资本主义企业的本质是一种在劳动力市场自由和平等假象掩盖下，资本家无偿占有工人劳动成果的契约。马克思还提出，在未来的共产主义社会，公有制就是联合的个人所有制。企业就是劳动者联合起来的利益共同体，是劳动者为了解决物质文化需要而共同从事生产活动的经济实体。

马克思的研究清晰地指出了企业的本质：企业具有生产性质和交易性质，是根据市场需要组织生产活动，提供商品和服务，以达到创造剩余价值目标的经济组织。生产商品、创造剩余价值的基本功能是企业区别于其他市场主体的本质特征。马克思的经典分析为我们探寻企业的本质提供了基本的理论视角和依据。马克思从生产力和生产关系两方面对企业属性进行了科学概括，这对于揭示企业的本质无疑具有重要启示意义。但是，马克思的分析偏重于揭示资本主义企业中资本家对工人的剥削本质，尤其是在分析资本主义企业内部生产关系以及产权结构的变迁时，这一主线更加明显。换言之，马克思偏重于分析资本主义企业的特殊制度形式——剥削。马克思对企业的一般性质，例如，企业与员工、消费者、社会公众的利益关系没有进行深入的研究。

2. 当代中国马克思主义的企业本质观

当代中国马克思主义者，结合社会主义国家的性质和改革开放的时代背景，对企业的本质进行了卓有成效的探索。

新中国成立至改革开放前期，我国社会各界一般将企业的本质视为隶属于国家的一个生产组织或生产部门。例如，1973 年版的《辞海》将企业的本质描述为，以公有制为基础的，为社会供应产品与劳务的一种经济组织。在此阶段，我国各界对于企业本质的认识主要源于马克思对于未来社会的设想。马克思曾经设想，在共产主义社会里，社会成员共同占有生产资料，劳动成果不是用来转变为商品而是用于直接分配，因而与商品经济相关联的交易、货币与价格等范畴将彻底消失。可见，在施行计划经济模式的共产主义社会里，企业不同于市场经济体制下具有独立资产的企业，而是执行社会生产计划指令的生产单位。

改革开放之后，我国政府和理论界结合改革开放和市场经济的具体环境，继续深化对企业本质的探索，并取得了突破性的进展。由于我国社会主义建设的实践比马克思当时设想的情况要复杂得多。实践证明，在我国社会主义初级阶段生产力水平较低的情况下，照搬马克思企业本质理论曾经对社会主义建设造成了极大危害。在此阶段，以邓小平为代表的马克思主义者，结合我国改革和建设的实践创立了邓小平理论，这为我们打开了认识社会主义市场经济体制下的企业本质之门。党的十四届三中全会做出的《关于建立社会主义市场经济体制若干问题的决定》明确提出，政府应转换国有企业的经营方式，构建符合市场经济需要的现代企业制度。在现代企业制度下，企业既是一个自主决策的商品生产者，又是一个自负盈亏的经营者。与此同时，我国理论界也对企业本质做了重新的界定。如 1999 年新版《辞海》将企业本质界定为"从事商品和劳务的生产经营，独立核算的经济组织"。

截至目前，虽然我国各界对企业本质的界定仍然无法统一。但是，从我国各界做出的企业定义中，我们不难发现这些定义所蕴含的企业本质，即企业是一个以盈利为目的独立的商品生产者和经营者。上述界定中，企业只是一个生产者或者生产经营单位，仍停留在新古典经济学的"黑箱"阶段，企业生产的社会目的被淡化了，因此这些对企业本质的认识隐含着巨大的危机。因为，如果企业仅仅是一个经济组织，它的目的当然就是追求经济利益，那就意味着，企业必须为单纯获取利润这个唯一目标服务。企业只要能够获得利润，其他的责任都可以忽略不计。企业由此堕落为一架为企业所有者赚钱的机器。隐含在这一企业本质背后的拜金主义思潮必将导致灾难性的后果。事实上，近年来一些企业受此理念的影响，开始了疯狂的原始积累，致使"血汗经营"、制假售假、污染环境等道德责任缺失行为异常盛行。因此，在我国转型时期的特殊背景下，社会各界对于企业本质的探索依然任重道远。

（四）本研究对企业本质的界定

作为一种组织，企业是商品经济发展到一定阶段的产物。从企业诞生之日起，关于企业是什么？企业产生与存在的理由是什么？企业的应然目的又是什么？等等，涉及企业本质的问题一直困扰着人们，也成为理论界长期思索的命题。许多学者试图对这些问题作出回答。古典企业理论从假设的静态模型和企业生产的特征来定义企业的本质；新制度经济学从交易费用与契约关系入手，深入到了古典企业理论所没有看到的企业黑箱，描述了企业在现实经济中的某些表象特征。但是，他们并没有触及企业本质的内核，因而也就不能真正揭示企业的本质及其存在的逻辑。

根据马克思主义的企业本质观，结合当代中国社会主义改革和建设的实践，笔者认为，企业作为一种更为有效的创造社会财富的组织，其产生与存在的理由是源于对生产和交易费用的节约。企业作为是一种历史现象，是人类社会商品经济发展到一定阶段的产物。企业的历史源头可以追溯到马克思提及的简单协作的手工工场。此前，家庭和手工作坊是较为普遍的生产形式。随着科技水平和生产力水平的提高，人们的生产逐渐产生了一定的剩余产品并有了交换剩余产品的愿望，于是简单的商品经济发展了起来。在市场竞争中，由于人们的禀赋存在差异，一些善于经营管理的人逐渐取得优势，并积累了越来越多的资本和生产资料。另外一些经营管理能力较低的人，则面临破产倒闭，失去了自身劳动力得以发挥作用的生产资料。这样，在市场竞争中形成了企业的两大类主体：资本家和工人。这两大类主体为什么愿意签订契约，进而组成企业这一崭新的组织形式呢？一个原因是节约交易费用，新制度经济学企业理论已经认识到了这一点；另一个原因是节约生产费用，亚当·斯密与马克思重点分析了这一点。正是因为企业这一组织形式可以节约交易费用和生产费用，从而更有效地创造社会财富，企业才能替代家庭、手工作坊和市场出现并长期存在于人类社会之中。

随着社会的不断发展，企业的形态也日趋多样。但在企业千变万化的个体形态中，蕴含着不变的企业本质。在企业形成与发展的悠久历史中，我们透过企业的各种形态应该能够揭示出企业的本质，以此探寻企业的应然本性。在马克思主义人本观的意境下，企业的本质应该是经济属性和社会属性的统一体。具体而言，企业的本质是由生产要素所有者通过契约组成的、通过劳动分工和高效率的协作生产、为社会提供产品或服务的具有独立法人资格的社会组织。企业产生与存在的目的，一是由于它能够为企业所有者节约交易费用和生产费用，进而提高劳动生产率；二是它能够更有效地满足社会和劳动者的需要，提高人民群众的物质文化生活水平；三是它能够推动人类社会的文明和进步。企业的本质涵盖了企业的双重属性：经济属性和社会属性。企业不仅具有一般意义上节约费用、追求自身利润需要的经济属性，而且还具有满足他人与社会需要的社会属性，而后者更能体现企业的本质。从价值哲学来看，经济属性规定着企业的牟利性和利己性特征，体现了企业自我实现的价值；社会属性规定着企业的服务性和利他性特征，体现了企业服务社会的价值。可见，企业本质上也是一个实现自我价值和社会价值的统一体。

企业的本质以及企业价值的二重性表明，企业是作为"社会公民"的身份出现的，企业本质上也是一个道德责任主体。正如美国圣何塞州立大学哲学系的威廉·肖所言，"企业需要道德，并且企业的存在是以道德为前提的"。① 企业从其产生之日起，便不可避

---

① William H. Shaw, "Marxism, Business Ethics, and Corporate Social Responsibility", *Journal of Business Ethics*, Vol. 84, No. 4, February 2009, p. 565.

免地处于人、群体、社会所形成的各种社会关系中，不可避免地在各种关系当中充当主体的角色。而基于特殊的关系、基于主体所采取的具体行为以及基于主体所扮演的具体角色正是责任产生的依据所在。由此看来，以解放全人类、消灭剥削为最高奋斗目标的社会主义社会，应该更加自觉、主动地实行体现这一历史趋势的制度安排，使社会主义企业在所有制形式、管理制度与收入分配体制等方面彰显社会主义性质，以促进人类社会善的进步。

二　道德、责任与道德责任

企业道德责任的概念涉及道德、责任与道德责任等概念。可见，道德、责任与道德责任是企业道德责任最为密切的三个相关概念。因此，厘清道德、责任与道德责任的含义对于界定企业道德责任的内涵有着重要的理论意义。

（一）道德的含义

道德是人类社会生活中的一种特殊现象。人们在社会生活中形成了复杂的社会关系，为了调整人与人之间的社会关系，维护人们社会活动的正常秩序，就出现了对人们行为加以引导和约束的道德规范。

在中国传统文化意境中的道德是由在此之前的"道"与"德"这两个不同概念演变而来的。"道"的本义指道路，后来"道"被人们引申使用。东汉许慎在《说文解字》中指出，"道，所行道也"。春秋时期道家的创始人老子认为，"道"是"天地之始"，"万物之母"（《老子·道经》）。战国时期的庄子认为，"道"是"有情有信，无为无形；可传而不可受，可得而不可见；自本自根，未有天地，自古以固存；神鬼神帝，生天生地"（《庄子·大宗师》）。老子和庄子所说的"道"指的是世界的本质和规律。儒家创始人孔子在道家对"道"阐释的基础上指出："君子学道则爱人，小人学道则易使也。"（《论语·阳货第十七》）意思是做官的学习了道理就懂得仁爱他人，老百姓学习了道理就容易使唤。可见，"道"最初的含义是道路，后来被引申为事物变化与发展的规律、做人的道理和最高原则。"德"字在甲骨卜辞中为象形结构，其本意表示人人都把心放端正，不妄想。后经人们的引申使用，其含义得到了进一步的丰富。许慎在《说文解字》指出："德，外得于人，内得于己也。"显然，"德"的意思是人们把善施于他人，使他人得到好处；同时，把善存于自己心中，使自己得到好处。宋代思想家朱熹对"德"的解释是："德者，得也。行道而有得于心者也。"（《四书集注·学而篇》）即"德"是个人履行"道"且将其内化为自身的道德品质。可见，中国传统文化把"德"视为"道得之于心，又见之于行"，是个人得社会之"道"后而形成的"心得"。

在中国传统文化的语境中，管子最早将"道"与"德"二字连用。管子说："道德定而民有轨矣。"（《管子·君臣上》）意为君主确定了道德，老百就有了遵守行为规范的依规。儒家将"道"与"德"作为个人的人生观和实施仁政的准则。孔子说："志于道，据于德，依于仁。"（《论语·述而第七》）孔子认为，"道"是人们的人格理想，"德"是"道"在人们行为活动中的体现，"仁"是个人道德和实施仁政的准则。荀子说："故学至乎礼而止矣。夫是之谓道德之极。"（《荀子·劝学篇第一》）荀子认为，人们在社会生活中如果行为合乎社会规范，那么就达到了道德的最高境界。荀子把"道"与"德"的逻辑关系贯通连用为道德之后，道德就蕴含了社会道德原则规范和个人道德品质两层基本含义。中国传统文化更重视"道"，例如中国传统文化中具有本体论意义的"天"、"天理"、"天道"、"人性"等范畴，都旨在说明社会道德原则和规范的绝对权威与无可置疑性。在西方传统文化中，"道德"（Morality）一词是由拉丁文 mos 和 mores 衍化而来的，具有性格、风俗、习惯等基本含义，引申含义有法则、规范等。

中国伦理学自 20 世纪 80 年代初期开始复兴以来，一些权威的伦理学论著在阐释道德含义时，一般是从传统文化语境下的理解范式开始，追溯"道"与"德"及道德的历史演变。但是，在此后阐述道德含义的时候，视野往往局限于传统文化语境下的"道"，把道德仅仅视为独立于个人而存在的，一种特殊的社会意识形态和社会规范的总和。例如，《汉语大词典》将道德视为"社会意识形式之一，是人们共同生活及其行为的准则和规范"。对道德的这种阐释实际上侧重于传统文化语境下所提及的"道"，而较少涉及"德"的层面。

从历史唯物主义的视野分析，道德源于一定社会的经济关系。道德的本质既不是源于神或上天的意志，也不是源于人固有的本性，道德是由经济基础决定的上层建筑。恩格斯说："人们自觉或不自觉地、归根到底总是从他们阶级地位所依据的实际关系中——从他们进行生产和交换的实际关系中，获得自己的伦理观念。"①道德起源于一定的社会经济关系之中，而非人们的意识本身。道德的作用在于社会通过确立和倡导一定的行为准则，规范人们的行为，进而促进社会的有序发展。有鉴于此，罗国杰提出，道德是"人类社会生活中所特有的，由经济关系决定的，依靠人们的内心信念和特殊手段维系的，并以善恶进行评价的原则规范、心理意识和行为活动的总和"②。罗国杰对道德含义的界定体现了当前我国学术界较为普遍的看法。

道德作为伦理学研究的重要范畴，它是道德规范与个体品性的统一，是个体在社会道德规范的约束下，在实践理性的驱动下所形成的一种特殊的精神世界。从道德规范来看，与政治规范、法律规范等相比，道德规范的特殊性在于道德的自律和自觉。道德规范主要是以善与恶、诚实与虚伪、公正与偏私、正义与非正义等作为个体道德状况的评判标准，并主要通过社会舆论、传统习俗和内心信念的软约束力量，辅之以政治法律的强制力量来影响个体的心理，评判个体的行为，从而促使个体的行为实现从实然向应然的转化。其中不难发现道德具有三方面的内涵：一是德目，即由道德原则、道德规范等范畴所形成的道德条目；二是德性，即由个体道德心

---

① 《马克思恩格斯选集》第 2 卷，人民出版社 1995 年版，第 434 页。
② 罗国杰：《马克思主义伦理学》，人民出版社 1984 年版，第 4 页。

理、道德信念与道德品质等要素构成的人格境界；三是德行，即由道德选择、道德外化和道德评价等环节组成的个体德性的外化。可见，德目、德性、德行共同构成了人类社会所特有的道德。

（二）责任的含义

责任是人们在日常生活和学术研究中经常使用的词汇，作为一个普遍的人性和社会伦理概念，它包含着极其丰富的内涵。在中西方学术界散落着许多关于责任的精辟论断，并对后世产生了深远的影响。由于不同的学科背景，学者们对责任内涵的解读还远未达成普遍共识，致使当我们从理论层面综述或探析责任内涵时，难以从中找到公允性的界定。但是，从学者们纷繁复杂的阐释中，我们依然能够找到趋于一致的认识，即责任是人类社会性的必然要求、是个体内化了的行为规范以及个体对行为及其结果的主观体验。

首先，责任是人类社会性的必然要求。责任是人类社会性的产物，这是大多数责任研究者所形成的主流共识之一。作为具有社会性特征的人类，其个体的生存与发展离不开其所在的社会，社会的存在与维系又离不开特定的自然环境和个体责任意识。于是，个体、社会和自然环境共同形成了一种密切联系的依存关系。为了维持、稳固和延续这种依存关系，人类在漫长的发展历程中形成了政治、经济、法律和道德等社会规范用以规定和约束人们的思想和行为。一定的社会规范一旦确立，就会对生活在其中的人们产生某种程度上的约束力，它规定人们在这一社会生活中，哪些事情是必须要做的，哪些事情是不可以做的。显然，责任就是这些社会规范的基础。责任及其基于责任而形成的社会规范的公正性"被视为现代社会最重要的德性"①。责任是个体立足于社会的基础。在社会生活中，个体只有自觉遵守一定的社会规范，承担起社会赋予自己的那份责任，这样才能够得到社会的认可和接纳，才能够在社会中生存和发展，也才能够促进人类社会的基本稳定。"每一个在道德上

---

① 宋友文：《价值哲学与规范问题——现代社会核心价值观的思想史语境》，《北京师范大学学报》（社会科学版）2015 年第 5 期，第 14 页。

有价值的人，都要有所承担，不负任何责任的东西，不是人而是物。"① 可见，作为人的基本特征之一，责任是人的个体社会性存在的基本方式，也是社会性个体之间联结的内在基础。因此，从这个意义上来说，责任不仅是一种社会的应然规定，而且是一种社会的必然要求。

其次，责任是个体内化了的行为规范。对于人类个体而言，责任最初表现为社会的一种外在规定性，是一种规范个体思想和行为的他律方式。但是，社会的外在规定性必须要通过个体心智的中介，落实到个体的意识层面才能够影响到个体的行为。因此，外在的社会规范要通过个体的内化才能逐渐转化为个体的自律方式。可见，责任是一个渐进的形成过程，它需要经过个体对社会政治、经济、法律、道德等社会规范的认知、认同、内化等环节，将社会的外在规范内化为内在的行为规范。在这个意义上讲，责任本质上是个体对各种社会规范的主观意识或心理反应。换言之，责任是特定文化条件下，个体在对政治、经济、法律、道德等社会规范的履行或遵从。如《新编学生新华字典》将责任一词界定为"应完成的任务或应承担的过失"②。当然，责任形成的过程不仅是个体将社会规范机械地、简单地复制到自己的认知结构内，而且还要经过个体对责任规范的能动诠释和建构。个体通过自己的主观能动性，将诠释和建构后的责任规范作为自己认知结构的有机组成部分，进而将其作为自己独有的思维方式和行为规范。这就是说，责任是个体内化了的社会规范或者自我的规定性。

最后，责任是个体对行为及其结果的主观体验和价值判断。责任不仅是个体的一种内化了的行为规范，也是个体对行为及其结果的主观体验和价值判断。个体在社会生活中为"实现信念伦理和效

---

① ［德］康德：《道德形而上学原理》，苗力田译，上海人民出版社 2005 年版，第6页。

② 《新编学生新华字典》编委会：《新编学生新华字典》，吉林出版集团有限责任公司 2015 年版，第633页。

果价值的弥合"①，就需要依照社会规范对自己或他人的行为及其结果做出价值判断。这类判断的主要内容表现为：对责任应然性的判断、对责任主体的认定、对责任性质的鉴别、对责任程度评估和责任结果的评判等。个体依照社会规范体系对行为、结果和社会现象所做出的价值判断一般带有个体主观倾向性。这种主观倾向性深刻影响着个体随后的态度，个体因此而产生的积极或消极态度会诱发其相应的情感体验，诸如满足、快乐、价值感、成就感、同情心以及失落、愤怒、内疚感、罪恶感等。可见，责任不仅是一种认知和判断的过程，同时也是个体对责任指涉的一种情感体验过程。同时，个体对责任的情感体验还将对自己后继行为产生影响。个体对行为及其结果的责任感知和情感体验，将直接或间接地对责任指涉的各方，如责任主体、责任对象的行为产生影响。一些消极的责任情感体验，如无助、愤怒、罪恶感等，可能引发个体对惩罚的担忧，导致个体拒绝或推脱责任，也可能因此而激发个体的责任行为；一些积极的责任体验，如满足、快乐、同情心、成就感、价值感等则可能激发个体积极承担责任的倾向。因此，从这个意义上讲，责任本质上是个体对自己或他人的行为及其结果的价值判断体系。

综上可见，尽管中外学术界对于责任的界定和理解还不一致，但是主流观点认为责任不仅是社会的一种外在规定性，更是个体的一种自我内在规定性。外在规定性体现了社会的对个体思想和行为的规定与约束；内在规定性反映了个体意识对社会规定性认同及其相应的行选择和主观体验。因此，责任是个体在一定社会中的基本行为准则，并具体体现于个体全部的行为和活动之中。有鉴于此，笔者认为，要想科学界定责任的含义，就应该从更为广义的维度阐释责任的内涵，回归责任所应有的、其实也是其自身所固有的内在规定性。基于前人的研究，笔者认为，责任是一定社会对个体思想

---

① 叶响裙：《由韦伯的"新教伦理"到"责任伦理"》，《哲学研究》2014 年第 9 期，第 117 页。

和行为的外在规范，以及个体通过自身的意识对社会外在规范的认知、判断和评估等环节，将社会外在规范内化为自身的行为准则和行为规范以及个体对行为及其结果的主观体验和价值判断。

（三）道德责任

道德责任是人们在一定的社会关系及自然关系中，根据自己的角色资格，依据一定社会的道德规范所应该选择的道德行为和对自然、社会或他人所应该承担的道德义务。道德责任蕴含着人们从事某项活动、完成某项任务以及承担对自然、社会或他人相应后果的道德要求。例如，《伦理学大辞典》把道德责任的内涵界定为："人们对自己行为的过失及其不良后果在道义上所承担的责任。"[①]曹凤月将道德责任的内涵理解为人们"在社会生活中产生并形成的，人和人之间主动调节，合理对待的一些规定"[②]。道德责任问题涉及人们社会生活的各个方面，它是维系人们生存与社会发展不可或缺的因素。为了进一步明确道德责任的内涵，我们还有必要明确道德责任的根据。道德责任的根据是道德责任存在的逻辑前提和基础，也是人们承担道德责任的依据和准则。在这个问题上，我们可以从以下两个视角加以解析。在自然层面中，人类作为道德的维护者，享有心智的高度自由及生存的优先条件，故担负有维护人类赖以生存的自然界生物生存秩序、维护自然生态平衡的责任。在社会层面中，人们作为社会关系中的成员，其责任来源于人们在社会分工体系中的社会身份。社会分工固化了人们的社会身份，每一种社会身份都有与之相对应的责任。个人只有履行了与之社会身份相对应的责任，才能维系社会的正常秩序。因此，人们在一定的社会关系及自然关系中必须承担相应的道德责任。

三 企业道德责任的基本内涵

作为一个"经济人"与"道德人"统一的组织，企业不仅是

---

① 朱贻庭：《伦理学大辞典》，上海辞书出版社 2011 年版，第 37 页。
② 曹凤月：《企业文化与企业伦理研究》，光明日报出版社 2014 年版，第 70 页。

一个经济实体，更是一个社会公民。在现代社会，企业不仅承担着为社会提供物质与精神财富、促进经济发展的使命与责任，而且还承担着维护员工、消费者和社会公众等利益相关者基本权益的使命与责任。因此，合理界定企业道德责任的基本内涵关系到企业伦理学对企业活动的指导作用问题。既往的企业道德责任研究总是隶属于企业社会责任研究的范围之内，致使学术界关于企业道德责任相关概念的理解及其知识分梳上显得比较模糊。这一情况突出地表现为把企业社会责任混同为企业道德责任。正如挪威科技大学的斯蒂·拉塞斯和荷兰奈恩洛德商业大学的安德烈·奈霍夫所指出的："迄今为止的大多数企业社会责任研究，或多或少地专门集中在企业道德实践的人的层面。"① 所以，我们有必要对企业社会责任、企业道德责任等概念的内涵与外延进行清晰化的梳理，廓清企业道德责任的内涵和边界，厘定企业道德责任的基本特征和重要内容。

（一）企业责任体系的三种界说

作为是企业伦理学的核心研究对象，企业道德责任是企业道德文化与企业社会形象的重要体现，同时也是企业道德原则与企业道德规范的关键载体。早在 20 世纪 20 年代，英国学者欧利文·谢尔顿就在其撰写的《管理的哲学》一书中提出了企业社会责任这一概念。欧利文·谢尔顿把企业社会责任与企业满足各种人类需要的责任结合起来，认为企业社会责任蕴含道德因素，从此，开启了人们对企业社会责任与企业道德责任的广泛讨论和实践。随着时代的发展，越来越多的企业认识到道德竞争力是企业生存与发展的不竭动力，并开始采取各种措施来强化和落实企业在利润之外的道德责任。与此同时，中外学术界也开始关注并研究企业道德责任。在现实生活中，国内外学者由于研究的视角不同，对企业道德责任及其相关概念在认识上存在着一定程度的偏差。如果不能合理界定企业道德责任的内涵与外延，势必会给企业道德责任研究带来一定困

---

① Stig Larssaether and André Nijhof, "Moral Landscapes – Understanding Agency in Corporate Responsibility Initiatives", *Corporate Social Responsibility and Environmental Management*, Vol. 16, No. 4, July 2009, p. 231.

难。目前，企业道德责任与企业社会责任是社会各界关注较多的两类涉及企业责任体系的概念。因此，我们若要准确界定企业道德责任的概念及内涵，就必须要首先厘定企业道德责任与企业社会责任的关系。在如何看待两者关系的问题上，目前学术界存在着以下几种观点。

1. 等同观

在等同观看来，企业道德责任与企业社会责任指代的是同一个意思。在西方早期的企业伦理研究中，企业的道德责任和企业的社会责任是同一个问题。因为它们的出现都肇始于人们对企业侵犯其利益相关者权益问题的反思。等同观认为，倡导企业社会责任的关键在于企业应该遵守道德规范。例如，美国著名管理学教授斯蒂芬·罗宾斯指出，企业社会责任更多的是一种道德上的责任，即企业追求有利于社会长远目标的义务，而非法律和经济所要求的义务。[①] 这种强调企业应偏重于履行道德义务的观点在理论上就会演化成为一种企业道德责任统驭企业社会责任的等同观。我国部分学者也持类似的观点，认为狭义的企业社会责任就是企业道德责任。例如，周祖城等人认为，在企业社会责任概念提出以前，企业对其经济责任自然是义不容辞的，企业对其法律责任也不得不承担，而往往忽视的恰是道德责任。周祖城等人进一步指出，人们对企业社会责任问题的讨论都来自于企业道德责任的缺失，所以，企业社会责任在本质上就是指企业道德责任。由此可见，等同观实际上是从责任起源的相似性视角出发来审视企业的道德责任与企业的社会责任，并将二者视为在本质上完全相同的概念，都是指代企业应当做的事情。

2. 包含观

该观点认为企业道德责任是企业社会责任的组成部分之一。包含观利用外延相异的简单化处理方法，将企业社会责任视为一个内涵异常宽泛的企业责任范畴，认为企业的经济、法律、道德及慈善

---

① Stephen P. Robbins and Mary Coultar, *Management* (*Fifth Edition*), New York: Prentice Hall, 1996, p. 51.

等责任均在企业社会责任的统摄之下，它们的差别仅在于外延或者关涉对象的不同。

目前，美国学者阿奇·卡罗尔是包含观的典型代表。阿奇·卡罗尔指出，企业社会责任是社会期盼企业能够积极承担的经济、法律、道德与慈善等层面的义务，相应地，企业社会责任应当包含经济、法律、道德与慈善四个方面的责任。为了形象地展现其企业社会责任观，阿奇·卡罗尔首次构建了企业社会责任的金字塔模型（见图2－1），依照企业承担责任的层次，将企业社会责任区分为"经济责任"、"法律责任"、"道德责任"和"慈善责任"① 四个主要方面。由此可见，阿奇·卡罗尔实际上是将企业道德责任放于企业社会责任的架构之中来审视的。

图2－1　企业社会责任的金字塔模型

阿奇·卡罗尔进一步指出，企业经济责任要求企业盈利，为股东盈利是企业的核心任务，企业几乎所有的活动都建立在盈利的基础之上；企业法律责任要求企业遵守法律，法律是社会关于人们行为正当与否的法规集成，企业必须依据法律的"游戏"规则开展生产经营活动；企业道德责任要求企业防止侵犯利益相关者的权益，按照公正的道德原则去做正确的事情；企业慈善责任要求企业成为良好的企业公民，给社区捐资援助社区改良生活环境。

需要强调的是，阿奇·卡罗尔提出企业社会责任金字塔模型的

---

① Archie B. Carroll, "A Three – Dimensional Conceptual Model of Corporate Performance", *Academy of Management Review*, Vol. 4, No. 4, October 1979, pp. 499 – 500.

本意并非提倡企业依据自下而上的次序力所能及地承担责任，而是期望企业能够同步承担全部的社会责任。另外，在阿奇·卡罗尔的理论意蕴下，企业社会责任之中的道德责任与慈善责任事实上等同于广义层面的企业道德责任。因为，慈善责任表征的是道德责任之中的更加高尚的层面。截至目前，阿奇·卡罗尔所提出的企业社会责任概念是最"完整"、最"详尽"的企业社会责任概念之一，我国目前多数学者也持这种观点。但由于其力图囊括企业的全部责任而使其外延过于宽泛，因而导致企业道德责任所应拥有的基本理论内涵与重要社会意义被弱化了。

3．并列观

并列观认为，企业责任包含社会、经济、法律与道德四个方面；企业的道德责任和企业的社会、经济与法律责任分别属于企业责任的一种，它们属于一种并列的关系（见图 2 - 2）。

图 2 - 2　企业责任的四分法

美国学者詹姆斯·布鲁默是并列观的重要代表人之一。詹姆斯·布鲁默将企业责任区分为社会、经济、法律、道德四种责任类型。在此基础上，詹姆斯·布鲁默进一步提出，企业社会责任是社会公众对企业期望的反馈；企业经济责任是企业应当履行的，为了实现股东利润最大化的责任，它是企业的传统责任；企业法律责任是法律确切规定企业所必须承担的底线道德义务；企业道德责任则呈现了企业实现赢利任务以外的某些更重要的价值。[1] 詹姆斯·布

———————

[1]　James J. Brummer, *Corporate Responsibility and Legitimacy：an Interdisciplinary Analysis*, Greenwood Press, 1991, pp. 19 - 30.

鲁默对企业责任所进行的四种类型的划分,其目的是为了学术研究的便利。事实上,詹姆斯·布鲁默也承认企业责任的四种类型也存在一定程度上的交叠。对此,詹姆斯·布鲁默特别指出,由于社会公众对企业的期望往往包含经济、法律与道德要求,企业的经济责任又总是体现在企业的法律责任当中;同时,法律与道德规范也难以清晰地区分,故此,企业责任的四种类型在外延上时常互相交织与重叠,导致人们难以对它们进行准确地划分。

截至目前,国内外学术界对企业责任体系的探究和划分不外乎上述三种情景,基本理路都是从外延层面上将企业的社会责任和道德责任当作两个不同的范畴加以理解,从而衍生出对企业经济责任、企业法律责任的界定。

4. 简要评述

在企业社会责任与企业道德责任的关系上,无论是等同观、包含观还是并列观对企业社会责任和企业道德责任的界定都是模糊不清的,都未曾对企业道德责任的概念及其内涵做出清晰的界定和本质上的把握。进一步讲,上述定义没有突出企业道德责任所应扮演的重要角色,也因此未能明确认识到企业道德责任在企业责任体系当中的中心地位。这给企业道德责任的理论研究以及企业的道德责任实践造成了诸多困惑。上述三种观点对企业各种责任概念界定的缺憾为我们留下了进一步深化对企业责任体系研究与思索的空间。

首先,本研究反对企业道德责任与企业社会责任的等同观。等同观从责任缘起的相似性角度出发,对企业各种责任的简单化区分方式,抹杀了企业各种责任的本质区别,特别是企业社会责任与企业道德责任的根本区别。我们不难发现,等同观的缺陷主要是将企业各种责任概念本身直接归结为引发人们对企业责任问题研究的理由。实际上,等同观陷入了一种将"企业各种责任本身"与"提出企业各种责任的理由"相混淆的错误。具体到等同观所重点研究的企业道德责任与企业社会责任的关系而言,尽管人们对"企业社会责任问题研究"主要根源于企业运营实践中的"企业道德责任缺失问题",但是也不能绝对将"企业道德责任缺失问题"作为引发

"企业社会责任问题研究"的唯一原因，故此，也不能简单地将企业社会责任等同于企业道德责任。事实上，企业社会责任与企业道德责任有着不同的内涵，主要体现在：前者是企业承担维护其所有的利益相关者的几乎全部权益的责任，其存在的前提是企业的利益相关者基于自身的权益需要而对企业的责任诉求，主要体现了企业责任的外在客观性；后者虽然也是企业履行维护其利益相关者权益的责任，但侧重于企业的德性层面，集中体现着企业责任的主体能动性。

其次，本研究不完全认同包含观与并列观所提及的企业责任观。通过上文可知，包含观实际上是一种综合企业社会责任观，它将企业的经济、法律和道德等方面的责任全部看作是企业社会责任的组成部分。按照这一理解，如果把企业社会责任视为无所不包的责任集合，那么，仅仅从语义学上看，企业社会责任就失却了其自身概念单独存在的必要性，因为它既没有明晰的关涉对象，也因此不存在确切的内涵，仅仅是作为企业的经济、法律与道德等责任及其对应内涵的算术集合而存在。同时，包含观也没有合理区分企业经济、法律和道德等方面责任的区别和联系，造成学术研究上一定程度的混乱。因此，包含观对企业责任体系的认识是不够科学的，随着人们对企业责任体系研究的不断深化，包含观所提及的综合企业社会责任概念将失去其存在的实际意义。另外，并列观把企业道德责任与企业的社会、经济与法律责任并列起来也存在着一定程度的失误。例如，并列观把企业道德责任看作是法律条文没有明确规定的、而社会却寄希望于企业履行的、有助于维护和增进社会公益的义务。于是，并列观所界定的企业道德责任与企业法律责任的区别就体现在社会对企业责任要求程度的不同，企业道德责任被当作企业的一种崇高的道德追求，企业法律责任则被看作是企业的一种底线道德责任。依照并列观的逻辑理路进一步分析，若把企业道德责任看作是企业在法律规范要求以外所承担的一种崇高的道德责任，同时又把企业法律责任看作是企业依据法律规定而履行的底线道德责任，那么，并列观的逻辑错误就显现无遗——企业道德责任既高于企业法律责任又包含企业法律责任。因此，笔者认为包含观和并列观所阐释的企业责任观是不严谨的。

（二）企业道德责任的边界

从理论研究的角度来看，学术界的主流观点是将企业道德责任作为企业社会责任的一个部分，并主要从经济、法律和道德三个维度来阐释广义企业社会责任。然而，对于企业经济、法律和道德这三个方面责任的联系与区别，学术界尚未做出清晰的界定，故此也没有达成比较一致的意见。这是造成社会各界对企业道德责任认识模糊不清的症结所在。因此，我们需要从厘定企业经济、法律和道德这三个方面责任的联系与区别入手，廓清企业道德责任的边界。

1. 企业道德责任与企业经济、法律责任的联系

从现实的角度看，企业道德责任与企业的经济、法律责任存在着一定程度的联系，主要体现在起源上的一致性、内容上的交融性等方面。

首先，起源方面具有一致性。企业道德责任虽然不完全等同于企业经济责任和企业法律责任，但它们却有着直接的或者共同的渊源关系。从人们提出企业责任的缘由看，企业道德、经济和法律三个方面的责任如出一辙，它们都肇始于同一个问题，即由企业在生产经营活动中对员工、消费者、社会公众等利益相关者权益的侵害而引发的企业利益相关者对企业责任的诉求。可见，企业道德、经济和法律三个方面的责任共同源于人们对企业侵害员工、消费者、社会公众等利益相关者权益问题的反思，并且，企业对其利益相关者权益的侵害集中体现在道德层面。因此，人们提出各种企业责任概念，并开展企业责任研究的主要目的就是为了解决企业道德责任缺失问题。正因为如此，西班牙海梅一世大学的埃尔莎·冈萨雷斯指出，企业道德责任必须被理解为与经济、法律和社会环境有关的一种责任[①]。

---

① Elsa González, "Defining a Post – Conventional Corporate Moral Responsibility", *Journal of Business Ethics*, Vol. 39, No. 1, August 2002, p. 107.

其次，内容方面存在交融性。企业道德责任是促进企业承担经济与法律等责任的精神动力。企业道德责任内蕴于企业责任体系的全部内容之中，它为企业主动承担经济与法律等责任提供了基本的精神支撑和价值取向。企业经济责任是企业责任体系的根基，它是企业履行按照社会需求生产产品或提供服务，通过生产经营活动来实现社会财富和股东利益增长的义务。随着时代的发展和股份制企业的不断增加，企业的社会性质不断强化，企业经济责任也随之出现了新的变化。企业不但要为大股东赚取利润，而且也必须考虑国家和社会的需要以及中、小股东的利益，这样的行为其实也是企业承担道德责任内容的一种表现。也就是说，企业经济责任与道德责任从相互独立的两个方面走向了一定程度的融合。企业法律责任作为社会对企业的底线道德要求，它是企业维护社会利益所必须履行的最低限度的法律化责任。遵守法律是每一个社会成员最基本的道德觉悟，对于企业来说也不例外，企业存在的前提就是必须遵从国家的法律、当地政府的法律及相关的国际法。可见，企业法律责任在内容上与企业道德责任存在着固有的交融性。

简言之，企业道德责任与企业的经济、法律责任存在着固有的联系。企业道德责任是企业积极担负经济与法律责任的精神动力；企业经济责任是企业承担道德与法律责任的物质基础；企业法律责任则是企业履行经济与道德责任的重要保障。由此可见，企业履行道德责任的状况与企业经济、法律责任的实现程度密切相关。

2. 企业道德责任与企业经济、法律责任的区别

虽然企业道德责任与企业经济、道德责任有着部分形式上的交融。但从责任范围、责任层次、责任的约束方式等方面看，企业道德责任与企业经济、法律责任依然存在着显著的区别。

首先，责任的范围不一致。总体而言，企业道德责任与企业法律责任的责任范围相对较为宽泛，而企业经济责任的责任范围相对较小。企业道德责任主要是企业自愿承担的责任和社会对企业提出的较高层次的道德要求，它重点反映的是企业在道义层面对其利益相关者权益的关注与维护；其责任范围涉及企业较为广泛的利益相

关者，特别是受企业生产经营行为直接影响的员工、消费者和社会公众。企业法律责任重点强调的是国家法律要求企业所必须承担的义务，它所重点提示的是企业作为法人履行由于法律的要求而牺牲自身利益甚至利润的义务；其责任范围涉及国家、社会及商业伙伴等几乎企业所有的利益相关者。企业经济责任体现的是企业合约对企业经济层面的责任要求，它集中反映了企业少数利益相关者，主要是与企业直接存在着投资回报关系的股东的利益诉求。经济责任的实现标准主要体现在企业是否如期完成股东既定的利润指标。例如，企业管理层尽力使企业发展壮大，为股东带来预期的利润回报，这一情况属于企业履行了经济责任而非道德责任；因为经济危机或经营不力而导致企业倒闭，这一情况应归于企业管理层没有实现经济责任目标，在此情景下，企业管理层不应受到道德谴责。

其次，责任要求层次不相同。从现实的角度分析，社会对企业的道德、经济与法律责任要求的层次是不同的。按照责任的地位与重要性，企业责任可划分高级层次和基础层次两个等级。企业道德责任属于企业高级层次的责任，它代表了企业积极的责任意识和行为，重点体现着企业自律与自觉层面的责任。正因为如此，企业道德责任才被社会各界看作是一种企业利益相关者对企业的道德期待和向往，其中蕴含着企业在一定程度上自觉履行的意味。例如，企业参照国家最低工资标准要求的范围，自觉拿出部分利润，按照高于国家最低工资标准且高于当地居民实际收入水平的尺度为员工增加工资，就是企业高级层次道德责任的具体表现。企业的经济与法律责任则属于企业基础层次的责任，它们分别反映了合约与国家法律对企业责任的强制性要求，体现了企业责任的他律方面，彰显了合约与国家法律的必行性。有鉴于此，企业的经济与法律责任被社会各界认为是企业的基本责任。例如，企业履行经济责任，尽量为企业股东赚取利润是企业存在与发展的基础；企业履行法律责任，依照法律规定开展生产经营活动是企业合法性存在的前提。

最后，责任的约束方式也存在差异。如前文所述，企业道德责任作为企业高级层次的责任，它是企业道义性的责任，其约束方式主要来自企业的道德自律、国家引导与社会规劝，这主要属于一种软约束方式。企业道德责任大多是企业合约之外的且国家法律未曾提及的责任。因此，企业道德责任的实现主要依靠企业的道德自律。当然，企业道德责任作为一定社会意识形态的具体表现，其实现也需要国家的政策引导和社会的舆论规劝等非强制力量作为保障。如果企业出现道德责任缺失行为，国家与社会将主要使用政策与舆论等非法律方式敦促其改正。企业道德责任虽然主要依靠企业自律来实现，但它又是企业责无旁贷的义务，无论企业规模大小、盈利与否都必须履行。如果企业出现严重的道德缺失问题，还需要靠国家的强制力保证其履行。企业经济责任作为企业的基础责任，其约束方主要来自股东。如果企业不能给股东带来预期的利润，那么，企业股东或者董事会就会撤资或者更换企业管理层。例如，董事会制定的年度销售额、利润额等经济指标一般需要企业严格执行，否则企业管理层就要面临董事会的处罚。企业法律责任作为企业另外一项基础责任，其约束方主要来自国家。企业法律责任主要依靠国家法律的强制力保障实施，彰显的是法律的必行性。国家法律对企业的责任要求是企业依靠自身意志难以改变的，因此，企业必须遵守国家现行法律的有关规定。企业如果出现违法经营行为，国家将对其实施严厉的法律制裁。可见，企业经济与法律责任的约束方式具有明显的强制性，它们属于股东和国家对企业责任的硬性约束，是企业不可推卸的责任。

（三）企业道德责任内涵的界定

界定企业道德责任的概念与内涵是本研究的前提和基础。由于企业利益相关者的广泛性，企业道德责任作为社会对企业提出的较高层级的道德要求必然蕴含着极为丰富的内容。同时，与企业其他责任相比，企业道德责任的特殊性决定了企业道德责任必然存在着明显的特征。因此，为了明确本研究的研究对象并为本研究提供基本的论证前提，就有必要对企业道德责任的概念、原则、内容及基本特征进行清晰化的界定和梳理。

1．企业道德责任的概念

基于上文对企业道德责任边界的分析，笔者认为，企业道德责任是指，企业的利益相关者基于一定的社会核心价值理念对企业的一种道德期待，以及企业自身在生产经营活动中应该承担的，体现在企业的经济与法律等责任之中的，有助于维护企业利益相关者权益的义务和责任。在马克思主义人本观的意境下，企业道德责任的人本内涵就是，企业在生产经营活动中应该承担的，体现在企业的经济与法律等责任之中的，有助于维护员工、消费者和社会公众等企业利益相关者权益的义务和责任。显然，人本是企业道德责任的实质。

笔者这样界定企业道德责任的概念主要有两个目的。一方面旨在揭示企业道德责任与企业其他责任的区别。企业道德责任主要是来自其利益相关者的道德期待；同时企业道德责任主要是从道德的视角审视企业社会责任的状况，它体现在企业其他责任之中，即体现在企业社会责任的道义和慈善层面，而非简单的等同或者相异。另一方面，旨在说明企业道德责任对于企业的应然担当性。企业的社会属性及利益相关者对企业生存与发展的重要作用决定了企业道德责任对于企业而言绝非可有可无的摆设，而是一种应然的担当。

显然，企业道德责任比企业其他责任具有更加丰富的内涵和更高的道德境界，正是企业的道德责任才引发了人们关于企业经济与法律等责任的讨论。换言之，企业道德责任是企业经济与法律等责任背后的深层诱因。为了进一步从马克思主义人本观的意境，深刻把握企业道德责任概念的内涵，我们尚需探寻企业道德责任的基本原则、内容与特征。

2．企业道德责任的原则与内容

企业作为拥有独立法人资格的主体，应该认真履行自己的道德责任。那么，企业应该履行哪些道德责任？一般情况下，企业应按照依法缴税、争取利润最大化、公平竞争等原则承担起对政府、股东和商业伙伴等利益相关者的道德责任。然而仅仅这些显然是不够的。在马克思主义人本观的意境下，企业道德责任就是企业在遵纪守法和谋求利润最大化的前提下，对企业的员工、消费者和与企业有关联的社会公众的一种应然的、向善的道德使命和义务。企业的运行是依靠一定的社会关系存在的，政府、股东、商业伙伴（供应商和竞争商）、员工、消费者和社会公众都是企业的利益相关者，他们共同构成了企业存在于其中的社会关系和顺利运营的社会环境。因此，从马克思主义人本观的意境分析，企业更应该树立人本理观，恪守公平公正、诚实守信、尊重关爱的人本道德原则，认真履行对员工、消费者和社会公众的道德责任（见表2-1）。

表2-1　　　基于马克思主义人本观的企业道德责任体系

指示对象	基本原则	基本内容
维护员工权益	公平公正	就业机会、劳动报酬、福利保险、教育培训、晋升提干、管理决策
	诚实守信	劳动合同、工资发放、厂务公开
	尊重关爱	劳动时间、劳动强度、劳动安全、工作环境、卫生条件、文化娱乐、沟通交流
维护消费者权益	公平公正	价格合理、公平交易
	诚实守信	广告真实、信守承诺、售后服务
	尊重关爱	产品质量、产品安全
维护社会公众权益	公平公正	可持续发展
	诚实守信	环境影响报告、社会公益报告
	尊重关爱	自然环境、社会公益

在对员工的道德责任方面。尊重员工的基本权益、发挥员工的能动作用对于促进社会的文明与提高企业生产经营的成效至关重要。因此，企业首先应该恪守公平公正的人本道德原则，在劳动就业、劳动报酬、福利保险、教育培训、晋升提干、管理决策等方面为员工提供平等的机会。其次，企业应坚守诚实守信的人本道德原

则，严格履行劳动合同、定时为员工发放工资，并实施厂务公开制度，接受员工对企业的民主监督；再次，企业还应该奉行尊重与关爱的人本道德原则，合理安排劳动时间，降低劳动强度，为员工提供安全、卫生的工作条件和良好的工作环境；最后，为员工提供丰富的文化娱乐活动和沟通交流的机会。

在对消费者的道德责任方面。关注消费者的基本权益对于维护社会诚信与树立企业良好形象意义重大。在消费领域，由于信息的不对称性导致消费者对企业产品、广告等方面的信息掌握地不够全面。故此，企业首先应该恪守公平公正的人本道德原则，为消费者提供质量合格、使用安全、价格合理的产品，这是企业对消费者应当履行的基本道德责任。其次，企业应当秉承诚实守信的人本道德原则，务必做到广告客观全面，让消费者能够了解到企业产品的真实状况，促成消费者理性消费目标的实现。再次，企业应信守承诺，为消费者提供热情周到的售后服务。最后，企业应尊重关爱消费者，认真对消费者履行在产品质量与安全方面的道德责任。

在对社会公众的道德责任方面。社会公众与员工和消费者一道共同形成了企业生存与发展所需要的社会环境。故此，企业首先应该恪守公平公正的道德原则，树立可持续发展理念，维护代际公平和社会公众赖以生存的自然环境。其次，企业应诚实守信，客观真实地公布环境影响报告和社会公益报告，主动接受社会公众的监督。再次，企业还应在经营活动中遵守尊重关爱的道德原则，力争做到尊重自然、保护环境，促进企业与自然的和谐发展。最后，企业还应力所能及地从事社会公益活动，救济社会弱势群体，资助失学儿童；资助社会文化、教育、体育事业。

随着企业管理伦理的人本复归，目前部分企业已经开始注重维护员工、消费者与社会公众等利益相关者的基本权益，这为企业的道德经营做出了良好的表率。

（3）企业道德责任的基本特征

相对于企业的经济与法律等责任，企业道德责任具有责任的抽象性、层次性、约束方式的多样性等特征。

一是责任的抽象性特征。企业经济责任以企业与其利益相关者之间签订的合约作为存在的根据，它明确地体现在合约的具体约定之中。例如，企业管理层应当按照与董事会签订的合约要求，完成企业年度的生产与盈利目标。企业法律责任则由国家法律给予明文规定，一般情况下责任认定较为具体。例如，2009 年 6 月，由全国人大常委会公布并实施的《食品安全法》第八十六条规定，企业在产品包装、标签、原料以及在食品中添加药品四个方面存在违法生产经营行为时，违法生产经营食品货值金额"一万元以上的，并处货值金额二倍以上五倍以下罚款"。然而，由于道德本身的抽象性，国家、社会等企业的利益相关者无法对企业的全部行为完全从道德层面加以详细规定。所以，企业道德责任就往往以道德意识、理念与原则等抽象化的形式表现出来，并融会于企业的经济、法律等责任当中，且成为评判这些责任正当与否的道德尺度。例如，企业在符合一定社会道德规范要求的范围内开展生产经营活动，从而为股东盈利，这就是企业履行经济责任时的良好道德表现；企业不生产可能危害消费者健康与安全的食品，这既是企业遵守法律责任的行为，也是企业履行道德责任的表现。

二是责任的层次性特征。企业道德责任作为一定社会对于企业的道德要求与期待，其内容具有明显的层次性特征。目前，学术界对企业道德责任的内容做出了各类层次划分。笔者认为，无论从哪一维度衡量具体的企业道德责任，都不外乎两个层次，即底线道德责任和积极道德责任。企业的底线道德责任来源于不伤害原则。这种道德责任又可称为基本道德责任。作为最低限度的要求，企业底线道德责任是企业利益相关者要求企业必须承担的最低限度的道德责任。企业底线道德责任包含企业的法律责任、企业的部分经济责任等内容，它是维系企业存在的根基，不论企业盈利与否或者规模大小都必须履行。例如，企业必须按照我国《劳动合同法》的有关规定，在就业、合同、工资等方面维护员工权益；企业必须依照我国《环境保护法》的基本环境保护标准，切实保护自然环境。企业积极道德责任来源于企业向善的道德境界和追求。相对于底线道德责任而言，企业积极道德责任是社会各界对企业更高的道德期盼，以及企业自身向善的道德境界和更加积极的道德追求。由于企业积极道德责任既不属于合约与法律明确规定的义务，也不属于企业利益相关者的应然要求，而属于企业的一种超越经济与法律责任要求，自己主动对利益相关者的奉献行为。故此，它主要依靠企业自愿履行。例如，企业以高于国家产品质量标准组织生产、积极参与社会公益事业、主动高标准地控制环境污染等。

三是责任约束方式的多样性。相对于其他规范而言，道德责任所包含的道德理性和道德内在的强制力是最集中、最强大和最多的。这就意味着企业道德责任的实现方式具有软约束与硬约束、自律与他律相结合的特点。一方面，企业道德责任的实现需要企业自律。企业道德责任与企业其他责任实现形式的明显不同在于，企业承担道德责任时具有的自愿性特征。企业其他责任主要依靠一定的专门机构通过强制手段（政治、法律、经济、行政等）来保证企业承担。企业道德责任的承担虽然也有如制度或舆论的强制，但主要是靠企业的自愿选择来履行的。企业道德责任是企业道德素质和企业文化的核心，表征的是企业的德性和人格，即便社会并未对企业提出特定的要求，企业自身也应当出于向善的意愿去履行相关的道义。另一方面，企业道德责任的实现还需要法制的强制保障。企业道德责任主要是社会外在的规范对企业提出的道德要求，然而，企业由于其自身趋利性动机的驱使，并不能完全自觉认识与自愿履行道德责任。因此，企业道德责任的实现还需要运用法律法规、行政处罚等强制性惩戒方式作为外在压力保障实施。

第二节 企业道德责任基础理论的人本意蕴

在对传统企业理论反思和对企业道德责任合理性的论证过程中，以利益相关者理论、企业伦理理论、企业公民理论为主要代表的现代企业道德责任理论，分别从企业与利益相关者的关系、企业的道德主体地位、企业的公民属性等视角出发，揭示企业的社会性本质及企业道德责任人本取向的合理性。现代企业道德责任理论研究上的不断深化使人们对企业道德责任人本意蕴的认识更加清晰。

一 利益相关者理论及其人本意蕴

利益相关者理论产生于 20 世纪 60 年代的西方国家，是社会学、伦理学、经济学和管理学的一个交叉研究领域，该理论主要研究企业与其利益相关群体之间的利益关系。对于利益相关者的含义，利益相关者理论的代表美国学者 R. 爱德华·弗里曼指出，利益相关者是与组织的决策、目标与行为存在互为影响关系的个人或社会团体。[①] 关于利益相关者的分类，美国本特利大学的约瑟夫·韦斯提出，利益相关者可分为两类，即一级利益相关者与二级利益相关者。前者涵盖企业所有者、员工、企业管理层、客户与供应商等；后者包含消费者、媒体、社会公众、政府与法院等。[②] 关于利益相关者理论的内容，阿奇·卡罗尔和安·巴克霍尔茨认为，利益相关者理论应关涉"社会、经济及道德方面的内容"[③]。利益相关者理论是企业管理模式长期发展演变的产物，它是对"股东至上"传统理论的一种否定和修正，其存在和发展反映了现代市场经济的客观需要。维护利益相关者的合法权益是企业维系与社会各界关系的纽带。20 世纪 80 年代以来，利益相关者概念所蕴含的人本内涵得到广泛认同，理论影响不断扩大，并对传统的企业管理方式产生了巨大冲击。

利益相关者理论进一步深化了人们对企业社会属性的认识。作为现代企业理论的延伸与发展，利益相关者理论在既往企业理论研究的基础上，在对利益相关者理解与研究的演进过程中，对企业本质属性的认识不断深化，并在一定程度上弥补了之前企业理论隔离

---

① R. Edward Freeman, *Strategic Management: A Stakeholder Approach*, Boston: Pitman Inc., 1984, p. 27.

② ［美］约瑟夫·W. 韦斯：《商业伦理——利益相关分析与问题管理方法》，符彩霞译，中国人民大学出版社 2005 年版，第 31 页。

③ ［美］阿奇·B. 卡罗尔、安·K. 巴克霍尔茨：《企业与社会伦理与利益相关者管理》，黄煜平、朱中彬、徐小娟译，机械工业出版社 2004 年版，第 51 页。

企业生产交易属性与社会属性的不足。企业的本质不是追求股东利润最大化的函数，而是追求所有利益相关者利益的组织。为证明这一观点，利益相关者理论认为，企业的出资不仅来自股东，而且还来自企业的员工、管理人员、消费者、社会公众、社区、政府以及供应商，等等，这些主体提供的是一种特殊的人力资本。企业除了与企业的所有者（股东）、管理人员、员工签订的显性契约外，企业实际上还与消费者、政府以及社会公众等其他利益相关者签订了契约。只不过前者是显性契约，后者是隐性契约。显性契约和隐性契约都蕴含着以专用性投资为基础的风险与收益关系。考虑到企业所有的利益相关者都向企业投入了一定的专用性投资，提供了企业所需要的特殊资源，因此，企业所有的利益相关者都有谈判和分享企业剩余的权力，企业经营决策必须要考虑他们的利益，并给予相应的报酬和补偿。尽管利益相关者理论存在对利益相者群体定义的口径不统一，将企业的目标限制在满足企业利益相关者利益的范围之内等问题。但该理论超越了企业本质"股东至上"的传统逻辑，弱化了股东在企业中的地位，已经认识到企业本质上是建立在利益相关者普遍利益均衡的前提下，融合生产和交易功能为一体的组织，这表明其对企业本质的认识更加深刻和客观。利益相关者理论提倡企业维护其利益相关者利益的合理性证明，为企业道德责任的人本取向提供了较为坚实的理论支撑。

二　企业伦理理论及其人本意蕴

企业伦理理论产生于 20 世纪中后期的美国。1962 年，美国政府公布了《对企业伦理及相应行动的声明》，此举表达了社会公众对企业伦理问题的极大关注。1963 年，美国学者 T. M. 加瑞特等人编写了《企业伦理案例》一书，广泛搜集了各种涉及企业伦理问题的案例，并对其进行了深入剖析。1968 年，美国天主教大学的沃尔顿教授在其撰写的《公司的社会责任》一书中，呼吁企业竞争应当恪守道德原则。进入 20 世纪 70 年代，企业道德责任问题受到美国社会各界更加密切的关注。1974 年 11 月，美国堪萨斯大学举办了全球首次企业伦理学研讨会，会议的论文和记录后来被汇编成关于企业道德责任问题的论文集。这次研讨会不但进一步强化了社会各界对于企业道德责任问题的探究，而且极大地推动了企业伦理学学科的发展。20世纪80年代以后，国外伦理学进入了全面发展时期，企业伦理学也随之在广度和深度两个方面得到迅速发展。企业伦理就是指企业以合法手段从事生产经营活动时所应遵守的伦理规范及其所应肩负的道德责任。企业伦理理论认为，由于企业存在于一定的社会之中，所以企业应当遵循这一社会的道德规范。这也意味着，企业不仅是作为一个经济主体，而且还应该作为一个道德主体存在于社会之中。对此，美国经济伦理学家理查德·德·乔治指出，企业伦理学已经开始试图提供一种清晰的伦理框架来评估商业活动，尤其是企业行为。相应地，许多大公司和企业开始设立伦理主管，在企业内部设立伦理委员会，大量的研究机构开始关注于企业经营管理行为。① 企业伦理理论不仅为企业道德责任研究提供了理论依据与分析框架，同时也推动了企业道德责任运动的实践。

　　企业伦理理论从企业社会契约的视角，解析了企业的道德主体地位及企业道德责任的人本理据。在企业伦理理论看来，企业的道德主体地位源于企业的社会契约本质。事实上，企业伦理理论指认企业是一个道德主体的思想，已隐含地承认参与企业契约的各方乃是平等的契约主体，他们在企业这个契约中都有自己的利益诉求，片面强调一部分主体的利益不符合契约的正义原则。对此，美国学者约翰·斯坦纳和乔治·斯坦纳指出，社会与企业之间形成的"社会契约"之一就是要求企业的经营行为合乎道德要求。社会授予企业一种将原料转变为产品，以此获取利润的权力，同时，社会也要求企业务必履行在法律和社会价值观的框架内开展经营活动的义

---

① Richard T. De George, "The Status of Business Ethics: Past and Future", *Journal of Business Ethics*, Vol. 6, No. 3, April 1987, pp. 201 – 211.

务。① 企业伦理理论表征着深刻的人本意蕴，它昭示着企业必须认真考虑其全部利益相关者的利益诉求，承担起对全部利益相关者的道德责任，而不能仅仅满足部分利益相关者特别是股东的利益要求。其中，企业伦理理论对员工、消费者和社会公众权益的关注蕴含着深刻的人本导向。可见，企业伦理理论与利益相关者理论在逻辑上是一致的，都要求企业应以"契约和诚信"② 的人本精神对待其利益相关者。企业伦理理论为利益相关者理论及企业道德责任的合理性提供了具有说服力的证明。

三　企业公民理论及其人本意蕴

企业公民理论"是从政治理论移植到企业理论"③ 的一种企业伦理理论。从企业公民理论的角度来看，企业在本质上是一种既可以享受公民权利又需要承担对应责任的"社会人"。早在 20 世纪 50 年代末期西方学术界就提出了企业公民（Corporate Citizenship）的概念。20 世纪 90 年代末以来，这一概念随着全球性企业公民运动的普及而得到广泛传播，虽然至今还没有统一的定义，但研究得到了极大推进，如德克·马丁等人从广义、狭义和延伸义三个层面对企业公民的定义进行了归纳。一是广义上的企业公民，这与企业社会责任类似，这也是以阿奇·卡罗尔企业社会责任观为代表的最普遍的观点，即"有社会责任的企业应作为一个好的企业公民，努力创造利润、遵守法律、具有道德"。二是狭义上的企业公民，这与企业的慈善活动、社会投资或承担对当地社区的某些责任相似。三是延伸意义上的企业公民，这是企业对社区、合作者、自然环

---

① ［美］约翰·斯坦纳、乔治·斯坦纳：《企业、政府与社会》，诸大建、许艳芳、吴怡等译，人民邮电出版社 2015 年版，第 6 页。

② 惠丰廷：《理性与企业行为》，上海交通大学出版社 2014 年版，第 176 页。

③ ［澳大利亚］苏哈不拉塔·博比·班纳吉：《企业社会责任：好的、坏的和丑陋的》，肖红军、许英杰译，经济管理出版社 2014 年版，第 45 页。

境应该履行的责任和义务，责任甚至延伸至全球。① 德克·马丁等人认为，传统的企业公民观要么简单地把企业公民和企业社会责任组合在一起，要么把企业公民与企业的战略性慈善责任相等同，这种企业公民定义存在明显的局限或重叠。因此，德克·马丁等人从自由主义政治学理论中对公民定义的视角重新解读企业公民的概念与内涵。他们认为，企业公民是指，企业是社会权利的提供者，是促使公民权利实现的载体，是公民政治权利实现的主要渠道。2004年，世界经济论坛对企业公民的内涵作了进一步探讨，认为企业公民包括四个方面的内容：一是良好的企业治理和道德价值，如遵守法律法规及国际标准等；二是对人的责任，如保护员工安全、薪酬公平、反对歧视等；三是对环境的责任，如使用清洁能源、维护环境质量、保护生物多样性等；四是对社会的贡献，如传播国际标准、向贫困地区捐助产品和服务等。

企业公民理论从企业经营管理和社会基本价值整合的角度，阐释企业的社会属性及企业道德责任的人本理据。企业公民理论认识到企业经营要考虑对其所有利益相关者的影响和责任。在这方面与企业利益相关者理论有异曲同工之处。同时，企业公民理论基于企业的人性假设，认为企业道德责任是内生于企业公民的，是由企业的公民属性决定的，不需要求助于其他理论来证明。企业公民理论将企业视为社会化、人格化的企业，企业在本质上如同自然人一样，是"经济人"和"社会人"的统一。可见，企业公民理论打破了利益相关者理论过于"狭隘"的企业道德责任边界；改变了以企业为核心的利益分析模式，将企业视为公民社会的一员，并依此承担道德责任；强调企业道德责任对企业履行其责任的内生性影响。基于这些特点，企业公民理论对企业社会本质属性的认识和企业道德责任人本取向的论证相比较其他理论更加深刻，因而表现出较强的理论竞争力。但是，企业公民理论毕竟还不是一个成熟的理论，从目前看，它更多的是具有一

---

① Dirk Matten, Andrew Crane and Wendy Chapple, "Behind the Mask: Revealing the True Face of Corporate Citizenship", *Journal of Business Ethics*, Vol. 45, No. 1, June 2003, pp. 109 – 120.

般性指导意义，而不具备具体的操作性。

第三节　企业道德责任的人本诉求

在马克思主义人本观的意境下，企业承担道德责任是企业管理伦理对既往以物为本"科学管理"反思的结果；同时也是保障企业利益相关者的权益、促进企业自身生存与发展的必然选择以及推动科学发展观的应然要求。

一　维护利益相关者权益的基本保障

20 世纪 80 年代以来，随着改革开放政策的实施，我国非公有制经济快速成长了起来。在此阶段，相当一部分外资企业和民营企业将西方社会已经摒弃了的"泰罗制"运用到生产管理活动中，极大损害了我国企业员工的基本权益。同时，一些企业在趋利性动机的支配下，漠视消费者和社会公众的权益，进一步加剧了我国企业道德责任人本层面的缺失。因此，从维护员工、消费者和社会公众权益的需要看，企业需要履行道德责任。

（一）企业承担道德责任是维护员工权益需要

从维护员工权益的角度看，企业需要履行道德责任。员工作为企业最重要的利益相关者和人力资本，企业本应该履行对员工的道德责任。然而，"科学管理"的错误理念却导致了企业道德责任的严重缺失。1911 年，由美国人弗雷德里克·泰罗提出的"科学管理"（俗称泰罗制）是第一种现代企业管理理论。弗雷德里克·泰罗在其撰写的《科学管理原理》一书中，详细阐释了效率是企业管理首要价值的"科学管理"理念。"科学管理"理念从"物本"的角度出发，强调企业推行标准化的劳动和时间，从而达到最有效利用机器的目标。为实现此目标，弗雷德里克·泰罗提出，企业一方面应把员工的劳动依据机器的运转节奏，分解为分秒必争的机械动作；另一方面应将熟练员工完成工序所需要的时间作为标准时间，并依此作为全体员工劳动定额的标准。"科学管理"虽然具有某些方面的合理因素，例如，它最大限度地挖掘了机器与员工的效能。但是，"科学管理"忽视了基本的人本理观，其倡导的冷漠的管理方式，造成了企业管理的"'物本化'碰撞而遮蔽了'人本'取向"①，致使员工沦落为机器的奴隶，紧张而单调的劳动给员工身心造成了巨大的伤害。如若企业采用"科学管理"方式刻意追求"物本"发展模式，那么，这一发展模式将是狭隘的、畸形的，因而注定也是不可持续的。

"科学管理"的人本缺失呼唤企业施行人本管理。企业管理伦理的人本回归是管理伦理实践经历了长期困惑之后所做出的必然选择。随着时代的发展，人们越来越深刻地认识到"科学管理"的弊端，并开始实现由重视"物"到重视"人"的转变。1933 年，美国学者乔治·梅奥基于霍桑试验的结论撰写了《工业文明中的人的问题》一书，系统阐述了人际关系在企业管理中的重要作用。由此开始，现代企业管理理论实现了由"科学管理"到"人本管理"的历史性跨越。乔治·梅奥认为，企业员工不仅是"经济人"，而且也是"社会人"。企业员工不仅仅具有金钱的需要，而且还有良好社会关系与心理充分满足的需要，并且这方面的需要比金钱需要更加重要。有鉴于此，乔治·梅奥认为，企业员工的"士气"对企业效率起着关键作用，而企业员工的"士气"又取决于企业的人际关系、心理满足等方面。实际上，乔治·梅奥所提出的"人本管理"模式正是企业所需要履行的道德责任。目前，我国一些企业在其经营管理活动中漠视员工体力、技能与心智状况的区别，严格推行"科学管理"方式，以此来最大限度地榨取员工的剩余价值，由此引发了员工权益受损、劳资冲突等一系列社会问题。故此，企业必须切实履行道德责任，通过营造友善的企业文化氛围、对员工实施人本关怀等途径，满足员工的人际关系需要以及尊重感、安全感和归属感等心理需要。

---

① 曾琰：《在"人本"与"物本"之间：系统信任的价值分野及融合》，《东北大学学报》（社会科学版）2015 年第 5 期，第 510 页。

（二）企业承担道德责任是维护消费者权益需要

从维护消费者权益的角度看，企业需要履行道德责任。消费者作为企业公民的重要利益相关者，企业履行道德责任的状况将对消费者产生重要影响。企业积极履行对消费者的道德责任，为消费者提供安全可靠、价格公平合理的产品或服务，这是企业公民作为一个道德主体存在于社会的立足点，也是企业公民应当承担的基本道德责任之一。反之，企业漠视对消费者的道德责任，一方面将损害广大消费者的身心健康和生命财产安全；另一方面也将导致企业最终失去消费者，面临经营困难甚至破产的命运。例如，最近几年我国接连出现的"三聚氰胺奶粉事件"、"地沟油事件"以及"瘦肉精事件"等，无不说明企业履行对消费者道德责任的重要性。在这些企业损害消费者权益的典型事件中，广大消费者因企业道德责任的缺失而遭受了巨大的经济损失，甚至部分消费者因此而失去了健康和生命。因此，企业必须树立人本理念，认真履行对消费者的道德责任，真正把消费者当作人，而不是仅仅将消费者当作实现剩余价值的工具。唯有如此，企业才能够真正重视产品或服务的质量，提高服务的水平和标准，为消费者提供物美价廉的产品或服务，实现企业与消费者的共生。

（三）企业承担道德责任是维护社会公众权益需要

从维护社会公众权益的角度看，企业也需要承担相应的道德责任。我们知道"企业之存在以社会之存在为条件"[①]，作为企业的重要利益相关者，社会公众是社会的基本细胞，构成了企业赖以生存与发展的重要社会环境。企业积极承担对社会公众的道德责任，在生产和经营过程中，注意节约资源、保护生态环境、积极从事社会公益事业，为社会公众提供良好的生存和发展环境，这是企业作为公民和社会公众之间的隐性契约规定的。企业应当承担道德责任，也是企业公民作为一个道德主体存在于社会的重要理由。反之，企业如果漠视对社会公众的道德责任，只考虑自身的眼前利

---

① 刘光明、李明巍、高静：《新企业伦理学》，经济管理出版社 2015 年版，第 34页。

益，肆意浪费资源、破坏生态环境、漠视社会公益事业，这实际上是对社会公众财富的一种掠夺行为。那么，企业一方面将损害广大社会公众的身心健康，导致自身失去可持续发展的长远利益；另一方面也将导致社会公众的反对和抗议，致使企业失去其存在的契约根基。因此，企业必须树立人本理念，认真履行对社会公众的道德责任，在生产经营过程中，加大科研力度开发绿色产品，提高生产的工艺水平和产品的技术含量，同时认真履行自己的公民角色，积极从事社会公益事业。这样，企业不但节约了资源，降低了成本，而且还保护了自然环境，促进了社会公平正义，为企业自身和社会公众赢得了可持续发展的空间。唯有如此，企业才能够真正符合企业公民的角色定位，实现自身与社会公众的共赢。

综上可见，企业秉承马克思主义人本观，履行对员工、消费者和社会公众的道德责任，这是企业之所以存在的最根本原因。社会之所以同意企业的存在，就是为了通过发挥企业组织生产的优势增加员工的利益、为消费者提供更好的产品或服务，增进社会公众的整体福利。这就是社会赋予企业的基本责任，也是企业存在于社会的道德基础。

二　企业自身生存与发展的迫切需要

随着社会的不断发展和世界经济一体化趋势的加强，人本意识开始觉醒，国际市场对企业的生存与发展也越来越重要。因此，企业承担道德责任对于企业积累资本、实现转型增效和拓展市场至关重要。

（一）企业承担道德责任是企业积累资本的需要

企业承担道德责任有利于企业在市场上融资。美国学者亨利·彼得森和哈瑞·弗登堡研究发现，企业履行道德责任可以为企业带来经济价值，因为"机构投资者喜欢持有履行道德责任的企业的股票"①，企业承担道德责任可以有效减少股票波动。可见，企业承

---

① Henry L. Petersen and Harrie Vredenburg. "Morals or Economics? Institutional Investor Preferences for Corporate Social Responsibility", *Journal of Business Ethics*, Vol. 90, No. 1, November 2009, p. 12.

担道德责任可以吸引市场中的机构投资者，这对于企业保持股价稳定，积极利用股票市场融资，进而积累企业所需的物质资本是十分必要的。同时，企业承担道德责任也有利于企业积累人力资本。人是企业存在的基础和发展的根本动力。目前，由于我国部分企业对员工存在较为严重的道德责任缺失问题，导致员工的生存环境十分险恶，进而引发了员工大批辞职，企业因此也不得不经常招聘新员工。这种"大进大出"的劳动用工模式，对企业、员工甚至全社会都极为有害。尤其是对于企业自身，不断招聘新员工势必增加企业的成本。因此，企业积极履行道德责任，实施人本管理，真心关爱员工，切实维护企业员工的基本权益，一方面可以激励员工劳动的积极性、主动性；另一方面可以提高员工对企业的归属感、认同感。美国中央华盛顿大学的杜安·汉森等人通过实证研究发现，企业道德责任与员工信任有着密切关系，如果员工认为他们的雇主承担了更多的道德责任，"那么员工就不太可能考虑离开企业，并且员工更有可能从事组织公民行为"[①]。可见，企业承担道德责任对企业积累物质资本和人力资本都是十分必要的。

（二）企业承担道德责任是企业转型增效的需要

现代企业只有认真履行道德责任才能取得转型增效的目标。企业承担道德责任，能促使企业在追求利润最大化的同时全面地考虑自然环境的负荷，把自身的经济效益与环境效益结合起来，从而不但能够有效维护广大社会公众的根本利益，而且还能在新一轮经济发展模式的竞争中把握主动。从企业自身来看，企业通过改造传统工艺设备，实行绿色生产，降低能耗，减少污染物排放，能够节约治理污染和处理废弃物的成本。从企业与利益相关者的关系看，企业发展低碳经济，生产绿色产品，可以提升企业形象和市场占有率，这有助于提高企业的经济效益。例如，河南新飞电器有限公司，多年来一直致力于开发绿色产品，新飞绿色冰箱覆盖国内市场

---

① S. Duane Hansen, Benjamin B. Dunford and Alan D. Boss, et al, "Corporate Social Responsibility and the Benefits of Employee Trust: A Cross - Disciplinary Perspective", *Journal of Business Ethics*, Vol. 102, No. 1, August 2011, p. 40.

的半壁江山，综合经济效益年均增长 40%。该企业通过了 ISO 14001 环境管理体系认证，取得了进军国际市场的"绿卡"。其 0.26 度节能王冰箱再次刷新了冰箱节能的新纪录，取得了良好的品牌美誉度。从国家政策导向看，随着我国可持续发展战略的实施，各种财税贸易优惠政策将向承担低碳经济模式的企业倾斜。由此可见，企业承担道德责任，关爱自然环境，实质上是对自身进行的长期投资。

（三）企业承担道德责任是企业开拓国际市场的需要

随着经济全球化的深入发展，国际市场对于企业生存与发展的作用愈加重要。20 世纪末期至今，国际社会的各方力量都开始高度关注企业劳工问题。例如，1997 年公布的"社会责任 SA 8000"标准作为全球首个国际企业道德规范，其基本理念就是要求企业生产的产品符合道德责任要求。该标准涉及童工、强迫性劳动、健康与安全等 9 个方面的具体规定。从 2004 年 5 月 1 日起，欧美国家开始采用 SA 8000 标准认证，严格限制进口达不到 SA 8000 标准认证的企业所生产的产品。欧美国家将道德认证引入国际贸易，形成了对我国外向型企业的"蓝色壁垒"，这些企业如不及时承担 SA 8000 标准认证所要求的道德责任，那么必将失去欧美的巨大市场，并直接威胁自身的生存与发展。近年来气候问题凸显，严重影响到人类的生存与发展，因此国际市场对环境保护的要求越来越高。在此背景下，今后我国企业在国际贸易中极有可能遇到环境保护壁垒，如碳交易配额、碳关税以及其他环保标准限制。例如，美国颁布的《2009 年清洁能源安全法案》显示，美国将于 2018 年开始实施国际储备配额制度，届时美国进口商从尚未履行国际减排义务的国家进口产品时必须购买排放配额。欧盟引进碳平均化体系，对进口产品征收碳税，以此保障欧盟境内外企业开展公平竞争。中国社科院研究显示，若欧盟全面开征碳关税，以 10 美元/吨碳当量的边境税收调节为例，我国八大能源密集型产业的税负将高达 108.5 亿美元。此外，2014 年欧盟正式发布《纺织品环保标签》

新规，这对中国纺织品服装的出口提出了新的挑战。[①] 欧美国家将碳价引入国际贸易，将直接削减我国出口产品的国际竞争力，如果不及时采取措施将直接威胁到相关企业的生存。因此，企业需要通过道德责任建设，强化环境保护意识，主动从事低碳化生产和经营，才能保证其产品顺利进入国际市场。

综上可见，企业秉承马克思主义人本观，切实履行对员工、消费者和社会公众的道德责任，这不仅有利于企业自身积累资本、实现转型增效的理想目标，而且可以帮助企业拓展市场，为自己赢得更为广阔的市场。因此，企业道德责任是维系企业自身生存与发展的迫切需要。

三　落实科学发展观的重要依托

以人本理念为基本原则的科学发展观是目前我国社会与经济发展的重要指导方针。其中，构建和谐社会、实施可持续发展战略以及保护自然环境是科学发展观所蕴含的三个主要人本道德要求。科学发展观及其提出的人本道德要求为企业维护员工、消费者和社会公众的权益提供了基本的道德准则与评判标准。企业是社会的重要组成部分，因此，企业承担道德责任也是落实科学发展观的应然要求与重要依托。

（一）企业承担道德责任是构建和谐社会的必然选择

科学发展观的第一个道德要求就是以人为本。员工、消费者和社会公众是社会活动的主体，他们几乎涵盖了科学发展观人本道德指向所涉及的全部个体和群体。同时，对于企业来说，员工、消费者和社会公众也是企业最重要的资源，其中，员工是企业的首要人力资本，消费者是企业拓展市场的重要支撑，社会公众构成了企业发展的社会环境。目前，由于部分企业漠视科学发展观所倡导的人本原则，肆意侵害员工、消费者和社会公众的权益，已经对整个社

---

① 王应黎：《绿色壁垒对中国纺织品出口欧盟的影响》，《国际经济合作》2015 年第 9 期，第 46 页。

会的和谐与稳定造成了巨大破坏。例如，中国近年来出现的"血汗工厂"，对员工实施残酷的剥削和压迫，引发了一系列劳资冲突事件，并激起了社会各界的强烈不满。2012 年受到社会各界高度关注的"毒胶囊事件"中，河北、吉林、浙江等省区的一些药品企业，无视消费者的健康与生命，竟利用一些企业用生石灰处理的皮革废料熬制成的工业明胶为原料，生产药用胶囊。这样的胶囊往往出现重金属铬严重超标现象，对服用的患者危害极大。还有企业肆意破坏自然环境，危害社会公众权益的事件更是屡见不鲜。毋庸置疑，企业道德责任缺失行为是对科学发展观道德要求的严重背离，已经严重威胁到了社会的和谐与稳定。为了实现构建和谐社会的重要目标，企业必须坚守马克思主义人本观，切实履行对员工、消费者和社会公众的人本道德责任。

（二）企业承担道德责任是实施可持续发展的战略选择

科学发展观的第二个道德要求就是经济与社会的可持续发展。我国人口众多，又处于经济快速发展时期，能源、资源状况对经济与社会发展已构成严重制约。我国传统工业产值占 GDP 的比重接近 50%，工业企业大量消耗煤炭、石油等化石燃料，造成我国对国际能源资源市场的严重依赖，影响到经济增长的可持续性。近年来，我国能源消费快速增长，我国能源消费量在"2007 年超过欧盟，2010 年超过美国，2012 年超过整个北美，2013 年消费量占全球消费总量的 22.4%、2014 年达到 23%"①。同时，我国能源利用效率偏低。据中新网 2012 年 5 月 24 日报道，在 2012 年 5 月 23 日召开的中国能源战略高层论坛上，国家能源局副局长吴吟指出，我国 GDP 约占世界 GDP 的 9% 左右，而我国的能源消费却翻了一番多，高达 19%。当前，我国单位 GDP 能耗约是世界平均水平的 2.5 倍，美国的 3.3 倍，同时也比巴西、墨西哥等发展中国家高许多。吴吟进一步指出，按照这样的能耗标准，2020 年我国将需要消费

---

① 李振宇、黄格省、黄晟：《推动我国能源消费革命的途径分析》，《化工进展》2016 年第 1 期，第 2 页。

55 亿吨标准煤，2030 年将需要消费 75 亿吨标准煤，这一消费数量相当于 OECD 国家目前消费数量的总和。如不及时采取控制措施，必将严重阻碍我国经济与社会的可持续发展。可持续发展意味着经济发展必须最大限度地减少或停止对不可再生资源的消耗，转变粗放型的经济增长模式。因为企业是能源消耗的主体，同时也是实施可持续发展战略的重要依托。所以企业必须及时开展节能减排工作，促进经济与社会的可持续发展。

（三）企业承担道德责任是保护自然环境的必然要求

科学发展观的第三个道德要求就是保护自然环境。企业是温室气体的主要排放者和生态平衡的主要破坏者。据政府间气候变化专门委员会（IPCC）报告，全球 1970—2004 年间温室气体排放近 70% 来自于能源、工业、交通以及住宅和建筑四大工业部门。我国"自 2007 年起 CO_2 排放量已经超过美国，成为世界碳排放量第一大国"[①]，并且人均 CO_2 排放量已经超过世界平均水平。据中国科学院可持续发展战略研究组 2009 年的预测，如果不采取有效减排措施，到 2050 年我国的二氧化碳排放量将达到 120 亿吨。在全球关注气候问题，以保护自然环境谋求政治、经济利益的背景下，如果不改变企业高能耗、高排放、高污染的发展模式，不仅会导致自然环境恶化，影响国内经济与社会的健康发展，而且将影响到我国的对外关系。如果企业继续采取高能耗、高污染、高排放的粗放经营模式，全球气温将继续上升，自然环境将进一步恶化。这对内将导致降水明显减少，冰川消融，海平面上升，粮食减产等一系列危机人民生存与发展的环境问题；对外我国将面临愈加严峻的环境外交挑战。为了有效实现科学发展观提出的保护自然环境，维护生态平衡的要求，为了及时解决环境恶化、生态危机和温室效应造成的负面影响，企业需要采取有效措施，切实承担起对社会公众的道德责任，将保护自然环境与维护生态平衡内化为自觉行动，减少温室气

---

① 魏婷、董文杰、武炳义等：《近期碳排放趋势对气候变化历史责任归因的影响》，《科学通报》2015 年第 7 期，第 674 页。

体等污染物的排放。

综上可见，企业坚守马克思主义人本观，切实承担对员工、消费者和社会公众的道德责任，这不仅有利于促进和谐社会建设，而且可以有效保护自然环境、促进我国可持续发展战略的实施，而这些都是科学发展观内蕴的基本要求。因此，企业道德责任是落实科学发展观的应然要求与重要依托。

第三章　我国企业道德责任
缺失的现状考察

　　企业道德责任缺失是由于政府、社会对企业道德约束的弱化以及企业自身道德自律意识的淡薄所导致的企业在生产经营活动中对其利益相关者权益的损害行为。随着我国经济体制改革的深入发展及市场竞争的内在驱动，越来越多的企业认识到企业道德责任对社会与企业自身发展的重要作用，开始自觉或不自觉地遵循马克思主义人本观的基本价值取向，主动履行道德责任，并取得了一些值得借鉴的经验。然而，在市场经济条件下，由于我国制度与舆论约束的缺位以及部分企业道德责任意识淡薄等原因，导致我国企业道德责任缺失问题依然十分严重。不道德的企业行为不仅严重影响到企业自身的形象和利益，而且威胁到整个社会的稳定与发展。在此，我们基于马克思主义人本观，以员工、消费者、社会公众三个与企业密切关联的利益相关者为切入点，全面考察当前我国企业履行道德责任过程中所存在的问题，深入分析导致我国企业道德责任缺失的具体原因。以此为问题导向，为探索基于马克思主义人本观推动我国企业道德责任建设的具体方略提供基本的逻辑进路。

第一节　企业对员工道德责任缺失的表现

　　近年来，在马克思主义人本观潜移默化的影响下，部分企业的经营理念逐步实现了由科学管理向人本管理的现代转型，在生产经营过程中更加关注员工的劳动权益与全面发展。但是，我国还有相当多的企业仍然以自身的经济利益为导向，在劳动用工、生产管理、利益分配等方面漠视企业员工的根本权益。

一　劳动用工存在不公现象

当前我国部分企业在劳动合同、员工身份、员工性别等劳动用工领域存在较多不公正、不合理问题，主要表现在以下三个方面。

（一）对劳动合同的漠视

企业与员工之间应当签订公平、公正、规范的劳动合同，这是企业用工的基本法律凭证，也是员工赖以维护自己合法权益的重要法律依据。我国《劳动合同法》第十条明文要求，用人单位与劳动者"建立劳动关系，应当订立书面劳动合同"。事实上，我国当前还有相当一部分企业，特别是中小企业道德责任意识淡薄，在劳动用工过程中要么不及时与员工订立劳动合同，要么以口头协议替代劳动合同；有些企业与员工订立的劳动合同极不公平、不公正。这集中体现在，部分企业和员工签订的劳动合同过度关注企业的经济利益，刻意回避员工的基本权益；还有一些企业借用劳动合同试用期的名义，肆意清退员工，以此达到低成本甚至零成本用工，变相剥削员工的目的。例如，有关我国建筑行业劳动合同签订情况的抽样调查显示，2013 年我国建筑企业与建筑工人的劳动合同"平均签订率只有 17.4%，其中成都为 14.5%，武汉为 12.1%，沈阳为 14.9%，最低的郑州，只有 6.8%。相对比较高的北京，达到 32%"[①]。

案例：北京市企业与员工签订集体合同状况调研

2008 年，北京市总工会课题组深入燕山石化集团、北京现代汽车有限公司、北京牛奶中心、北方车辆集团有限公司、北汽福田汽车股份有限公司等不同类型的企业，采用座谈会、听取企业汇报、查看集体合同文本等方式，进行了细致的调研工作，掌握了大量第一手材料和数据，较为全面地了解了企业与员工签订集体合同

---

① 潘毅、吴琼、文倩：《一纸劳动合同的建筑民工梦——2013 年建筑工人劳动合同状况调查》，《南风窗》2014 年第 3 期，第 57 页。

的情况。调查统计数据显示：近年来，北京市建立工会的市属国有及其控股企业、市属集体及其控股企业、市属国有系统非公企业、区县规模以上非公企业、区县规模以下非公企业5类不同所有制企业23490家，签订集体合同9007家，集体合同签订率38.34%；员工总数1942948人，覆盖员工人数1513283人，覆盖员工率77.89%。从总体情况看，市属国有及其控股企业履行集体合同的情况较好，区县规模以下非公企业履行集体合同的情况较差（见表3-1）。

表3-1　　　　　　　北京市企业签订集体合同情况考察表

企业	已建会总数（家）	签订集体合同（家）	集体合同签订率（%）	员工总数（人）	覆盖员工人数（人）	覆盖员工率（%）
市属国有及其控股企业	905	778	85.97	877199	829911	94.61
市属集体及其控股企业	71	57	80.28	10136	8143	80.34
市属国有系统非公企业	270	190	70.37	134693	109175	81.06
区县规模以上非公企业	3421	2052	59.98	570647	403801	70.76
区县规模以下非公企业	18823	5930	31.50	350273	162253	46.32
合计	23490	9007	38.34	1942948	1513283	77.89

资料来源：根据北京市总工会课题组关于《北京市总工会推进集体合同工作的调研报告》相关数据统计。

北京市总工会课题组的调研结果表明，集体合同在维护员工合法权益、促进劳动关系和谐与企业健康发展方面发挥了积极作用。一方面，集体合同维护了员工的合法权益。本次调研数据显示，97.9%的企业员工对企业开展集体合同工作表示满意。北京现代汽车有限公司致力于建立符合社会价值的企业人本观，通过签订集体合同，从2006年开始员工平均工资连续三年实现了6%、5.75%、17.7%的增长，最大限度地维护了员工的经济权益。另一方面，集体合同有效地促进了企业的健康发展。集体合同增强了员工的归属感，保持了员工队伍的稳定，促进了劳动关系的和谐。福田汽车公司从 2005 年与员工签订集体合同后，企业技术与管理人才流出率由过去的 30% 多，大幅下降到 8% 以内，有效地稳定了员工队伍。同时，集体合同增强了员工的主人翁责任感，激发了员工劳动热情，调动了员工的积极性和创造性，提高了企业劳动生产率，从而促进了企业经济的健康发展。调研数据显示，签订集体合同的 8 家单位，员工为企业提出的合理化建议共 652366 条，这些建议为企业带来 39.53148 亿元收益。其中，福田汽车公司年销售量从 2005 年的 31 万辆汽车增加到 2007 年的 41 万辆；企业利润也从 2005 年的亏损转变到 2007 年的 4.6 亿元。2007 年，福田汽车公司员工提出的合理化建议达 12500 多条，为企业带来 1.5 亿元收益。

北京市总工会课题组的调研结果表明，北京市企业与员工签订集体合同工作中仍然存在很多问题，具体表现在签订和履行集体合同存在很大阻力、集体合同针对性和实效性不强等方面。一方面，集体合同的签订存在诸多阻力。部分企业认为与员工签订集体合同会束缚企业发展，部分外企老总对集体合中的工资集体协商存有异议；有的员工认为集体合同没有实质作用，签了也白签，有的员工不敢提出签订集体合同，担心会因此失去工作机会。由于签订和履行集体合同存在诸多阻力，北京市企业，特别是非公企业集体合同签订率很低，区县规模以下非公企业与员工签订集体合同的比率仅为 31.50%。另一方面，集体合同的针对性实效性不强。由于企业与员工双方对集体合同的特征、内容、作用理解不深，企业对集体合同存有一定的顾虑，企业集体合同文本没有认真征求员工的意见和建议等问题的存在，目前，北京市一些企业与员工签订的集体合同仍然存在着内容不具体、劳动标准不明确、可操作性不强等问题，没有真正体现员工的利益和愿望。①

---

① 资料来源：北京市总工会课题组：《北京市总工会推进集体合同工作的调研报告》，2009 年 8 月 11 日，北京市总工会网站（http://www.bjzgh.gov.cn/template/10004/file.jsp？cid = 114&aid = 18668）。

（二）对农民工的身份歧视

改革开放之后，我国逐步放宽对人口流动的限制，农民有了进城务工的机会。但是，许多企业，特别是城市企业出于地方保护的目的，对农民工进城务工实施诸多不合理限制和歧视性规定。

一是就业机会不平等。根据我国国家统计局提供的数据，2014年我国约有2.7395亿农民工。随着农业现代化的不断推进和农业集约化经营模式的持续拓展，我国农村将有更多剩余劳动力被解放出来，这将促使我国农民工数量在近期内呈现不断增加的趋势。由于农民工的文化程度偏低、缺乏必要的职业技能培训，加之当前我国不合理的城乡二元户籍制度限制等因素的制约，导致农民工进城务工的领域被局限在一些待遇低、劳动强度大、劳动环境差的劳动密集型行业之内，如制造业、建筑业、批发零售业、交通运输仓储邮政业、住宿餐饮业、居民服务业等（见图3－1）。这些行业内的企业给予员工的发展平台低，工作稳定性差，员工随时都有被解雇的可能。

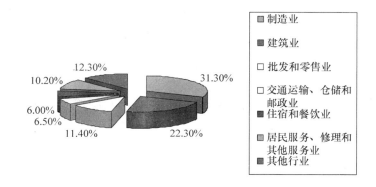

图3－1　农民工从事工作的行业统计

数据来源：中华人民共和国国家统计局：《2014年全国农民工监测调查报告》，2015年4月29日，中华人民共和国国家统计局网站（http：//www.stats.gov.cn/tjsj/zxfb/201504/t20150429_ 797821.html）。

二是工资待遇不平等。一些企业包括国有企业，大幅压低农民工工资。与城镇企业正式员工相比，农民工工资待遇偏低（见图 3-2），普遍面临同工不同酬的问题。据国家统计局发布的《2014 年全国农民工监测调查报告》显示，2014 年度全国农民工月平均工资在 2532—3301 元之间；另据国家统计局发布的数据显示，在 2014 年度，全国城镇单位职工年平均工资为 56360 元，折合月平均工资为 4696.67 元。由此可见，2014 年度全国农民工月平均工资仅约为全国城镇单位职工月平均工资的 53.91%—70.28%。考虑到农民工较城镇单位正式职工工作时间长、工作条件差、劳动强度大等因素，农民工工资与城镇单位正式职工的实际工资差距将更大。2016 年，笔者对洛阳一家国有棉纺企业的调查显示，该企业正式员工月工资收入一般在 2400 元左右，而同工种的农民工月工资收入在 1100 元左右，两者的工资差距在两倍以上。

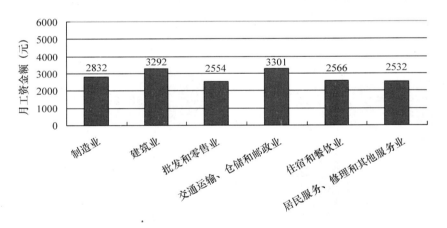

图 3-2　农民工所在行业的月平均工资统计

数据来源：中华人民共和国国家统计局：《2014 年全国农民工监测调查报告》，2015 年 4 月 29 日，中华人民共和国国家统计局网站（http://www.stats.gov.cn/tjsj/zxfb/201504/t20150429_ 797821.html）。

三是福利待遇不平等。由于户籍制度等的限制，农民工进城务工不能和城镇企业员工享受均等的福利待遇。例如，在 2014 年度，农民工享有"五险一金"福利待遇的比例偏低，且这一状况在短期内改善的效果不明显（见表3－2）。不平等的福利待遇使得多数农民工不得不自己解决工伤、医疗、养老、失业、生育以及住房等风险，这无疑加大了农民工的务工成本和生活成本，降低了农民工的实际收入水平和生活质量。除"五险一金"外，农民工获得其他方面的福利待遇情况也不容乐观。例如，针对城市农民工幸福感的调查数据显示，2014年，在河南省城市中务工的农民工享有带薪休假的占22.5%；享有技术或业务培训的占18.0%；享有交通费补贴的占13.5%。① 福利待遇的不平等是广大农民工被社会和企业边缘化的一种体现，这致使广大农民工缺乏基本的生活安全感和幸福感，因此也导致广大农民工缺乏对企业的归属感。

表3－2　　　　2014年农民工参加"五险一金"的比例统计　　　单位:%

	工伤保险	医疗保险	养老保险	失业保险	生育保险	住房公积金
合　计	26.2	17.6	16.7	10.5	7.8	5.5
其中：外出农民工	29.7	18.2	16.4	9.8	7.1	5.6
本地农民工	21.1	16.8	17.2	11.5	8.7	5.3
比上年增加	1.2	0.5	0.5	0.7	0.6	0.5
其中：外出农民工	1.2	0.6	0.7	0.7	0.5	0.6
本地农民工	1.0	0.4	0.3	0.9	0.8	0.4

数据来源：中华人民共和国国家统计局：《2014年全国农民工监测调查报告》，2015年4月29日，中华人民共和国国家统计局网站（http://www.stats.gov.cn/tjsj/zxfb/201504/t20150429_797821.html）。

（三）对女性员工的性别歧视

在劳动用工过程中，企业对女性的性别歧视是一个普遍存在的现象。这集中体现在如下方面：一是对女性员工劳动权益的歧视。我国《妇女权益保障法》第二十二条明文要求："妇女享有与男子

---

① 孙远太：《基于福利获得的城市农民工幸福感研究——以河南875个样本为例》，《西北人口》2015年第3期，第44页。

平等的劳动权利。"然而，目前我国依然有相当一部分企业在劳动用工过程中人为设置隐性的性别限制，导致女性就业机会减少。关于大学生招聘性别歧视的调查数据显示，在受访的女大学生中，80%以上遭遇过隐性性别歧视，其中遭遇过"不给女性面试或笔试机会"、"被告知经常出差加班或到艰苦地方工作"以及"被问及男朋友或结婚事宜"的比例分别为 51.70%、61.40% 和 64.03%[1]。二是对女性员工福利待遇方面的歧视。我国《妇女权益保障法》第二十四条特别规定："实行男女同工同酬。"然而，我国女性员工的福利待遇水平总体上仍低于企业男性员工。例如，1992 年我国女性工资是男性工资的 86%，这一比例在 2001 年下降到 83%，在 2009 年进一步下降到 77%。[2]

案例：企业招聘性别歧视难阻止

由于中国"男主外、女主内"传统性别观念以及女性因怀孕、哺乳等生理特质的影响，当前许多企业在招聘员工时对女性应聘者设置了或明或暗的性别限制。不少女性因此而失去了就业和晋升机会。2011 年 10 月，深圳市人大常委会审议通过的《深圳经济特区性别平等促进条例（草案）》规定，用人单位在招聘中不得设置性别要求，不得以性别、婚姻、生育为由拒绝录用某一性别或提高某一性别的录用标准，这无疑为女性带来了一丝曙光。然而，事实并非如此。

26 岁的小陈毕业于广东省财经职业技术学校广告设计专业，已经拥有 6 年的媒体工作经验，但由于学历问题，小陈的底薪一直比正式员工低 40% 左右。2011 年初，为了增加自己的收入，小陈应聘某公司广告设计一职，面试的表现和对方的评价都较为满意。然而，小陈在个人简历上填写了"已婚"。面试官先是问小陈结婚多少年了，有没有准备要孩子的打算。小陈全都如实回答。一周之

---

① 杨慧：《大学生招聘性别歧视及其社会影响研究》，《妇女研究论丛》2015 年第 4 期，第 100 页。

② 卢晶亮、冯帅章：《贸易开放、劳动力流动与城镇劳动者性别工资差距——来自 1992—2009 年中国省际面板数据的经验证据》，《财经研究》2015 年第 12 期，第 18 页。

后，小陈一直没有接到该广告公司的录用通知，后来她主动打电话给这家公司人事部，得到的答复是优先考虑男性。小陈说："对方很详细地给了我三个理由，一是做广告这行，一般都要放弃正常生活，经常要加班加点熬通宵，这会对女性的身心造成不良影响。二是说我已经结婚三年，而且表示不会抗拒近两年要孩子，这样不利于个人职业发展以及公司的相关工作衔接。三是由于公司经常协办活动，需要员工能搬能抬能吃苦，女性员工没有男性员工方便。因此公司综合考虑，还是录取了男性。"

面对这样的解释，小陈显得有些气愤，"他们所说的那几点我也同样可以做到啊，我现在工作的岗位也同样要加班加点，不是也过来了吗？"小陈说，虽然这家公司在招聘广告中没有设置工作岗位对性别的要求，"但是听他们这么解释，我很明显地感觉到，其实他们并不愿意招收面临婚育的女性，只是不明说而已。"如果条件差不多的男性和女性去竞争同一岗位，一般落选的会是女性。

在招聘中设置性别限制是目前一些企业人才招聘中常见的现象。有的企业虽然没有明显设置性别限制，但是在实际的面试录用中性别歧视仍隐形存在。2010 年 5 月 12 日，致力于倡导就业平等的公益组织——深圳衡平机构通过对深圳 103 个行业 1560 家用人单位招聘信息进行网络调查及电话调查后发布了《深圳就业歧视状况调查报告》，报告显示 868 家企业存在就业歧视状况，占被调查企业的近六成，其中性别歧视占了歧视企业的 20.16%。性别歧视是企业用工不公平的根源之一。据深圳衡平机构总干事郭彬介绍，女性的性别歧视衍生出对女性年龄、身高、相貌等的要求，而这些要求多数与应聘的岗位职责无关，并不是工作岗位所必需的。拥有中山大学研究生学历的某通信公司助理工程师欧阳说："我刚刚进公司，只是最底层的工程师，工程师之上是主管，主管之上是经理。主管阶层还有一些女性，但一到了经理级别，清一色全是男的。"欧阳说，公司内部传言，在通信行业里男性比女性更容易上位。"一想到这点，我就觉得我比男性付出更多的努力才能跟他们站在同一条起跑线上。"

为消除就业的性别歧视,《深圳经济特区性别平等促进条例(草案)》指出,除国家职业规范明确规定有性别要求外,企事业单位在招聘及录用过程中不得设置性别限制,否则,将由深圳市人力资源和社会保障部门责令其改正,并处以 5000 元以上 5 万元以下罚款。对此,小陈直言:"我们女性去找工作也不会再遭遇那么多不合理的门槛了。"某投资公司人力资源总监易小姐也表示,在招聘中不设置性别门槛,企业或许能招到更好的人才,有些女性工作能力并不比男性弱,只是缺少机会罢了。

虽然该法规旨在推动就业公平,但是仍然不会根本改变企业对女性就业的限制。隐形性别歧视仍无法阻止。对此,小陈无奈地说,很多大中型企业在招聘信息中都不会直接注明性别限制,但是在面试过程中,如果是男女同样的条件,有时候女性的条件甚至更好一点,用人单位还是会考虑聘用男性。以法治的强制约束力遏制就业中的性别歧视,并通过政府相关部门的行政处罚措施进行保障无疑对推动就业公平,提升企业道德责任具有重要意义。然而,仅仅依靠法治,无法制止各种无形的、带有主观性质的隐形就业歧视与限制。①

二　生产管理缺乏人本关怀

当前我国一些企业在生产管理环节缺乏对员工的基本关怀,主要表现在劳动强度大、劳动环境较差、人本管理缺失三个方面。

(一)劳动强度较大

目前,由于我国经济尚处于粗放型的发展阶段,劳动密集型企业的比例较大,导致"血汗工厂"在我国普遍存在。当前,我国很多企业变相强迫员工超时、超量工作,员工的劳动强度很大,起码的休息时间难以得到有效保障。例如,部分企业利用计件工资制的名义提高劳动定额,极大地增加了员工的劳动强度,员工每天劳动时间经常超过 8 小时(见表 3-3),远远超出我国《劳动合同法》

_____

① 参见张西陆、向雨航《职场隐形性别歧视难阻止》,《南方日报》2011 年 11 月 9日。

每天工作 8 小时，每周工作不多于 40 个小时的规定；还有部分企业几乎不为员工提供节假日和双休日。据国家统计局发布的《2014 年全国农民工监测调查报告》数据显示，2014 年以受雇形式从业的农民工平均每月工作 25.3 天，平均每天工作 8.8 小时。其中，每周工作时间多于《劳动合同法》规定 40 小时的多达 85.4%。另据孟续铎和王欣（2015）的调研数据显示，我国企业员工"平均每天工作小时数为 8.834 小时，其中 8 小时及以内人数占 51.8%，8—10 小时人数占 40.2%，10 小时以上人数占 7.9%；平均周工作天数为 5.282 天，其中工作超过 5 天的人数所占比例为 31.2%"[1]。

表 3-3　　　　　　　　农民工劳动时间和强度情况考察表

劳动时间和强度	2013 年	2014 年
全年外出从业时间（月）	9.9	10
平均每月工作时间（天）	25.2	25.3
平均每天工作时间（小时）	8.8	8.8
日工作超过 8 小时的比重（%）	41.0	40.8
周工作超过 44 小时的比重（%）	84.7	85.4

数据来源：中华人民共和国国家统计局：《2014 年全国农民工监测调查报告》，2015 年 4 月 29 日，中华人民共和国国家统计局网站（http：//www.stats.gov.cn/tjsj/zxfb/201504/t20150429_797821.html）。

（二）劳动环境较差

当前，部分企业为了谋求利润最大化而置道德责任于不顾，拒不为员工提供良好的劳动环境。这些企业为实现最大化的利润，不择手段地削减生产成本，压缩对员工安全和卫生设施的投资，导致企业员工长期在恶劣的劳动环境中工作，造成员工伤亡事故与职业

---

[1]　孟续铎、王欣：《企业员工超时工作成因与劳动时间特征》，《经济与管理研究》2015 年第 12 期，第 69 页。

病问题频发。以长沙市工业企业为例，据陈法明、张建中、王艳对2008年长沙市工业企业职业危害现状分析显示，截至2008年底，在长沙市存在职业病危害的1774家工业企业中，共有员工210322人，其中"接触职业危害67231人，接触人次95062人次"[1]。具体包括，接触粉尘危害38619人次（占40.62%），接触化学物质危害24145人次（占25.40%），接触物理因素类危害32298人次（占33.97%）。

在长沙市1174家职业病危害企业中，私有经济1198家（占67.53%），接触职业病危害的员工达29583人，占44.00%。统计分析显示，私有经济在长沙市职业病危害企业中所占比例重最大，接触职业危害的员工最多。国有经济、集体经济、中外合资经济类型的工业企业相对于私有经济类型企业情况较好（见表3-4）。

表 3-4　　　2008 年长沙市 1774 家职业病危害企业的经济类型分布

经济类型	企业总数		职工总数		危害接触人数	
	企业数	比例（%）	职总数	比例（%）	接触人数	比例（%）
私有经济	1198	67.53	83342	39.62	29583	44.00
股份制经济	299	16.85	53911	25.63	16341	24.30
国有经济	73	4.11	39715	18.88	8678	13.20
集体经济	119	6.70	14996	7.13	6169	9.17
中外合资经济	49	2.76	16008	7.61	5520	8.22
其他经济	36	2.02	2360	1.12	940	1.40
合计	1774	100.00	210332	100.0	67231	100.00

资料来源：陈法明、张建中、王艳：《2008 年长沙市工业企业职业危害现状分析与管理对策研究》，《实用预防医学》2010 年第 10 期，第 1954 页。

长沙市 1174 家职业病危害企业广泛分布于 27 种行业，其中，职业

---

[1]　陈法明、张建中、王艳：《2008 年长沙市工业企业职业危害现状分析与管理对策研究》，《实用预防医学》2010 年第 10 期，第 1954 页。

病危害较严重的企业分布于机械行业 242 家占 13.65%、轻工行业 224 家占 12.62%、建材行业 223 家占 12.60%、化工行业 83 家占 4.67%、煤炭行业 32 家占 1.80%（见图 3—3）。

　　调查结果充分说明，长沙市在推进工业化过程中，由于受传统行业劳动环境差以及非公有制企业生产工艺落后、大量雇佣流动人口等因素的影响，导致职业病危害企业数量、遭受职业病危害的员工人数等均呈增加趋势。职业病危害已成为影响员工健康的主要因素。因此，政府要加强对企业职业病危害的控制，特别是加强对机械、轻工、建材、化工、煤炭等传统行业内的企业以及私有企业的劳动环境的治理工作。

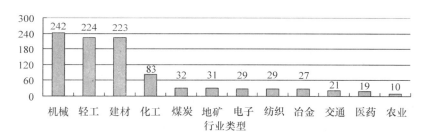

图 3—3　2008 年长沙市职业病危害企业的主要行业类型分布

　　资料来源：陈法明、张建中、王艳：《2008 年长沙市工业企业职业危害现状分析与管理对策研究》，《实用预防医学》2010 年第 10 期，第 1954 页。

（三）人本管理缺失

　　当前，相当一部分企业无视马克思主义人本观的基本价值取向，在生产经营过程中漠视员工的人格与尊严，时常出现企业管理层对员工实施搜身、谩骂，甚至体罚等野蛮暴力行为。这些行为极大地损害了员工的人格尊严与身心健康，严重侵犯了员工的基本权益。例如，2010 年引起社会各界高度关注的"富士康连跳事件"，就充分说明了此类问题的严重性。为了最大限度地榨取员工的剩余价值，富士康实行半军事化管理，对员工的管制和压迫令人触目惊心，终将潜在的道德风险演变为现实的败德行为，并最终酿成富士康员工在短时间内频繁跳楼抗议的极端事件。

案例："富士康连跳事件"回观

富士康科技集团是专业从事通讯、电脑、数位内容、消费电子、汽车零组件、通路等 6C 产业的全球最大的电子产品制造商，2015 年位居美国《财富》杂志全球 500 强企业第 31 名。近年来，富士康曾获得第四届"中华慈善奖"（2008）、"中国公益奖——集体奖"（2012、2013、2014）、最佳公益项目奖（2013、2014）、第十一届中国慈善榜"十大慈善企业"（2014）、"希望工程 25 年杰出贡献奖"（2014）、"中国公益奖——责任品牌奖"（2015）等荣誉。

富士康就是这样一家誉满天下的企业。然而，从 2010 年 1 月 23 日富士康员工第一跳开始，在随后的数年中富士康频频出现员工意外身亡和员工跳楼事件。由此，"富士康连跳事件"成为近年来中国舆论关注的焦点，并激起了社会各界乃至全世界对此事件的热烈讨论。据不完全统计，截至 2010 年 11 月 5 日，在富士康大陆境内的工厂中，先后有 14 名员工跳楼，导致 13 名员工死亡，1 名员工重伤！2010 年 11 月 5 日至今，富士康又陆续出现多起员工跳楼事件。

"富士康连跳事件"可以看作是中国转型时期企业道德责任缺失的一个标本镜像，它映射出中国企业经济发展模式的重重矛盾与危机。改革开放之后，在相当长的一段时间里，我国侧重于粗放型的经济增长模式，因而传统的劳动密集型企业比重较大。劳动密集型企业处于产业链的底端，随着不断加剧的行业竞争，这类企业的利润率呈不断下降的趋势。最近几年，富士康的整体产品毛利率不断下滑，2007 年为 9.2%，2008 年降为 6.9%；2009 年仅为 5.9%。为了增加利润率，富士康公然违背马克思主义人本观，极力奉行半军事化管理以此加强对员工的剥削和压迫，这是对企业道德责任的极大亵渎。

在富士康工作的员工几乎被机器绑架了。据富士康插针机流水线上的员工介绍，员工上班就站在机器前，一个班 8 小时一直站着工作，并且经常需要加班。对于一个正常人来说，全部生活除了吃饭、睡觉就是长时间站在生产流水线上，像机器一样不停地从事简单、机械的重复劳动，这是任何一个人都不能长期忍受的。这充分显示了富士康工作制度的机械性和工作环境的残酷性。

在富士康，各级员工之间很少交流。由于劳动时间长、劳动强度高、员工流动性大等因素的影响，员工之间交流很少。富士康每个月有上万人辞职，每个月又要招聘上万人，这种大进大出的用工方式，导致富士康员工的流动性非常大，员工之间没有时间和机会认识和熟悉就分道扬镳了。在富士康，普工与主管除了工作上的来往，彼此间也很少交流。富士康的高级管理层大部分都是"台干"，普工与这些"台干"之间一年都说不上几次话。

在富士康，员工缺乏安全感。富士康的老大、人资和保安时刻威胁着员工的生存。老大是指在流水线上工作的基层员工的线长、组长等基层管理人员，是员工的直接上司；人资是指人力资源部（处），掌管着员工的考勤考核；保安是富士康的"警勤人员"，这是一支直属于富士康老板的武装力量。他们构成了富士康"半军事化管理"的基本架构，他们可以恣意谩骂、刁难和欺凌员工。特别是保安，甚至掌握着员工的生杀大权，经常殴打、谩骂甚至开除员工。一名四川籍富士康员工告诉记者，他曾亲眼看见一名员工因为在接受检查时配合不够，保安就喊来四五个人将这名员工暴打了一顿；女工芳芳（化名）说，一些女工因为内衣上有金属，进出厂房探测时，一些女保安就要求员工脱衣检查。

综上可见，"富士康连跳事件"暴露了企业管理伦理存在的诸多问题，企业的道德责任缺失就是其中之一。随着经济全球化和新商业文明的到来，道德责任已成为世界各国普遍认可的企业价值取向。然而，富士康为了谋求自身利益最大化而置广大员工的基本权益于不顾，漠视其本应承担的道德责任，忽视员工作为一个人应有的尊严、地位和需要，采用超强的劳动定额和半军事化的管理手段，造成员工身心憔悴，最终酿成了"富士康连跳事件"这一被社会各界所强烈谴责的不良后果。富士康员工在极其苛刻的劳动环境中，被迫采取自杀式维权，这是一种对自身生活甚至是对整个社会极端失望的无言抗议。"富士康连跳事件"不仅将富士康钉在了道德的耻辱柱上，这也为转型中国的其他"血汗工厂"敲响了警钟。"富士康连跳事件"再次激起了人们对企业道德责任缺失问题的思考。①

三　利益分配不能实现正义

当前我国一些企业在利益分配方面不能实现公平正义，主要表现在员工工资待遇较差、员工社会保险缺位、员工难以获得平等的培训机会等方面。

（一）员工工资待遇较差

当前，我国企业员工工资待遇较差突出表现在三个方面。一是工资水平较低。2005 年至 2011 年，江苏省纺织行业员工的年工资均值为 19023 元，折合月平均工资仅为 1585.25 元。② 近年来，我国企业员工工资收入的增长幅度远远赶不上经济的发展速度。2008 年至 2010 年，我国劳动者报酬占 GDP 的比重分别是 47.9%、46.6%、45%。我国劳动者报酬占 GDP 的比重远远低于发达国家水平和部分发展中国家水平。二是收入差距过大。这主要体现于企业普通员工和企业经营管理者的收入差距过大。2011 年，我国人力资源和社会保障部对 2032 家上市公司薪酬情况的调查数据显示，这 2032 家上市公司中，"高管平均薪酬为 47.1 万元，职工平均薪酬为 8.2 万元，相差 5.74 倍；其中相差最大的竟然达到 112.77 倍！"③ 同时，我国企业员工平均工资，特别是私营企业员工平均

---

① 资料来源：富士康科技集团：《集团荣誉变迁略览》，2016 年 2 月 21 日，富士康科技集团官网（http://www.foxconn.com.cn/HonorsStatus.html）。360 百科：《富士康跳楼事件》，2013 年 4 月 27 日，360 网站（http://baike.so.com/doc/3843171 - 4035380.html）。

② 潘胜文、孙玉璟：《低收入行业职工收入状况分析及调控对策——基于江苏省细行业工资数据》，《西部学刊》2015 年第 6 期，第 72 页。

③ 徐博、岳德亮：《人社部：企业内部收入差距最高达 112.77 倍》，2015 年 3 月 9 日，新华网（http://news.xinhuanet.com/politics/2015 - 03/09/c_127560907.htm）。

工资长期低于城镇单位就业人员工资。2009 年至 2013 年，我国"私营企业就业人员的年平均工资分别为当年城镇单位就业人员工资的 56.44%、56.81%、58%、61.48% 和 63.53%"①。三是企业经常拖欠员工工资。目前，一些企业时常恶意拖欠员工工资，还有一些企业采取工资留存制，平时仅仅向员工发放基本生活费，一般到年底才能发放剩余工资。从道义上讲，企业恶意拖欠员工工资是极其恶劣的失德行为。

案例：国务院前总理温家宝为农民工追讨工资

2003 年 10 月 24 日，时任国务院总理温家宝来到重庆市下辖的云阳县人和镇龙泉村看望当地群众。当时，温总理走进农户熊德明家，问在场的群众"有什么心里话？"一向直言直语的熊德明说"老公打工的工钱没拿到"。熊德明向温总理说，她老公 2000 多元的打工工资已被拖欠了一年，已经影响到孩子上学的学费。随即，在温总理的直接过问下，熊德明家当天就收到了被拖欠的这笔工资。由此，治理拖欠民工工资问题激起了社会各界的广泛关注。

熊德明直面国家总理说出大实话，引起了全国范围内追讨农民工工资的热潮，使众多农民工从中受益。例如，重庆市为此开展了"百日欠薪大检查"活动；北京市政府宣布，凡严重拖欠农民工工资的企业将被赶出北京市。与此同时，广东、江苏、湖北等地也先后推出治理拖欠农民工工资的举措。熊德明因此成为维护农民工权益的带头人，并荣获 2003 年"CCTV 中国经济年度人物"社会公益奖。

近几年的春节前后，各类媒体都会组织一系列为企业员工追讨工资的宣传与动员活动。然而每到此时，一些企业领导甚至某些政府管理部门的态度常常是若即若离。很显然，这些政府部门，特别是拖欠员工工资的企业明显没有将自觉维护员工权益当作自己分内

---

① 谢勇：《中国最低工资水平的适度性研究——基于重新估算社会平均工资的视角》，《社会科学》2016 年第 2 期，第 55 页。

的事。

温总理帮农民工讨要工资，这是一件值得高兴的事情。然而，高兴之余，却隐约感到一丝遗憾。因为在一个法治国家里，为员工追讨工资的应该是法律而不是总理。进一步讲，作为一个德治国家，为员工追讨工资的应该是企业的道德良心而不是法律的干预。维护企业员工的合法权益，特别是合法收入的权利，仅仅依靠一个好的总理和法律法规是远远不够的。从根本上解决这个问题，需要社会各界加强企业道德责任建设，促使企业自觉维护员工的合法权益。①

（二）员工难以享受社会保险

在现代国家，社会保险是公民应当拥有的一项基本人权。我国《劳动合同法》第十七条也明确提出，社会保险是劳动合同中应当具备的九项基本条款之一。然而，目前我国很多企业从主观上不情愿为员工缴纳社会保险费，因此采用故意遗漏、隐瞒等手段，企图为员工少缴甚至不缴社会保险费。还有部分企业仅为员工办理社会保险的部分项目，员工难以享受到全面的社会保险。至于绝大多数非正式员工，如农民工、临时工等更难以享受社会保险。中国国家统计局的相关数据显示，2014年用人单位为农民工缴纳工伤、医疗、养老、失业和生育5项社会保险的比例分别为26.2%、17.6%、16.7%、10.5%和7.8%。②

案例：媒体解读强征五险

2008年，四川女孩赵颖来北京找工作，求职时除薪金外，她更关心企业缴纳社保的情况。经过比较，最终她选择了一家"承诺上五险一金"的企业。三个月的试用期后，她成了正式员工。可是拿到工资条时，却让她大呼上当，因为"外来职工只有四险，没有

---

① 资料来源：《京华时报》：《五年变迁：讨薪农妇熊德明一言成名》，2008年3月6日，腾讯网（http：//news.qq.com/a/20080306/000382.htm）。

② 中华人民共和国国家统计局：《2014年全国农民工监测调查报告》，2015年4月29日，中华人民共和国国家统计局网站（http：//www.stats.gov.cn/tjsj/zxfb/201504/t20150429_797821.html）。

生育险"。

生育保险的法规最早则可追溯到 1994 年原劳动部颁发的《企业职工生育保险试行办法》。

北京市人社局医保处相关负责人介绍,《企业职工生育保险实行办法》中规定,该办法适用于城镇企业及其职工,并按属地原则组织。这样一来,各地的规定当然要考虑实际情况,很多地方只给本市户籍职工上生育险,外来工不享受这个待遇。该负责人坦言,北京市生育保险办法就是这么规定的,参保范围仅为北京市户籍职工。今年准备要小孩的赵颖,没有生育险,她生育时只能走医保,最多报 6000 多元。若企业给她上生育险的话,除 6000 多元医疗费能报外,她还可享受 2.1 万元的生育津贴以及其他生育保险费用。但今后,像赵颖这样的外来职工,将有望不再受此困惑。

2011 年 11 月 15 日,人力资源和社会保障部发布《社会保险费申报缴纳管理规定(草案)》,提出社保费强制征缴范围由原有的养老、医疗、失业"三险"扩大到"五险",增加了生育和工伤两项保险。这"五险"是国际公认的五大社会保险。2011 年 12 月 1 日,首都经贸大学社保研究中心主任吕学静说,目前我国各项社保的缴费比例大体是:养老保险,单位缴 20%,职工缴纳 8%;医疗保险,单位缴 8%,个人缴 2%;失业保险,单位 2%,个人 1%。而工伤和生育保险完全由企业承担,各在 1% 左右,个人不须缴纳。这些缴费比例累加在一起,就是我国目前整体的社保费率。

但在一片叫好声背后,另一个不容忽视的事实是,由此引发企业负担加重,从而导致企业将变降薪、裁员。广东佛山的张志祥是一家服装公司的老板,他给员工平均每月 2000 元左右的工资,只给部分员工上了"三险"。2011 年 11 月 30 日,张志祥说,给员工缴纳五险,这样一年需多支出七八万元,相当于 2 个月的利润。他说,招工时他曾给员工承诺上"三险"。但在这个时候,不得不食言,"如果缴纳,只有裁员。""养老保险,企业就需缴工资全额的 20%,五险上齐,确实还是比较有压力的。"北京市一家网游公司副总经理陈宽对草案很是关心。2011 年 12 月 1 日，张志祥表示，目前企业承担的社保费率过高，今后再增加"两险"，企业可能不堪重负，只有从劳动者工资里变相克扣。[①]

（三）员工缺乏培训机会

企业对员工开展系统培训，这是马克思主义人本观的基本要求，也是企业保障员工全面发展的重要途径之一。然而，部分企业管理层却担心对员工的培训将增加企业用工成本，一旦员工辞职，将对企业发展造成较大的负面影响，所以不重视员工培训工作。部分企业管理层漠视开展员工职业发展规划方面的培训，对员工培训的内容主要侧重于岗位技能方面，或是向员工灌输一些绝对服从的观念，而不是针对员工职业长远发展的需要，协助员工全面提高自己的综合素质。一些企业对员工的培训缺乏公平性，在对象选择方面，仅仅关注对企业管理层、精英层的培训，而忽视普通员工的培训。多数情况下，企业漠视对员工的系统培训是企业马克思主义人本观缺失、蓄意推卸道德责任的一种不良表现。

案例：晋城市民营企业员工培训概况

在知识经济时代，专业知识的积累和更新对企业员工的发展和提高至关重要。因此，企业应加强员工培训，促进员工的全面发展。然而，现实情况并非如此。以山西省晋城市民营企业为例，近年来，晋城市民营企业对员工培训的重视度不够，还有相当一部分民营企业没有开展任何形式的员工培训。晋城市中小企业局 2009 年对全市民营企业的问卷调查显示，对员工进行专门培训，包含员工岗前技能培训和将员工送入专门学校培训的民营企业仅有 164 家，仅占 32%；还有 372 家民营企业没有对员工进行专门的培训，而是采用边干边学，或者根本不安排任何培训（见表 3 - 5）。

---

① 资料来源：韩宇明：《媒体解读强征五险：企业可能因高社保费率裁员》，2011 年 12 月 9 日，中国网（http://www.china.com.cn/news/txt/2011 - 12/09/content_24114323.htm）。

表 3 – 5　　　　　　2009 年晋城市民营企业员工培训调查统计

培训方式	岗前技能培训	校企结合培训	边干边学	不安排任何培训
参与企业数量	158	6	300	72
比例	29%	3%	55%	13%

对于员工培训方面存在的困难，晋城市民营企业给出的理由主要是缺乏经费投入（占 40%）、缺乏师资（占 25%）、员工流动性大而不做培训安排（占 20%）、因生产任务无法安排培训（占 5%）。

2009 年晋城市民营企业员工培训调查统计数据显示，当前还有相当一部分企业，特别是民营企业贪图自身的短期利益，而不愿意进行员工培训。另外，有些中小型民营企业限于人力财力等因素，没有足够的能力开展员工培训。从根本上解决企业员工缺乏培训机会问题，一方面需要企业自身确立道德责任意识；另一方面也需要政府和社会的积极扶持和引导企业积极履行道德责任。①

第二节　企业对消费者道德责任缺失的表现

在市场经济体制下，企业主要通过为消费者提供产品获取利润。消费者对企业产品的认可程度决定着企业产品的销路、销量，从而影响到企业的经营业绩。可见，企业为消费者提供质优价廉、安全舒适的产品，满足消费者的物质和精神需求是企业存在的基础，也是企业道德责任的基本体现。因此，作为一个德性企业，应该主动承担起对消费者的道德责任，积极维护消费者权益。然而，近年来很多企业为了片面追求利润而置消费者的权益于不顾，导致损害消费者权益的事件频繁发生。从"三聚氰胺奶粉事件"、"瘦

---

①　资料来源：成广海、杨新焕、刘海燕等：《晋城市民营企业员工培训的现状分析——晋城职业技术学院"校企合作"的案例分析》，《晋城职业技术学院学报》2011 年第 1 期，第 18—19 页。

肉精事件"、"染色馒头事件"等企业产品问题中,我们不难发现很多企业对消费者权益的漠视,没有做到确保消费安全,更没有做到保护消费者利益。根据中国消费者协会的统计,2015年全国消协组织受理的投诉总量高达63.9324万件。目前,企业对消费者道德责任缺失主要表现在以下三个方面。

一 产品质量问题频发

为消费者提供质量安全的产品是企业重视消费者安全权的基本体现。消费者购买企业提供的产品是为了满足自己的物质需求和精神需求,而如果企业为消费者提供的产品存在质量隐患,不仅消费者的消费需求得不到满足,而且还要付出人身伤害和财产损失的巨大代价,这是不符合马克思主义人本观要求的行为。当前,我国相当一部分企业为了自身利益,将存在质量隐患的不安全产品推向市场,给消费者的身心健康造成巨大伤害。归结起来主要有以下两点:一是产品存在安全隐患。例如,近年来接连出现的"三聚氰胺奶粉事件"、"瘦肉精事件"、"染色馒头事件"等就是食品不安全最典型的案例。其中,2011年震惊全国的双汇"瘦肉精事件",在短短的几个月时间内就拖累了我国最大的肉制品企业双汇集团,重创了我国人民对食用肉以及肉制品安全的信心;2016年央视"3·15"晚会曝光,在"饿了么"网站注册的部分餐馆实体店里污水横流,卫生状况异常糟糕,有的餐馆实体店甚至是无照经营的黑作坊。另外,在医药制品企业、汽车制造业等领域也存在大量产品质量问题。二是假冒伪劣产品泛滥。在利益的驱动下,一些企业漠视本应履行的道德责任,将消费者的人身财产安全抛之脑后,大肆制假售假,导致市场上假烟、假酒、假药、假种子、假化肥等假冒伪劣产品泛滥。这些假冒伪劣产品轻则导致消费者遭受不必要的经济损失,重则导致消费者致残,甚至丧失生命。

案例:2011年双汇"瘦肉精事件"回观

双汇集团是我国大型肉类加工企业之一,总资产100多亿元,员工60000多人,年产肉制品总量约300万吨,在2010年中国企业 500 强排序中列 160 位。2011 年 3 月，双汇集团因被央视曝光其子公司收购瘦肉精猪肉而被推到了社会舆论的风口浪尖。瘦肉精，学名盐酸克伦特罗，是一种平喘药，该药是一种肾上腺兴奋剂，动物吃了"瘦肉精"饲料，能够增加瘦肉量。人若食用含有"瘦肉精"的肉制品，将对身体造成巨大危害，例如头晕、手颤、四肢无力等中毒症状；甚至导致染色体畸变，进而诱发恶性肿瘤危及生命。

2011 年 3 月 15 日，中央电视台《每周质量报告》播出的《"健美猪"真相》揭露，济源双汇食品有限公司采购了河南孟州等地养殖场采用"瘦肉精"饲养的生猪。该企业是双汇集团下属的分公司之一，主营领域是生猪屠宰加工。在该企业随处可见的"十八道检验、十八个放心"的宣传标语背后，丝毫没有涉及"瘦肉精"检测环节。

近年来，我国农业部一直将监管"瘦肉精"作为工作的重点。早在 2002 年 2 月，我国农业部就联合卫生部和国家药监局将"瘦肉精"列为禁用药品之一，并将其列入年度监测计划。中央电视台揭露双汇"健美猪"真相后，我国农业部即刻责成相关省市的有关部门迅速处理，并派出专门的督察组进驻双汇集团督察工作的进展情况。

受"瘦肉精事件"的影响，2011 年 3 月 15 日下午，双汇集团发行的股票——双汇发展跌停；当日傍晚，双汇发展发布停牌公告。3 月 16 日，双汇集团总部对媒体揭露并广泛报道的"瘦肉精事件"做出正面声明，声称济源双汇食品有限公司是其子公司，对该事件给消费者带来的困扰深表歉意，并责令济源双汇停产自查。该声明透露，双汇集团对媒体的报道高度重视，为此，总部立即召开高层会议研究与部署应对措施，指派双汇集团的一名副总经理进驻济源双汇督察对"瘦肉精事件"的处理工作。

深陷"瘦肉精事件"，使曾风光多年的双汇集团顷刻间淹没在了排山倒海般的讨伐声中。随着济源双汇有关负责人被免职，双汇在采购、质检、母子公司管理等诸多方面的内控重大缺陷暴露无遗。

"瘦肉精事件"为中国人民又上了一堂化学课。一位供应商对财新《新世纪》记者直言，这些盐酸克伦特罗（瘦肉精）是用在饲料里的。一位兽医学者则对财新《新世纪》记者表示："使用'瘦肉精'实际上是行业潜规则。"从财新《新世纪》记者了解的情况看，使用"瘦肉精"的企业决不仅仅只有双汇集团一家，其产销链遍布全国各地。

"瘦肉精事件"犹如一记重拳，迎头击中了全国最大的肉制品企业双汇集团。如同当年道德败坏的"三鹿集团"一样，昔日这个在肉制品行业里曾经不可一世的"彪形大汉"，如今不得不疲于应对社会舆论的强烈谴责、胆战心惊地接受国家法律的严厉制裁。然而"瘦肉精事件"给我国的食品安全问题带来的影响还远不止于此。这起事件幕后真正的始作俑者我们先放一边姑且不论，当"苏丹红鸭蛋"、"三聚氰胺奶粉"、"地沟油"、"毒大米"等一系列食品安全问题曝光后，事关"民以食为天"的民生问题再次引发了国人的质疑：到底还有多少食品的质量是安全的？解决食品质量安全问题的方略又在哪里？①

二 虚假宣传大量存在

为消费者提供真实可靠的产品信息是企业尊重消费者知情权的基本体现。消费者在购买企业产品之前一般通过企业产品广告、宣传材料和产品说明书等宣传资料了解企业产品的质量、功能等方面的情况。在市场经济条件下，企业加大宣传力度对提高产品的知名度、促进产品销售无疑具有重要的推动作用。然而，在激烈的市场竞争环境下，一些企业无视产品宣传的道德底线，利用虚假宣传搞不正当竞争，在宣传企业产品时过度地夸大产品的质量与功能，规避产品的缺陷与不足，从而达到引诱消费者购买并攫取不当利益的

---

① 资料来源：CCTV2 新闻频道：《央视曝光双汇子公司收购含"瘦肉精"猪肉》，2011 年 3 月 15 日，网易财经（http://money.163.com/11/0315/12/6V6I4IKU00252603.html）。

126

目的。这一问题导致市场交易过程的不透明和不公正，致使消费者因此而遭受不必要的损失。例如，2016年央视"3·15"晚会曝光，部分网店为了提高自身的信誉，肆意雇用网络刷手为自己网店的商品刷单，并给出不切实际的好评，据此诱导消费者购买；另据中国消费者权益保护状况调查显示，有23.4%的消费者曾经被虚假广告欺骗过。

案例：2010年鄂尔多斯市公布全市十大虚假广告

2011年初，内蒙古鄂尔多斯市工商局公布了2010年度全市十大虚假违法广告典型案例，包括《奥巴马被代言楼盘广告》、《国家免检产品已成过去式》、《处方药做客健康讲座》、《合成照片暗示减肥效果》、《非法印刷品植入无证医疗广告》、《消字号产品夸大疗效》、《拿保健食品当药品吆喝》、《房地产无限升值承诺》、《以党和国家领导人名义招揽顾客》、《冒充央视上榜品牌》。这十大虚假广告涉及房地产、医疗、保健食品等行业，严重侵犯了消费者的知情权。

以《合成照片暗示减肥效果》为例，2010年6月，鄂尔多斯市工商局执法人员在广告监测中发现，某固定形式印刷品广告为东胜区某美容院发布了"健康减肥，一次见效，12小时最少减2—5斤，一疗程可以减25斤，想减哪儿就减哪儿，签约保证，无效退款"的瘦身广告，同时采用照片对比暗示减肥效果。

经调查核实，该广告中的对比照片为电脑合成的，该广告发布方对减肥效果进行了不切实际的夸大保证，违反了《广告法》第4条"广告不得含有虚假内容，不得欺骗和误导消费者"以及《广告管理条例》的相关规定。经立案调查，工商部门依法对该广告发布方做出责令停止发布、没收广告费用和罚款的处罚决定。

由于产品宣传对消费者选购具有很大的影响，对经营者促销具有重要的作用，因此，有的经营者为了赢得消费者，争取交易，扩大市场份额，往往违背诚实信用的市场交易准则，未对商品进行真实宣传，在一定程度上欺骗了消费者，使消费者无法了解产品或服务的真实情况，导致消费者也无法做出与产品或服务真实情况相符的判断。瘦身广告对爱美心切的女士会产生更加强烈的诱惑和误导；同时，减肥瘦身类产品、服务的价格往往较高，虚假宣传会对消费者的健康和经济造成双重损害。这样一来，虚假宣传不但侵犯了消费者的合法权益，而且使诚实的经营者受到了不正当竞争的排挤，故此也损害了诚实经营者的利益。①

三　操纵市场交易程序

维护正常的市场交易程序是企业尊重消费者自由选择权的基本体现。在马克思主义人本观的意境下，消费者在购买产品时，有自由选择不同企业产品的权利。然而，在现实生活中，一些企业通过操纵价格、囤积居奇等手段，有意制约消费者的自由选择权。例如，中国一些通讯企业，依靠行业内的垄断地位，强行推广收费名目繁多的各类话费套餐和增值业务，使消费者短时间内难以辨别清楚所选套餐的收费规则，进而影响选择权的真实履行。目前我国相当多的房地产企业通过囤积土地，捂盘惜售、阴阳合同等手段，哄抬房价，牟取暴利，严重影响到房地产市场的正常交易程序，使真正有住房需求的消费者被迫支付高额的房价。据新华社记者在题为《房价成本揭秘》的报道中披露："我国房地产开发行业的平均利润率约50%。近些年来，房地产业成了我国大富豪栖身密集的行业。连一些开发商都私下坦承，'现在楼盘的利润率已经高到让我们不好意思的程度了'。这种有悖经济规律的怪现象虽然引起社会各界的广泛质疑，然而，长久以来我们并没有找到对其遏制的有效途径。"② 还有一些 IT 企业，利用自己的技术垄断优势，进行不正当竞争，漠视消费者的基本权益，严重妨碍了消费者的自由选择权。

案例：腾讯 QQ 与奇虎 360 的"桌面大战"

2010 年，腾讯 QQ 和奇虎 360 的交恶，发展到以牺牲网民利益

---

① 范亚康：《内蒙古鄂尔多斯市公布 2010 年全市十大虚假违法广告案例》，《北方新报》2011 年 3 月 1 日第 9 版。

② 孙瑞灼：《对房地产暴利课以重税值得期待》，《中国消费者报》2011 年 2 月 21 日第 A01 版。

相威胁的地步，这折射出我国企业道德责任的严重缺失，给互联网行业的发展带来了巨大危机，也给亿万网民带来了诸多困扰。

腾讯 QQ 和奇虎 360 是目前我国最大的两个桌面客户端软件。腾讯官方网站数据显示，2010 年腾讯即时通讯服务的活跃账户数量达到 6.125 亿，成为国内第一大桌面客户端软件。凭借庞大的消费者规模，腾讯逐步将企业的业务延伸到新闻门户、电子邮件、电子商务、网络游戏等互联网的诸多领域。奇虎 360 消费者数量已经超过 3 亿，覆盖了 75% 以上的中国互联网消费者，成为国内第二大桌面客户端软件。奇虎于 2006 年 7 月推出 "360 安全卫士" 软件后，在不到一年的时间内迅速成为国内最大的互联网安全软件。奇虎以其客户端为基础，将业务延伸到免费杀毒软件、浏览器等产品。

2010 年，腾讯和奇虎两家互联网企业为了各自的利益，展开了前所未有的 "桌面大战"。

2010 年中秋节期间，腾讯推出 QQ 电脑管家，凭借着 QQ 庞大的客户基础，QQ 电脑管家直接威胁到 360 在互联网安全领域的生存。

2010 年 9 月 27 日，奇虎宣称某聊天软件偷窥消费者个人隐私，同时以保护消费者隐私为名，推出直接针对腾讯 QQ 软件的 "隐私保护器"，宣称其能实时监测曝光 QQ 的行为，这引起了网民对于 QQ 客户端的担忧和恐慌。10 月 29 日，奇虎公司又推出一款名为 "360 扣扣保镖" 的软件，称该安全软件能全面保护 QQ 消费者的安全，包括阻止 QQ 查看消费者隐私文件、屏蔽 QQ 的插件、过滤弹窗和广告等功能。奇虎的这些举动直接威胁到腾讯的核心商业利益。

与此同时，腾讯刊登由腾讯、金山、百度、遨游、可牛等公司联合发布的《反对 360 不正当竞争及加强行业自律的联合声明》，要求主管部门坚决制止奇虎的不正当商业竞争行为。之后，腾讯与奇虎两家企业不断发表公告、声明，互相攻击对方的产品和不正当竞争行为，战火愈演愈烈。

2010 年 11 月 3 日 18 时，腾讯宣称，在装有 360 软件的电脑上停止运行 QQ 软件，这是腾讯与奇虎一系列争执中采取的最激烈的举动。腾讯此举将战火引向了广大消费者，逼迫同时使用 360 和 QQ 的消费者做出二选一的抉择。11 月 3 日 21 时，奇虎发出一封《360 发致网民紧急求助信：呼吁消费者停用 QQ 三天》。

腾讯与奇虎的商战愈演愈烈，严重危及广大消费者的切身利益，这无疑引发广大消费者的愤怒。随后，我国政府部门介入腾讯与奇虎的商战。公安部门及工信部动用行政命令的方式要求双方不再纷争，并要求腾讯与奇虎两家企业对广大消费者致歉。最终，腾讯 QQ 与奇虎 360 恢复兼容，持续一个多月的商战暂告平息。

2010 年，腾讯与奇虎的桌面博弈不断升级，最终进入了白热化的争斗状态。但是，这场一开始打着"为了消费者利益"旗号的商战，最终却陷入了两家企业谋求私利的深渊。本应得到利益保护的广大消费者，却成了腾讯与奇虎商战的牺牲品。对此，我们有必要探究一下，企业在市场竞争中，到底应履行什么样的道德责任？是企业自身的利润至上还是消费者的利益至上？是尊重消费者还是蒙骗要挟消费者，等等。

毋庸置疑，在市场经济条件下企业间的竞争求利行为本属正常现象，但竞争除了必须遵守相应的法则以外，还应恪守基本的道德底线。这个基本的道德底线就是，企业间的竞争不应把广大消费者裹挟其中，让消费者成为盾牌；更不能为了企业一己私利，恣意损害消费者的利益。然而，腾讯与奇虎之间的商战，本意是想更多地争取消费者，最终实现更多的利润，但是它们利用各自的垄断地位，把无辜的消费者拉下水，消费者的利益成为它们的垫脚石。如此的恶性竞争使得双方置广大消费者利益于不顾，最终令双方的公众形象大打折扣。

腾讯与奇虎之间的商战提醒我们，首先，企业承担道德责任离不开政府的引导与监管。如果企业在市场中形成垄断地位，消费者，甚至整个社会和公众就随时可能被企业"绑架"。因此，国家有关部门，有必要依据《反垄断法》的规定，认真监管和查处企业垄断和不正当竞争行为，防范企业间的恶性竞争伤害消费者利益。其次，企业道德责任的履行离不开非政府组织的社会舆论监督。遗憾的是，在此次纷争中，行业协会、消费者协会以及其他非政府组织等第三方监管力量明显处于缺失状态，这也从另一个层面催生了这次企业道德责任危机。

腾讯与奇虎之间的商战反映了我国企业马克思主义人本观的迷失，以及由此导致的企业道德责任，特别是企业对消费者道德责任的缺失。而这也正是在市场经济条件下，中国企业真正脆弱的地方。因为，消费者利益至上是永恒的市场竞争法则；企业如果漠视消费者利益，践踏商业道德，那么它最终将被消费者抛弃。[①]

第三节　企业对社会公众道德责任缺失的表现

近年来，随着我国可持续发展战略的实施以及构建社会主义和谐社会的提出，建设生态文明、维护社会公众利益的理念已经被一部分企业所认可。但是，在我国还有相当多的企业仍然以自身的经济利益为导向，在生产经营过程中严重破坏自然环境、消极对待社会公益事业，严重侵害了社会公众的利益。

一　漠视人与自然的和谐关系

自然环境是企业与社会公众共同赖以生存的基础。把环境作为企业道德责任的客体之一是人类对自然认识深化的结果。马克思主义人本观要求企业切实承担道德责任，积极保护社会公众赖以生存的自然环境。然而，我国长期以来奉行粗放型经济增长模式，相当一部分企业特别是工业企业环境保护意识淡薄，生产经营大多采用粗放型模式，在生产过程中较少考虑环境保护的问题，导致社会公众赖以生存的自然环境遭受严重破坏，进而阻碍了人类生存与社会

---

① 资料来源：刘建新：《我的电脑谁做主？——从腾讯与360纷争看互联网公共道德危机》，《新闻爱好者》2010年第24期，第1页；陈晶晶：《腾讯、奇虎公司——3Q之争》，《法人》2011年第2期，第52—53页。

的可持续发展。这具体表现在以下两个方面：一是对自然资源开采不科学。一些企业为了自身利益而规避合理开发自然资源的法律法规，对自然资源采取掠夺式的开采方式，开采过程中资源浪费严重，使得我国的许多自然资源面临枯竭，严重威胁到社会的可持续发展和社会公众的长远利益。如我国的一些煤炭企业，超卖探矿权和采矿权，资源开发秩序混乱，资源浪费极为严重。二是对生态环境破坏严重。一些企业出于趋利性的动机，压缩环境保护投资，肆意排放污染物，工业"三废"问题十分突出，严重危害社会公众的健康甚至生命。例如一些煤炭企业、化工企业、造纸企业等为了追求利润最大化，对生态环境造成严重破坏，导致一些地区出现水污染、大气污染、物种灭绝、水土流失等诸多危及社会公众利益的问题。遗憾的是，在人们日益关注生态文明建设的今天，仍有不少企业执迷不悟。例如，陕西省"有28%的企业表示没有在近期建立环保产品研发制度的打算"[1]，山西省的部分煤炭企业依旧实施粗放经营，对自然环境造成了严重危害。

案例：山西孝义地区煤矿开采对自然环境造成的危害

在山西省孝义市，历经百年的煤矿开采由于一直采用粗放型采掘方式，结果造成对该市水源、土地、空气等自然环境的巨大破坏，并导致该市近五分之一的面积被采空。据孝义市国土局不完全统计资料显示，目前全市已形成约180平方公里的采空区，占全市总面积的19%。

孝义市国土局地环科科长认为，孝义市采空区面积其实不止180平方公里；造成这一局面的重要原因就是以前政府鼓励开设村办煤矿，且允许一矿多井。由于村办煤矿技术设施落后，结果造成大面积的地面塌陷、滑坡、崩塌、裂缝等地质灾害。目前，孝义市仍有168处各类地质灾害隐患点，其中146处地面塌陷，6处滑坡，6处崩塌。山西省地质环境监测中心编写的《山西省孝义市地质灾

---

① 钟宏武、许英杰、魏秀丽等：《陕西省企业社会责任研究报告》，经济管理出版社2015年版，第109页。

害防治规划》指出，孝义市地质灾害隐患点分布于以下9个乡镇，即西辛庄镇、下堡镇、柱濮镇、阳泉曲镇、兑镇镇、高阳镇、杜村乡、驿马乡和南阳乡，其中西辛庄镇地质灾害隐患点多达34处，占地质灾害隐患点总数的五分之一强。因煤矿开采引发的地质灾害给该市带来了较大的经济损失，严重威胁到人民群众的生命财产安全和正常的生产生活。

孝义市西辛庄镇75平方公里的土地中农耕地占90%。20世纪80年代以来，该镇累计开采出1.32亿吨原煤，占孝义市同期原煤总产量的30%。不科学的煤炭开采严重破坏了该镇的自然环境。截至2008年底，该镇煤矿采空区已涉及23个村庄的8.38平方公里土地，其中已形成约6735亩的塌陷裂缝面积。该镇韩家岩出现了最大直径达10米、可测深度大于6米的塌陷单坑，并呈持续恶化趋势；该镇梁家沿出现了长达169米的地裂缝单缝；该镇杜西沟出现了坡度85度，长约16米，高6—10米的滑坡体，且距民宅仅4米。煤矿开采导致大量地表塌陷、滑坡、崩塌、裂缝，同时造成房屋建筑、水利设施、交通设施大面积损坏。另外，目前该镇有上百个弃渣堆和矸石堆，煤矸石约103万立方米，占用破坏耕地达1500多亩。

由于早期开采留下的废弃坑道加剧了残留煤层的自燃，造成严重的空气污染和资源浪费。据初步勘察，该镇大部分煤层自燃点冒着青烟，并散发出含有大量粉尘、一氧化碳、二氧化碳、二氧化硫及硫化物的刺鼻气味，不仅污染了空气，而且加剧了形成大范围的酸雨和温室效应。例如，该镇郝家湾村7座煤矿即为火区矿井，由于无法实施火区治理，导致残煤自燃不断加剧。截至记者发稿，明火灾区面积已达0.24平方公里，总火灾区面积预计4平方公里。监测数据显示，郝家湾村附近可吸入颗粒物超标614%，二氧化硫超标755%；郝家湾村周边人群发病率上升，恶性肿瘤患者明显增多。

同时，煤矿开采过程对水资源破坏极大。该镇煤矿开采排水及洗煤厂用水量极大，导致该镇地表水大量渗漏，境内季节性河流基本干涸，水资源遭到毁灭性破坏。根据孝义市政府提供的资料显示,该镇 36 个村的 3850 户人畜饮水存在一定程度的困难,导致该镇很多群众以每吨 10 元的价格从附近乡镇购买饮用水,个别村群众已有 20 年之久的买水历史。

《山西晚报》称,山西省煤矿开采形成的采空区已经达 2 万平方公里,相当于山西省八分之一的国土面积。山西省国土资源厅提供的调查结果显示,山西省因采矿引发了 754 处滑坡、崩塌,影响 14 万亩土地,2976 处地面塌陷,影响 100 多万亩土地。山西省发展和改革委员会指出,山西省因煤矿开采导致 300 万人口受灾。有关机构估算,山西省因煤矿开采造成高达 4000 亿元的生态环境损失。①

二 消极对待社会公益事业

企业利用自身的技术优势和产品优势积极从事社会公益事业,诸如帮助失学儿童、救助困难家庭,支持文化教育事业等,不仅对于树立企业良好的公众形象,提高企业的美誉度与知名度有重要作用,而且对于促进社会的进步繁荣也具有重要意义。近年来,我国一部分企业开始重视社会公益事业,如捐助希望工程、设立奖学金、向社会慈善机构提供资金援助等。然而,我国目前还有许多企业对社会公益事业存在着认识上的误区,认为社会公益事业应该是政府行为,企业的责任就是合法经营照章纳税。对社会公益事业认识的误区导致目前我国许多企业的社会公益责任意识仍然十分淡薄,缺乏参与社会公益事业的积极性。

案例:2011 年中国企业慈善捐赠概览

2011 年 4 月 26 日,中国社会科学院社会政策研究中心和社会科学文献出版社共同发布了慈善蓝皮书《中国慈善发展报告(2011)》。该蓝皮书全面考察了我国境内的国营企业、民营企业、外资企业在 2010 年的慈善捐赠情况。

---

① 资料来源:李鹏飞:《山西孝义 1/5 面积成采空区 生态伤口待疗慰》,2011 年 8 月 11 日,中国新闻网(http://www.chinanews.com/gn/2011/08 - 11/3252161.shtml)。

该蓝皮书显示，我国国营企业在慈善捐赠总量中依然处于优势地位。据统计，2010 年，110 家中央国营企业实施了捐赠，支出总金额累计达到 419866.76 万元。其中，救济性捐赠支出总金额累计 191012.03 万元，占 45.49%；公益性捐赠支出总金额累计 132945.00 万元，占 31.66%；其他捐赠支出总金额累计 95909.73 万元，占 22.85%。在上述 110 家中央国营企业中，捐款最多的是神华集团，该集团捐款达 10 亿元，中国石油捐款 4.8 亿元、中国电信捐款 3.3 亿元、南方电网捐款 2.4 亿元、中国海油捐款 2.3 亿元。与此同时，蓝皮书也指出，尽管中国有数十家中央国营企业都实施了超过亿元的巨额捐款，但是，这些中央国营企业捐款的金额与其利润总额相比份额依然不高。

该蓝皮书显示，我国民营企业在慈善捐赠总量中保持持续增长的态势。2010 年，我国民营企业慈善捐赠总量较为显眼。在 2010 年慈善捐赠名单中，我国民营企业与中央国有企业相比毫不逊色，2010 年 36 笔超过亿元的慈善捐赠中，民营企业占了一半，在我国首次出现了民营企业与国有企业旗鼓相当的局面。同时，蓝皮书指出，从近几年慈善捐赠排行榜的数据来看，榜单上国有企业慈善捐赠总额所占的比例总是高于企业数所占的百分比。这表明单个国有企业的慈善捐赠额较高，民营企业的情况则恰恰相反。这主要是由于国有企业多处于垄断行业，大都实力雄厚，而民营企业多处于竞争性行业，实力比较弱小。

该蓝皮书显示，我国境内的外资企业在慈善捐赠总量中表现不容乐观。我国境内的外资企业一直以来社会公益意识淡薄，2010 年仍然没有明显改观。分析人士普遍认为，外资企业在慈善捐赠中往往夹杂商业牟利动机，以致出现"以 10 万元捐赠，达到 100 万元宣传效果，谋求 1000 万元收益的目的"的做法。蓝皮书数据显示，我国境内几十万家外资企业中，2010 年度慈善捐赠超过人民币 100 万元的企业数量很少，慈善捐赠超过 1000 万元的企业更是寥寥无几。该蓝皮书指出，我国境内相当多的外资企业对我国的社会公益事业和慈善捐赠十分冷漠，捐赠额相当小。事实上，我国境内的外资企业所做的社会公益活动和慈善捐赠活动大都跟企业的营销活动紧密结合，真正落实到弱势群体和困难群众的慈善捐赠额很少。①

第四节　我国企业道德责任缺失的原因分析

道德作为意识形态的重要组成部分，是由特定社会的经济制度决定的，同时，道德状况也深受特定社会的政治文化因素的影响。在马克思主义人本观的意境下，当前企业对员工、消费者以及社会公众道德责任的缺失既有市场经济体制下我国制度、法律以及社会文化舆论约束缺位等因素的影响，也有企业自身道德责任意识淡薄等因素的附加。

一　制度与法律约束的缺位

制度与法律的约束是促进企业承担道德责任的外部保障。然而，在我国市场经济体制改革的初级阶段，由于市场经济体制不完善以及与之相对应的法律法规不健全，致使我国在制度与法律层面尚未形成对企业道德责任缺失行为的有效约束。

（一）市场经济体制不完善

市场经济是竞争经济，企业需要在完善的市场经济体制框架内进行有序竞争，才能促成企业履行道德责任的制度环境。当前，我国尚面临进一步深化经济体制改革的历史任务，在市场经济仍处于不成熟、不发达的时代背景下，各种与市场经济体制相配套的制度和法律难免不够健全与完善。同时，社会各界对市场经济运行的规律、市场主体应遵循的规范、市场经济的负面影响等方面的了解也不够深刻。由于市场经济体制不健全不完善，我国尚未真正形成统一开放的大市场，造成地方保护主义泛滥等诸多问题，致使企业竞

---

① 资料来源：新华财经：《2011 中国慈善排行榜：上榜企业共捐赠 116.07 亿》，2011 年 4 月 27 日，新华网（http://news.xinhuanet.com/fortune/2011－04/27/c_121353400.htm）。

争处于无序和混乱的状态。一些地方官员从获取利益与政绩的需要出发，对企业的无序竞争听之任之，甚至对外地企业实施市场封锁，这进一步加剧了企业的无序竞争和本地企业的不道德经营行为。例如，一些地方政府对本地区不符合生产安全标准和环境保护要求的小煤窑、化工厂、造纸厂等，不强行关闭，反而怂恿其存在和生产，结果对员工、消费者以及社会公众的基本权益造成了极大损害。另外，市场经济体制改革的漏洞也是导致企业道德责任缺失的根源。例如，在国有企业改革过程中，部分国有企业领导肆意低价变卖国有资产，严重损害企业员工和社会公众的利益。在我国市场经济体制下，政府的主导思想是注重经济效率和利润指标，而忽视甚至漠视社会公平和分配的正义。在这样的市场经济体制下，企业履行道德责任得不到应有的激励，企业道德责任缺失行为得不到严格的惩罚，这势必加剧企业的败德行为。

（二）国家现有的法制不完善

法制不但是维系市场经济有序运行的重要保障，而且也对推动企业承担道德责任发挥着重要作用。改革开放以来，虽然我国各级政府制定了一些规范市场经济运行秩序的相关法律制度，并在运用法制手段进行宏观经济调控方面积累了一些经验。但是，由于我国采用市场经济体制的时间有限，与市场经济体制相配套的法律在数量与质量等方面仍然与市场经济的要求存在较大差距，特别是涉及企业道德责任方面的法制建设还很薄弱，致使法制没有能够有效发挥对企业道德责任的约束作用。例如，我国《消费者权益保护法》对消费者权益受到生产者侵害时仅做了原则性的追偿表示，没有具体的操作规程。故此，当大多数消费者购买到假冒伪劣产品时，虽然知道依据该法应该得到赔偿，但考虑到索赔过程中需付出的经济成本和时间成本，多数情况下会因为不划算而选择放弃赔偿要求。企业道德责任的实现一方面需要完善的法制约束；另一方面也需要公正的执法环境。法制终究是需要依靠人去制定和执行的。然而，我国已存在上千年的人治传统，由于执法制度的不完善和不健全，执法者本身的非法理念和非法行为都会造成执行法律的不公正问题。可见，即便是制定了完善的法制，在具体执行过程中上也会遇到一定的阻力。另外，目前我国执法部门受人力、财力和物力的限制，很难对所有企业触犯道德底线的行为全部予以追究。因此，相当一部分法制没有充分发挥对企业道德责任缺失行为的惩戒作用，有法不依、执法不严、偏袒护短等问题十分突出。这些问题埋下了法制不能切实贯彻的隐患，导致一些道德觉悟低下的企业肆意开展非道德经营活动。

二 社会文化舆论约束的缺位

良好的社会文化舆论是促使企业承担道德责任的重要外部保障。然而，在我国市场经济体制改革的进程中，由于重经济而轻道德固化思维的存在，使得我国社会出现了明显的道德滑坡现象，社会文化舆论对企业履行道德责任的监督作用也明显弱化了。

（一）社会道德滑坡现象严重

企业道德责任的承担除了需要经济、法律的制度规约外，还需要一个良好的文化舆论环境来规范。从道德责任建设的规律来看，人们所期望的企业道德责任的承担，应该是一个从道德习惯到道德理性的发展过程。人类社会产生后，也就逐步形成了相应的社会道德规范。在社会道德规范的约束下，企业会迫于社会道德舆论的影响而履行道德责任，并逐渐形成与社会发展需要相适应的道德习惯和道德理性。但是，由于这种道德习惯和道德理性的形成是受社会外来力量的制约而被动实现的，所以具有不稳定性。一旦因社会体制方面发生变革而导致社会舆论导向发生变化，便会深刻影响到社会主体的道德行为。改革开放之后，我国经济体制的转型客观上需要与之配套的社会道德规范，以此保障社会主义市场经济运行的有序和健康。但是，我国社会各界在这方面的工作远远滞后于经济体制转轨的进程。同时，由于改革开放后西方腐朽文化的影响，我国传统道德文化遭受严重地破坏和挤压，这极大削弱了我国传统道德文化对社会秩序的约束和调控作用。当前我国社会出现的享乐主义、拜金主义、消费主义等不良社会风气，以及由此导致的十分严重的社会道德滑坡现象就是有力的证明。不良的社会道德文化不但没有约束企业的不道德行为，反而加剧了企业道德的退化。由此可见，在我国市场经济条件下，在传统道德文化受到严峻挑战和新的社会道德文化及其规范尚未有效构建的情况下，必然会导致道德真空与人们的信仰危机，并由此引发较为严重的社会道德滑坡现象，进而加剧企业道德责任的缺失。

（二）消费文化理念的滞后

消费文化理念的滞后是我国企业道德责任缺失的重要原因之一。由于我国目前的经济与文化还较为落后，人民总体接受教育的时间较短，加之政府普法宣传工作不到位，致使我国人民健康安全意识与自我保护意识较差，因而没有形成与市场经济相适应的良好的消费文化理念。这一现实决定了我国目前的消费文化尚不能形成对企业道德责任缺失问题的消费文化制约。例如，消费者相对企业而言往往处于弱势地位，我国因此制定了《消费者权益保护法》，其根本宗旨之一就是保护消费者的合法权益。然而，由于我国政府对《消费者权益保护法》的宣传力度不够，加之不少消费者囿于文化知识和环境的限制，对《消费者权益保护法》的内容不够了解。故此，很多消费者在遭受企业不道德行为侵犯时，没有借助法制手段维权。另外，在我国当前的社会之中，旨在协助消费者维权的社会公益性机构与人员严重不足，维权环节十分冗杂，而且在帮助消费者维权的过程中相互推诿扯皮，工作效率低下，这一现象导致消费者的维权成本很高。在这样的消费文化背景下，当消费者权益受到企业侵害时，大多数情况下消费者只能选择忍气吞声，从而姑息迁就了部分企业的不道德经营行为。消费文化理念的滞后无疑助长了部分企业的道德责任缺失行为。

三　企业道德责任意识淡薄

企业在道德意识与道德理性的支配下，自觉履行相应的道德责任，这是开展企业道德责任建设的理想状态。企业的这种基于道德意识，并以道德理性为基础的道德风尚一旦形成，将具有持久的稳定性，这也是企业道德责任建设的最终目标。但是，由于我国目前部分企业功利思想严重，对企业道德责任存在认识上的误区，致使部分企业道德责任意识十分淡薄。

（一）部分企业功利思想严重

当前我国部分企业功利思想十分严重，这是企业道德责任意识淡薄，导致我国企业道德责任缺失问题频繁发生的重要原因之一。在市场经济背景下，当前我国部分企业固守利润最大化的陈腐信条，奉行拜金主义价值观，以最大限度榨取剩余价值作为自己的终极目标，道德责任意识十分淡薄。可见，企业道德责任缺失的根本诱因就是由于利润驱动带来的企业道德责任意识淡薄。在没有有效监管的情况下，企业为了追求利润极可能置伦理道德于不顾，其结果将严重侵害员工、消费者和社会公众的权益。当前，我国部分企业实际上知晓道德责任对于自身的应然性和必要性。但是，在利润的诱惑和驱动之下，这些企业物欲膨胀，往往只顾眼前利益，忽视长远利益以及人类的整体利益，毫无顾忌地损害员工与消费者的权益，近乎疯狂般地掠夺资源、破坏自然环境继而严重危害社会公众的长远利益。企业的此类行为就是极端功利思想的突出表现。严重的功利思想致使企业失去了道德理性，严重削弱了企业的道德责任意识。

（二）部分企业存在认识的误区

当前我国部分企业对企业道德责任存在认识上的误区，这是企业道德责任意识淡薄，企业道德责任缺失现象频发的重要原因。目前在我国企业界流行着这样一些观念，一是否认市场经济条件下企业与道德的内在关联，认为"搞市场经济就不能讲伦理道德"，"讲伦理道德就是不务正业"，要实现利润，就要冲破道德的束缚，部分企业甚至认为搞市场经济就要讲拜金主义；二是认为在中国特殊的环境条件下走正道行不通，谁讲伦理道德谁就要吃亏；三是认为企业承担道德责任将增加企业的经营成本，不利于企业自身的发展。显然，这些观念把企业道德责任与企业追求利润完全对立了起来。这种义利对立观认为，企业组织经营活动的唯一目标就是获取利润，只要能够获取利润，那么，压迫剥削员工、误导欺骗消费者、破坏自然环境以及漠视社会公众权益等皆可为之。事实上，市场经济本质上是一种道德经济，它崇尚自由竞争和对人的关怀。中国目前法制不健全等方面的特殊环境并不是企业不承担道德责任的充分理由，而是发展过程中遇到的暂时问题。企业履行道德责任可能暂时增加了企业的经营成本，但从企业和社会的长远发展看，这将增加企业的软实力和长远发展的潜力。可见，这些观念是对企业道德责任的误解和歪曲，它吞噬人性、创造罪恶，极具疯狂性和破坏性；这些观念的存在和蔓延将成为社会主义市场经济健康发展的消极和破坏力量，造成企业道德乃至整个社会道德的沦丧。

第四章 国外企业道德责任
建设的实践探索

　　美国、欧盟和日本是当今世界最为发达的国家和地区，且均实行市场经济体制。不可否认，在市场经济体制下，企业追求利润是其基本目标之一，也是企业能否生存与发展的重要依据。但是，企业在其生产经营过程中也必然会遇到至关重要的道德观问题，即采用什么样的手段获取利润？获取的利润又如何回报员工、消费者和社会公众？从而促进整个人类的进步以及人的全面发展。这一涉及企业生产经营的"手段善"和"目的善"的价值取向，正是企业道德责任的基本内涵所在。他山之石，可以攻玉。要探索我国企业道德责任建设的具体方略，就有必要认真研究和借鉴国外发达国家和地区企业道德责任建设的经验，并将其运用到当代中国企业道德责任建设的实践之中。

第一节 美国企业道德责任建设的实践探索

　　综观美国建国以来两百多年的历史，美国政府、学术界、企业界以及社会公众对企业是否具备道德主体地位这一命题经历了从漠不关心、激烈争论到强烈要求这样一个逐步发展的过程。二战后，随着美国经济的恢复和高速发展，企业道德责任缺失问题日益显现，这对员工、消费者和社会公众的权益造成了极大损害，由此而引发了一系列抗议企业道德责任缺失的社会运动。有鉴于此，美国社会各界开始关注企业道德责任，并通过政府的严格监管、社会文

化舆论的影响以及企业的道德自律等途径，积极探索企业道德责任
建设的实践方略，并取得了可资借鉴的宝贵经验。

一　美国政府的严格监管

自 20 世纪中期以来，由于美国不断出现比较严重的侵害民众
权益的企业道德责任缺失问题，引发了民众极大的不满情绪。作为
社会管理者，美国政府也开始高度重视企业道德责任缺失问题，并
通过制定法律法规、制定公共政策以及强化企业监管制度等途径引
导企业履行道德责任。

（一）制定法律法规推动企业履行道德责任

美国政府十分注重法律法规在推动企业履行道德责任中的作
用。早在 1964—1969 年，美国国会就"通过了 17 项消费者权益保
护法案"[1]，如《食品质量保护法》、《食品、药品和化妆品法》、
《公共卫生服务法》等；同时，美国还制定了《统一商法典》，该
法典"涵盖调整与货物买卖法相关的票据、租赁、信用证、所有权
凭证、投资证券和担保交易等法律关系"[2]，这部综合商法典为推
动美国企业道德责任建设提供了有力的法律支持；20 世纪末期以
来，美国 29 个州先后修订了公司法，以期从法律的层面上进一步
强化企业对其利益相关者的道德责任。可见，美国政府已经认识到
企业股东之外的其他利益相关者的利益诉求，并通过立法的形式予
以保护。21 世纪初期，美国安然、世通等企业爆发丑闻事件后，
美国政府又制定了一系列规范企业道德责任的法律法规，如 2002
年美国制定的《萨班斯—奥克斯利法案》，该法案旨在加大对企业
侵犯利益相关者权益等道德责任缺失行为的监管力度，特别是加强
对企业在证券市场中的行为的监管力度。美国政府不断完善法律法
规，通过法律法规约束和规范企业在劳动用工、产品质量、环境保

---

①　苏晓智、张波：《创新型消费者权益保护体系构建研究——以美国 20 世纪 60 年
代消保运动为借鉴》，《湖北社会科学》2013 年第 9 期，第 97 页。

②　蔡红、吴兴光：《美国〈统一商法典〉：创新、成就及对中国的启示》，《国际经
贸探索》2014 年第 2 期，第 87 页。

护等方面的生产经营行为，有力地保障了企业在生产经营活动中切实履行对员工、消费者和社会公众的道德责任。完善的法律法规已成为美国规制企业道德责任缺失的鲜明特色之一。

（二）通过公共政策促进企业履行道德责任

政府的公共政策对于增强企业道德责任意识以及确保企业按照社会发展要求认真履行对员工、消费者、社会公众的道德责任至关重要。美国政府将公共政策作为引导和鼓励企业履行道德责任的重要手段。例如，在保护员工权益方面，美国政府劳工部要求禁止从雇佣童工生产产品的国家进口相关产品，并组织相关部门实施对涉嫌雇佣童工的企业进行调查。在环境保护方面，美国政府环境保护部要求大型电器生产企业必须将其产品的耗能成本列出，为消费者提供产品功耗信息，从而迫使企业提高产品的性能和效率，降低产品能耗；美国政府环境保护部还要求企业公开其生产经营活动对环境的影响。美国银行也建立了环境复查制度旨在加强对企业环境责任的监控力度。美国政府还建立了与企业道德责任相关的会计制度，该制度有几十项准则涉及道德责任问题。此外，美国政府最早开展企业道德责任审计制度，1972 年美国审计总署就首次发布了《政府审计准则》。此后，美国政府对《政府审计准则》进行了六次修订。最新版美国《政府审计准则》（2011 年版）包含了基础与道德准则、政府审计准则的应用标准、一般准则等八个部分，其目的"旨在促进政府监管与市场监控的互动与互补"[1]。依照该准则的要求，美国审计总署以及美国职业安全与健康管理局、美国平等就业机会委员会、美国环境保护局等政府机构需定期审计监督企业道德责任的履行情况。

（三）强化监管制度督促企业履行道德责任

美国政府十分重视监管制度在督促企业履行道德责任中的作用。为此，美国政府推出了一系列旨在加强监管企业履行道德责任

---

① 邢维全：《我国〈国家审计准则〉与美国〈政府审计准则〉之比较》，《财会月刊》2015 年第 10 期，第 54 页。

状况的制度。首先，美国政府设立专门的企业道德责任监管机构。比如，美国政府在 1964 年"成立了消费者权益总统委员会和消费者顾问委员会……1967 年又成立了国家产品安全委员会"[①]，据此加强对企业产品质量安全的监督检查，帮助消费者维护自身合法权益。近年来，美国政府还成立了专门追踪企业腐败的"特种部队"，加大对企业总裁道德失范行为的监控和惩罚力度；美国政府还成立了独立的证券监管委员会，以此加强对审计行业营运情况的监督。其次，美国政府还注重发挥非政府组织在企业道德责任建设中的监管作用。在实践中，美国政府积极支持非政府组织的发展，并与之合作加强对企业道德责任问题的监控。例如，美国会计学会就倡导企业在其年报中披露道德责任活动业绩、人力资源状况及企业活动对社会的影响等信息；美国社会责任商会旨在推动企业树立尊重人、社会和环境的道德经营理念；美国消费者协会在监督企业承担对消费者道德责任问题方面同样发挥着非常重要的作用。美国政府通过强化监管制度，有力地推动了企业履行对员工、消费者和社会公众的道德责任。

二　美国文化舆论的影响

在美国独特的社会文化、制度文化及消费文化的影响下，美国社会形成了规制企业道德问题的强大舆论环境，有效地制约着企业道德责任缺失现象的发生。

（一）社会文化的影响

美国学者特伦斯·迪尔指出："文化的习俗和规范总是在日常工作生活中指导着你的行为，左右着你的思考。"[②] 显然，美国社会文化对企业道德责任建设具有深远影响。美国社会文化蕴含着自由、民主、平等三个鲜明的民族特色。美国社会的自由、民主、平

---

① 苏晓智、张波：《创新型消费者权益保护体系构建研究——以美国 20 世纪 60 年代消保运动为借鉴》，《湖北社会科学》2013 年第 9 期，第 97 页。

② ［美］特伦斯·迪尔、艾伦·肯尼迪：《新企业文化——重获工作场所的活力》，孙健敏、黄小勇、李原译，中国人民大学出版社 2015 年版，第 26 页。

等观念一方面源于欧洲的传统文化，另一方面源于其新移民国家的特性。早期美国人主要来自欧洲大陆富于冒险精神的移民，他们将欧洲基督教文化、契约文化、自然法精神以及新兴资产阶级民主革命中形成的"天赋人权"观念等带到美国。同时，作为一个年轻的移民国家，美国社会文化中缺少禁锢与僵化的封建专制主义思想。新移民的特性决定了美国人必须依靠自身的意志和能力寻求自我生存与发展之道，这使得"西部牛仔"式的个人主义和冒险精神在美国社会中根深蒂固。随后，伴随着美国资产阶级革命的胜利和美国走向民主主义社会的历史进程，自由、民主、平等观念逐步渗透到美国社会的每一个角落，成为美国社会文化的基调和美国人普遍认同的价值观，并深刻影响着美国人的思想和行为。美国这一社会文化对企业履行道德责任起到了一定程度上的推动作用。在崇尚个人自由、追求民主与个人平等发展的社会文化氛围中，美国企业的生产、经营与管理更趋向于人本化的发展方向，企业充分肯定员工个性的自由发展，强调员工个人价值的自我实现。

（二）制度文化的影响

美国是一个注重制度建设的国家，美国制度文化中蕴含着丰富的人本道德观念。较早的美国企业伦理研究多注重企业主要管理人员个人道德品质对企业行为的影响。后来研究者发现，企业道德责任状况实际上受整个社会环境和企业内部环境的影响，特别是受到企业制度和文化的制约。因此，当代美国企业道德责任研究，一方面，强调发展企业道德文化的重要性；另一方面，强调建立道德支持型的道德管理制度与标准，积极探索道德决策行为模型，进行道德规范与制度设计，努力将道德要求融入企业的日常管理之中，强化企业道德的应用功能。为此，美国社会特别注重通过制定标准规制企业道德责任缺失。例如，1999 年，美国制定了全球第一个衡量企业可持续发展能力的标准，即"道—琼斯可持续发展指数"（Dow Jones Sustainability Indexes）。该指数主要是从经济、社会和环境三个方面评价企业的可持续发展能力。企业"道—琼斯可持续发展指数"的高低，反映着该企业承担道德责任的大小。另外，为促进就业公平，美国平等就业机会委员会要求拥有 15 名及以上员工的企业，必须保存相关的雇佣记录；为增进环境信息披露的透明度，美国"环保机构要求被管制主体报告其所排放的废弃物及有毒物质的实物量信息……美国证券交易委员及美国会计职业组织，要求上市公司在财务报告中反映与环境事项相关的财务信息"①。美国的制度文化为企业道德责任建设营造了良好的社会氛围。

（三）消费文化的影响

美国的消费文化对企业道德责任建设起到了积极的推动作用。在美国相对完善的市场经济环境中，美国社会已经形成了较为理性和成熟的消费文化。在消费文化的熏陶和影响下，美国广大消费者及其货币选票业已成为规制企业道德责任缺失行为的重要力量。例如，美国消费者联盟通过对 800 名美国成年人的电话调查显示，美国消费者普遍将企业善待员工作为企业履行道德责任的最重要表现。美国消费者所关心的企业对员工的道德责任问题主要包括承诺按规定支付美国国内外员工工资、增加员工工资、招用更多员工等方面。该项调查结果表明，76% 的美国人认为，企业对员工的态度在很大程度上决定着消费者选购该企业产品的意愿。关于企业道德责任的对象和内容，27% 的美国消费者认为企业应该对其员工承担责任；23% 的美国消费者认为企业应该对社区与社会公众等承担责任；16% 的美国消费者认为企业应该为消费者提供优质产品；12% 的美国消费者认为企业应当对环境担负责任。美国消费者坚持认为，他们会优先选择购买那些与自己价值观相契合的企业生产的产品，也会优先选择到这类企业中工作。美国消费者联盟开展的这次调查显示，会优先为和自己具有"相似价值观和原则的企业工作的人数占 79%，会购买其产品的占 65%，愿意与其打交道的占到 72%"②。可见，美国消费文化及消费者的消费理性对企业道德责任建

---

① 田翠香、李蒙蒙：《美国环境信息披露管制政策及借鉴》，《北方工业大学学报》2015 年第 4 期，第 21 页。

② ［美］Verschoor and Curtis C：《美国消费者眼中的企业社会责任》，张凌宁译，《WTO 经济导刊》2009 年第 5 期，第 76 页。

设起到了积极的推动作用。

三 美国企业的道德自律

自 20 世纪中期以来，在政府和社会力量的压力和影响下，美国企业为了寻求企业与社会的共同发展，开始重视道德责任问题。于是，一部分美国企业开始抛弃传统以物为本的经营观念，并逐步树立了以人为本的经营理念，通过设立道德管理机构、积极维护员工和消费者权益、主动维护自然环境等途径积极履行道德责任。

（一）设立专门的道德管理机构

美国很多企业为了更好地履行道德责任，专门设置了董事会直属的企业道德委员会、企业道德监察员等机构或人员专门负责企业道德责任工作。澳大利亚迪肯大学的迈克尔·卡拉汉和美国北科罗拉多大学的格雷格·伍德联合加拿大、挪威等国学者开展的一项研究显示，近年来，在美国、澳大利亚和加拿大三国中，美国企业在道德责任方面表现得最好。其中，74.4%的美国企业设置了道德委员会，70.7%的美国企业安排了道德监察员。[①] 企业道德委员会是企业定期召开的，由企业的经营决策层及人事、生产、销售、财务等部门的负责人参加的，专门解决企业道德责任问题的会议。企业道德委员会已经成为美国企业处理道德责任问题的重要决策部门。该会议定期集中处理企业利益相关者对企业经营行为的道德拷问，就企业存在的道德责任缺失问题提出改进方案；当企业准备进入新的生产领域或面临重大决策时，该会议将制定出企业应当遵循的道德标准。企业道德监察员主要从事以下工作：一是负责企业的道德热线和道德委员会的日常管理工作；二是负责与企业一线员工进行沟通，及时了解企业的道德隐患，并提出改进措施；三是负责与企业领导层进行沟通，对企业的道德责任规范提出改进建议等。企业道德委员会、企业道德监察员等是推动美国企业履行道德责任的有力保障。

[①] Michael Callaghan, Greg Wood and Janice M. Payan, et al, "Code of ethics quality: an international comparison of corporate staff support and regulation in Australia, Canada and the United States", *Business Ethics: A European Review*, Vol. 21, No. 1, January 2012, pp. 20 – 25.

（二）积极维护员工和消费者的权益

美国很多企业充分认识到员工对于企业的重要性，认识到工资福利、后勤保障、教育培训等内容是员工重点考虑的问题。于是，美国很多企业积极采取有效措施提高员工的工资与福利待遇。据 2000 年 1 月《财富》杂志报道，美国前 100 家企业中有 29 家提供了日托，有 70 家企业为员工提供了灵活的工作时间安排。另外，这 100 家企业还为员工提供了其他方面的优惠安排，其中有 45 家企业缩短了夏季工作时间；有 72 家企业实施员工股票期权计划；有 87 家企业设置远程办公岗位；有 89 家企业压缩了员工每周工作的时间。除了改善员工工资福利待遇外，美国企业还积极为员工提供良好的个人发展环境和平台。例如，美国艾默生公司树立员工与企业共同发展的理念，帮助员工制定职业规划并积极开展职业培训。因此，艾默生"员工都有了实现理想的环境与机会，公司高级管理层 85% 是从内部提升的"[1]。同时，美国企业十分注重维护消费者的权益，把消费者的权益放在优先考虑的位置。美国企业家乔治·默克曾就坚持生产药品是为人的，而不仅仅是为了利润。美国企业沃尔玛为了给消费者提供物美价廉的商品，不仅通过连锁经营的形式、采用高新技术的管理手段，努力降低经营成本以减轻消费者的经济压力，而且采取多种措施保护消费者的身心健康。在销售食品时，沃尔玛在食品到达保质期的当天就全部下柜销毁，这充分体现了沃尔玛"公司只有一个上司，即顾客"[2] 的人本道德责任精神。

（三）自觉保护自然环境

从美国企业道德责任的发展历程看，美国企业道德责任经历了一个不断完善的过程。美国企业的道德责任意识从最初的强调企业间平等竞争，发展到企业关注并维护员工和消费者的权益，直到最近美国企业开始注重并保护自然环境以维护社会公众的权益。20 世纪 60 年代以后，美国企业经常引发一些遭受社会批评的事件，其中就包含企

---

① 王斋：《美国艾默生公司企业文化》，《石油政工研究》2015 年第 5 期，第 86 页。
② 孙雨悦：《美国企业文化对中国的影响》，《中国商论》2015 年第 33 期，第 123 页。

业浪费资源、污染环境、破坏生态等方面。一般而言，出现这些事件会给企业声誉带来很大的负面影响，甚至导致企业产品滞销和市场份额的大幅度丧失。为了杜绝此类事件的发生，美国企业加强了自身的道德责任建设，谋求经营活动与自然环境的和谐一致。近年来，美国一些企业自主制定了高标准、高水平的环境保护道德目标，比如制定更加严格的环境保护标准等。美国企业制定高水平环境保护标准的目的，不仅仅在于防止因破坏自然环境而导致的企业危机事件的发生，更重要的是提高企业的道德责任层次、塑造企业的良好形象。在世纪之交，为了保护自然环境和濒危物种，美国葡萄酒行业最大的贸易协会——葡萄酒协会制定了一个可持续性生产规范，"该规范的目的是'建立整个葡萄酒界采用和遵守的、自愿性的、高标准的可持续性生产方法'和'提升对环境敏感的葡萄种植和葡萄酒酿造工艺，以此响应社会大多数人的需要和利益'。"① 与此同时，20 世纪 90 年代以来，随着美国构建知识经济战略的实施，部分美国劳动密集型和资源密集型企业及时开始实施战略转型，一方面将本国的生产线转移到经济相对落后的发展中国家；另一方面在国内实施产业的升级和改造，确保国内研发中心工艺和技术等方面的领先优势。美国企业的这一战略客观上保护了美国国内的自然环境和美国社会公众的基本权益。

美国企业道德责任建设过程中所形成的人本管理模式，深刻影响到美国企业生产经营的理念和实践。美国社会各界越来越重视企业道德文化对于企业乃至整个社会的作用，并纷纷构建相应的制度、机构，据此促进企业承担相应的道德责任，以期达到企业与其利益相关者的共生。这对于我们在探索市场经济条件下我国企业道德责任建设的具体方略无疑具有重要的启示和借鉴意义。

---

① Mark Cordano, R. Scott Marshall and Murray Silverman, "How do Small and Medium Enterprises Go 'Green'? A Study of Environmental Management Programs in the U. S. Wine Industry", *Journal of Business Ethics*, Vol. 92, No. 3, March 2010, p. 464.

第二节 欧盟企业道德责任建设的实践探索

二战后，欧盟经济经过短暂的恢复后进入了高速发展的黄金时期。在 20 世纪 50—70 年代，由于企业趋利性动机和企业经济高速发展对资源的大量需求与消耗，欧盟企业忽略了其本应承担的道德责任，并因此引发了一系列道德责任缺失问题，严重损害了员工、消费者和社会公众的根本权益。在员工、消费者和社会公众的强烈抗议和压力下，欧盟各国开始反思企业的生产经营模式，并通过各种措施加强企业道德责任建设。

一 欧盟政府的积极推动

近几年来，欧盟各国政府高度重视企业道德责任问题，并通过法制约束、政策引导、广泛宣传等途径开展企业道德责任建设。

（一）制定法律法规强制企业履行道德责任

企业是"独立享有权利、承担义务，具有完整法律人格的法人"[①]，法制是规约企业行为的基本准则。符合正义的法制是推动企业道德责任建设、确保企业道德经营的基本保障。在一个符合正义的、完备的法制框架内，企业开展经营活动时就能够意识到自身的责任与义务，从而采取更具稳定性和确定性的办法，进而减少冒险行为。因此，企业道德责任建设需要国家法制的有效监管。近年来，欧盟各国企业履行道德责任的状况有了明显改善，这与欧盟各国完善的法制体系密切相关。欧盟各国法律法规十分突出企业道德责任规范，在立法中特别强调工资、就业、工作条件以及环境保护等问题。例如，2001 年 11 月，英国的环境、食品和农业事务部颁布了《环境报告指导条例》，明确要求企业报告其废弃物处理和温室气体排放情况。2004 年，英国颁布的《企业（审计、调查和社区企业）法案》，

---

① Robert McCorquodale，"Corporate Social Responsibility and International Human Rights Law"，*Journal of Business Ethics*，Vol. 87，No. 2，August 2009，p. 396.

鼓励发展社会性的企业机构，将企业转变为一种新型的、利用自身的资产和利润造福社会的社会利益企业。① 2007 年 10 月，英国法律要求上市企业披露其在雇员、环境保护、社会和社区事务以及其他安排等方面的信息。在瑞典，同样存在比较完善的法律法规体系用以敦促企业履行道德责任。例如，1999 年，瑞典颁布了《环境法》，从自然资源、水土利用和人民健康等方面，把环境保护法制化。2005 年，瑞典发布一则新法律，要求瑞典全部企业在年终报告中公布企业在可持续发展方面的情况，包括企业在资源利用、环境保护等方面所负的责任与取得的成效。2001 年，法国政府颁布了《新经济规制法》，要求"企业对社会和环境的影响纳入到企业监管之中"②，并在企业的年度财务报告中披露企业在维护员工健康、社区安全和生态环境等方面的道德责任信息。欧盟完善的法制体系为企业履行道德责任提供了良好的外部制度环境。

（二）通过公共政策引导企业履行道德责任

欧盟各国政府十分关注公共政策与企业履行道德责任的互动关系，并积极利用政府公共政策引导企业履行道德责任。首先，编制企业道德责任标准。例如，2008 年 12 月 17 日，欧盟议会为保护自然环境，通过了削减汽车温室气体排放的议案。该议案要求汽车生产企业新注册汽车中的 65% 要小于 130 克二氧化碳/公里的排放标准，进而在 2013 年、2014 年、2015 年，新注册汽车的 75%、80% 与 100% 分别达到上述排放标准。同时，欧盟议会对于超量排放规定了货币惩罚措施。在欧盟境内注册的汽车生产企业要为超过 130 克二氧化碳/公里这一排放标准支付罚款："超过 1 克，5 欧元；超过 2 克，15 欧元；超过 3 克，25 欧元；以后每超过 1 克，支付 95 欧元。"③ 到 2019 年过渡期结束后，每一克超额排放，汽车生产企业都需要支付 95 欧

---

① 张辉：《企业社会责任强化法律路径探索》，《人民论坛》2015 年第 23 期，第 129 页。

② 肖丽萍：《法国企业社会责任政策的起源、发展和实践》，《南昌大学学报》（人文社会科学版）2015 年第 1 期，第 86 页。

③ ［瑞典］本都·塞云、欧拉·劳曼：《瑞典汽车行业节能减排政策的分析》，杜珩、杜珂译，《西南民族大学学报》（人文社会科学版）2011 年第 4 期，第 150 页。

元罚款；到 2020 年的总体排放目标是 95 克二氧化碳/公里以内。欧盟引导企业履行道德责任的这一政策无疑是成功的，在欧盟销售的汽车中，2003 年，只有 24% 能够达到 130 克二氧化碳/公里的排放标准；到 2009 年，已经有 69% 的销售车辆达到了这一标准。其次，实施企业道德责任激励措施。欧盟各国政府通过投资激励和产品激励等措施，引导企业履行道德责任。例如，在投资激励方面，欧盟政府通过投资的政策导向和资金支持，使履行道德责任的企业受益。瑞典投资促进署将企业是否履行道德责任作为评估其是否符合招商引资条件的重要标准。最后，瑞典国际发展合作署通过资金支持，扶持有关机构开展关于人权、性别平等和环境保护等方面的企业道德责任研究项目。在产品激励方面，欧盟各国政府通过实行环境保护标签、绿色公共采购以及投资设立环境保护技术中心等措施激励企业承担道德责任。例如，2009—2010 年，欧盟政府部门通过绿色采购完成了 55%以上的合同；目前，欧盟"已有 22 个成员国制定了绿色采购国家行动计划"[①]。

（三）设立专门的企业道德责任管理机构

欧盟各国政府设立了各种专门机构统一协调企业道德责任工作，宣传企业道德责任理念，提高企业道德责任意识。例如，2000 年英国政府设立隶属于贸易和工业部的企业责任事务大臣，2005 年英国政府又把该职位提升为国务大臣，其主要责任之一就是统一协调企业道德责任工作。另外，英国其他相关政府部门，如负责就业与社会保障、财政、环境、文化教育、国际开发等事务的政府部门以及副首相办公室，也都有各自的企业道德责任推进计划并积极推动企业履行道德责任。2005 年，意大利政府设立了总部位于米兰的意大利社会责任中心。意大利政府设立意大利社会责任中心的目的就是促进公共机构与高等院校、行业协会以及其他相关人员之间的交流，推动企业社会责任研究，宣传企业社会责任知识。意大利社会责任中心推动了意

---

① 张晓瑞、尹彦、冯永琴等：《欧盟绿色采购技术标准体系研究》，《标准科学》2015 年第 12 期，第 128 页。

大利与世界其他国家和地区的交流与合作，有力地促进了企业社会责任及企业道德责任的研究和实践。瑞典政府为了推动企业履行道德责任，专门设立了国际发展合作署、瑞典投资促进署、全球可持续发展责任伙伴计划办公室等与企业道德责任相关的政府管理机构。瑞典政府依托这些企业道德责任管理机构，积极宣传和解读国际上主要的企业道德责任文件和规范，特别是 SA 8000 标准、ISO 14001 标准、全球契约、国际劳工组织核心公约等涉及企业道德责任方面的国际标准，倡导企业按照国际标准在全球范围内履行道德责任，并借此树立瑞典企业在国际上履行道德责任的良好形象。

二 欧盟非政府组织的监督

在欧盟，由于很多非政府组织以参加社会公益服务、增进社会福利为宗旨，欧盟各国政府也将推动非政府组织的发展和建设公民社会作为自己的使命。因此，欧盟的非政府组织十分活跃，并在企业道德责任建设方面起到了十分重要的推动作用。

（一）工会组织在企业道德责任建设中的作用

欧盟的工会组织十分强大，例如，欧洲工会联合会、意大利纺织工会、德国工会联合会等就是其中的典型代表，这些工会组织在推动企业履行道德责任方面都起到了十分重要的推动作用。其中，欧洲工会联盟是一个涵盖 36 个国家的工会组织。欧洲工会联盟主要在制鞋、纺织服装、皮革 3 个领域的 60 多个产业部门协调企业与员工的利益关系。在 1997 年和 2000 年分别与纺织服装雇主协会和制鞋皮革雇主协会签署了关于企业道德责任方面的框架协议。其主要内容包含全行业内的企业都要遵守最低生活工资、劳动时间、职业健康和安全等核心劳工标准。这些框架协议为企业、员工和消费者提供一个很好的互动平台，不仅对企业而且也对员工和消费者有利。意大利纺织工会作为中间人，其主要任务是协调意大利纺织服装企业与员工之间的利益关系。具体而言，意大利纺织工会的主要工作就是代表员工利益，与意大利纺织服装行业的企业代表一道制定劳动合同，在员工的工作时间、技能培训、人权以及环境保护等方面与企业达成基本共识，尽最大可能维护员工和社会公众的利益。德国工会联合会由德国的食品和餐饮业工会、建筑农业环境工会、矿山化学能源工会等 8 个工会组成，该工会是德国目前"最大最主要的工会组织，共有 400 多万会员"①。德国工会联合会指出，随着经济全球化的到来以及国家间为吸引外资而展开的竞争的不断加剧，企业员工的劳动和健康条件不断恶化。于是，德国工会联合会及其下属的企业工会委员会和监事会积极同企业主谈判，以期维护企业员工劳动和健康权益；同时，还积极帮助企业员工取得查阅文件、获取信息、监督管理、表决投票、推荐管理人员等决策和管理权力。德国这种劳资平等的理念，体现了企业对员工的尊重和企业道德责任的基本要求，形成了员工参与企业共同决策的德国特色。

（二）行业与企业协会在企业道德责任建设中的作用

欧盟的行业协会组织在企业道德责任运动中发挥着规则制定、公布、监督、审查等作用。例如，1977 年成立于比利时布鲁塞尔的欧洲外贸协会是欧洲专门从事外贸事务的专业协会。目前该协会在欧洲国家有 90 多个会员，几乎涵盖了欧洲所有的零售企业。2003 年 3 月，该协会制定了欧洲商界遵守社会责任的行为守则，正式倡议欧洲商界开展道德采购行动，要求会员企业对消费者承担道德责任。道德采购行动涉及纺织、服装和玩具等各种消费品，主要目的是促进供应商提高产品质量，从而增进欧洲零售业在消费者中的信誉。该协会通过制定与实施道德采购标准，帮助这些企业发现问题，督促其主动履行道德责任。英国的产业联合会涵盖了 20 多万家企业，该企业协会通过对政府政策、行业资料分析等工作为会员企业服务，并要求会员企业要为环境保护和社区公众作出贡献。德国的外贸零售商协会在1999 年就开始致力于制定企业道德责任的行业规范。欧洲企业社会责任协会"由 41 个国家级的社会责任组织（包括了所有 28 个欧盟

---

① 张琼：《浅析德国工会职业培训的特点及启示》，《工会理论研究》（上海工会管理职业学院学报）2015 年第 3 期，第 45 页。

成员国）组成，欧洲最大的70家公司都是其会员"①。2015年11月16日至17日，欧洲企业社会责任协会在比利时布鲁塞尔举办20周年年会。该协会及其所拥有的会员企业和合作伙伴国家围绕"欧洲的未来"这一主题，广泛探讨了欧洲的可持续发展和人们的生活方式转变等问题，倡议企业在未来应当通过实施可持续生产、推动可持续消费、优先考虑就业、增进社会包容、忠诚社区和城市、开展透明经营和尊重人权等方式履行道德责任。该倡议得到了欧盟各国政府的积极支持并受到与会企业的积极响应。

（三）消费者组织在企业道德责任建设中的作用

欧盟的消费者组织在企业道德责任建设中也发挥着重要作用。20世纪90年代以来，欧盟各国的消费者组织进入了一个快速发展时期，并发起了一系列消费者运动，其目的从维护消费者权利扩大到维护企业员工权利并要求企业承担对员工的道德责任。例如，1990年，荷兰消费者组织发起的洁净衣服运动，制定了成衣业生产行为守则，该守则对企业在服装生产过程中的生产环境提出了要求。英国的消费者组织——道德贸易组织也推行了道德贸易运动试点计划。瑞典的消费者组织极其关注人权、劳工标准、生态环境和气候变化等企业道德责任问题，一旦发现某个企业在上述方面有不道德行为，便组织消费者行使拒绝购买权，以期通过消费者的货币选票迫使企业履行道德责任。在消费者组织的监控下，一个不能履行道德责任的企业很难在欧盟的市场竞争中立足。可见，在消费者组织的积极参与和监控下，欧盟企业不得不考虑道德责任缺失的后果，从而实施人本化的生产、经营和管理活动，切实履行道德责任。

欧盟发达的非政府组织为企业道德责任建设提供了民间组织保障。欧盟的非政府组织不仅历史悠久、数目繁多，而且渗透到欧盟社会生活的各个方面。在欧盟，除了上述的非政府组织外，还有商业在社区、企业公民公司、AA1000社会和道德责任协会等以普及企业道

---

① 殷格非：《十年合作 同台论道——金蜜蜂代表团欧洲企业社会责任协会20周年年会论道一带一路社会责任》，《WTO经济导刊》2015年第12期，第62页。

德责任为宗旨的著名非政府组织。在欧盟企业道德责任建设的过程中，一些政府不宜运作且企业自身又不愿解决的问题或项目往往由非政府组织来承担，这些非政府组织的确也发挥了巨大的作用。

三　欧盟企业的道德自觉

在企业道德责任建设的过程中，企业始终是这一过程的中心和关键，因为无论外部环境如何，最终都需要企业自己来履行。欧盟各国企业在政府和非政府组织等外在力量的规制下，其自身的道德责任意识得到不断提高，多数企业能够结合政府和社会制定的标准和规则，采取各种措施自觉履行道德责任。

（一）建立企业道德责任管理机构

管理与道德的结合是欧盟企业成功的重要经验之一。为了把人本道德观念有效地融合到企业的日常生产经营活动中，欧盟企业结合自身的实际状况，主要采用以下几种措施强化道德责任管理：一是设置专门的道德管理机构。欧盟约有一半的大企业设置了企业道德管理机构，专门负责企业道德责任工作。二是设置道德主管。欧盟企业道德主管的主要任务是培训员工遵守正确的道德守则，处理员工对企业不正当行为提出的质疑。三是制定企业道德守则和实施道德培训。例如，法国电力集团作为法国一家从事水电、核电、热能等业务的大型企业，自2002年开始设置自己的道德总监并制定企业道德责任标准。法国电力集团制定的企业道德责任标准涉及该企业集团的价值观、道德规范、行动准则等内容，并对集团所有员工宣讲。该标准倡导的价值观和道德观业已成为法国电力集团从事生产经营活动的核心理念，并在集团的各种业务中得以贯彻执行。

（二）树立人本道德责任理念

欧盟各国企业积极响应联合国人权宣言、联合国《儿童权利公约》、《欧盟基本权利宪章》等国际道德公约，并通过企业道德责任管理机构等内部组织，向企业管理层、员工以及社会其他利益相关者宣传企业自身的人本道德责任理念。例如，《法国电力集团道德手册》集中体现了法国电力集团的人本道德责任理念：一是尊重员工。

在法国，企业一般将自己的员工当作是为了达到共同目的而从事帮助客户解决问题等高尚的事业"而聚集起来的伙伴"①。法国企业对员工"合作者"的身份定位，强调尊重和维护人权，充分体现了对员工人格尊严的尊重。例如，法国电力集团特别承诺在员工职业生涯、职务任命、同工同酬方面保证男女平等。同时，法国电力集团通过各种形式提高员工收入，除向员工支付应得的工资报酬外，还以奖金、提成、员工储蓄、参与利润分配、增加退休金等形式让员工参与企业利益分配。二是关爱消费者。欧盟一些企业十分关爱社会弱势群体，特别是企业的弱势消费者。例如，对于弱势群体和贫困户无力支付电费的问题，法国电力集团积极协同政府社会保障部门及相关非政府组织共同行动，积极寻找有效的解决办法，例如向贫困家庭提供合理使用能源的相关咨询，向最贫困家庭提供生存必需的电力等措施。三是保护环境。欧盟一些企业本着对当代人和子孙后代负责的态度，将保护环境作为产业选择的重要参考因素，主动遵守国际环境保护标准。例如，法国电力集团将 ISO 9000、ISO 14001 等国际标准管理体系纳入自己的业务领域并组织集团内的基层单位自发认证。

（三）积极开展员工培训

企业开展对员工全面而系统的培训是企业促进员工全面发展，履行道德责任的基本体现。在知识经济时代，员工的文化程度和技术能力高低不仅影响到企业的长远发展，而且直接关系到员工自身自由而全面的发展的实现。为此，欧盟企业把员工培训放在战略高度来认识，并投入必要的人力、物力，采取各种措施积极开展员工培训工作。例如，德国企业主要通过以下措施开展员工培训：一是双轨制培训。德国企业与学校相结合的双轨制培训始于 1969 年，主要适用于青少年入职培训。德国的双轨制培训由企业提供资金支持，在培训过程中，企业与职业学校密切配合共同完成对青少年的教育和培训任务。二是企业内培训。德国的大企业一般都设置员工培训中心。企业

---

① 段明明：《法美企业伦理的跨文化比较研究：基于一个文本分析》，《法国研究》2011 年第 2 期，第 41 页。

员工培训中心根据联邦员工教育法的有关规定举办员工培训班。技术型员工在车间工作 5 年后，就可以参加师傅或技术员培训学校的学习。员工学习结束后参加企业联合会举办的考试，考试合格颁发师傅或技术员证书。德国企业开展的员工培训属于正规的成人教育，它有联邦法律的保障、严格的考试制度及社会承认的毕业证书。欧盟其他国家也有类似的员工培训制度。严谨的员工培训制度不仅推动了欧盟企业的蓬勃发展，而且造就了企业高素质的员工队伍。

欧盟各国在企业道德责任建设方面，通过政府的积极推动、非政府组织的全面监督和企业的道德自觉等途径加强企业道德责任建设，最大限度地抑制了企业人本道德责任缺失问题，并在一定程度上维护了员工、消费者和社会公众的根本权益，实现了企业与其利益相关者的共赢，这对基于马克思主义人本观推动我国企业道德责任建设无疑具有一定的借鉴意义。

第三节　日本企业道德责任建设的实践探索

在二战后 70 多年的时间里，日本出现了多起较为严重的企业道德责任缺失事件。在 20 世纪 50—70 年代，日本经济迎来了高速发展的黄金时期，日本工业特别是重化工工业取得了高速发展。由于部分日本企业过多关注利润指标，忽视了本应承担的道德责任。因此而引发的一系列企业失德行为，对员工、消费者和社会公众的权益造成了极大损害。与此同时，社会各界开始关注企业道德责任缺失问题，居民运动和被害者运动异常活跃。为了应对员工、消费者和社会公众对企业的不信任，为了化解企业因企业道德责任缺失给社会带来的损害，日本社会各界开始采取各种措施，积极开展企业道德责任建设。

一　日本政府的法律与制度约束

法制是促进企业履行道德责任的有效工具。日本政府高度重视对企业道德责任缺失问题的治理工作，并通过制定实施法律和激励制度等措施推动企业履行道德责任。

（一）通过立法促进企业履行道德责任

作为后起的资本主义国家，日本政府十分注重借鉴欧美发达国家法律在社会治理中的作用，特别是法律在企业道德责任建设中的强制约束作用。例如，为了治理二战后国内经济高速发展所造成的环境公害，日本政府在借鉴欧美国家治理企业道德责任缺失经验的基础上，不断完善环境保护方面的法律体系，以此规范企业生产经营活动中的不当行为。日本政府主要通过三个层面的法律体系推进本国循环经济和低碳经济的发展。首先是基本法层面，如1967年颁布的《公害对策基本法》、1993年颁布的《环境基本法》和2000颁布的《循环型社会形成推进基本法》等；其次是综合法层面，主要有《资源有效利用法》、《废弃物处理法》、《绿色采购法》等；最后是专项法层面，涵盖《公共水域水质保全法》、《工厂排污规制法》、《烟尘排放规制法》、《空气污染防治法》、《食品再利用法》、《建设再利用法》、《特种家用电器再利用法》，等等[①]。近年来，日本政府依据其相对完备的法律体系，大力防控企业污染物排放，推动能源节约和资源的循环利用，为企业履行道德责任提供了良好的法律环境。

（二）制定激励制度推动企业履行道德责任

日本政府十分重视利用激励制度推动企业道德责任建设。例如，日本政府通过税收优惠制度，鼓励企业建立循环经济生产系统。日本政府采取多种税收措施，激励企业购买和使用资源再生处理设备和环保设备。例如，日本政府对企业购买与使用废旧塑料再生处理设备，除给予普遍退税外，还按购买价格的14%进行特别退税；对企业购买与使用空瓶洗净、废纸脱墨、铝再生制造、玻璃碎片杂物去除等机器设备退还企业3年的固定资产税。从20世纪70年代开始，日本东京都政府就开始实施环保装备资助政策，要求机动车生产企业为其产品安装废气处理装备，安装费用的50%由政府补助。同时，日本政府还采取反向激励措施，抑制企业对环境的污染和破坏。例如，日本政府通

---

① 胡王云：《日本现代环境治理体系分析》，《日本研究》2015年第4期，第71—72页。

过征收一般废弃物处理手续费的办法，征收对一般废弃物的收集、运输及处置费用，这对于推动企业减少排放和丢弃一般废弃物具有一定程度的效果。日本政府为促进企业道德责任而采取的激励制度，一方面通过强制手段实现了环境保护的目的；另一方面也重视利用市场的力量达到企业自愿履行道德责任的目标。实践证明，日本政府的激励制度对企业履行人本道德责任方面确实起到了良好的推动作用。

二　日本社会文化的熏陶

日本社会文化具有鲜明的知恩报恩、爱人合作的"恩和"特征。日本社会文化的"恩和"特征深刻影响着日本企业的经营哲学。日本企业普遍注重履行道德责任，实施人本管理、积极回报社会以及保护自然环境，这些都与日本"恩和"文化的熏陶密不可分。

（一）日本社会文化的"恩和"特征

日本社会文化主要是由中国传统儒学、印度佛学和日本自有的神道三种文化元素融合现代欧美文化而形成的一种复合文化。在多元文化的交融与碰撞中，形成了以"恩和"为主要特色的社会文化。在日本，"恩"的内涵主要源自血亲关系和宗教教义。"恩"的伦理认为，人的一切都是神、祖先和自然授予的恩惠，而有恩则必报，报恩之心人人应有。"和"的内涵主要源自中国儒学的和谐思想。中国儒学强调"仁"、"义"、"礼"，儒学东渐日本之后，演变为"和"、"诚"、"信"。"和"的伦理认为，人们需要在共同活动中与他人、与自然合作，并时刻约束自己的行为才能谋求共生。因此，人应该学会爱人、合作与忍让。以"恩和"为主要特征的社会文化受到日本社会的高度重视并成为日本社会各种伦理关系的基础，它对日本国民的日常生活产生了深远的影响，这使得日本企业和员工之间"渗透着一种特殊的家族精神，这是一种家庭式温情和能力主义原则相结合的共同发展精神"[1]。"恩和"文化也成为日本企业履行道德责任的文化根基和理论源泉，它对推动日本企业履行

---

① 石娟：《企业文化管理与实践》，科学出版社2015年版，第244页。

道德责任起到了积极的熏染作用。

（二）日本"恩和"文化对企业的影响

日本将中国儒家文化中的"忠"、"和"等理念与其本国的宗教神道相结合，创造性地发展了以"恩和"为特征的民族文化精神。① 在"恩和"文化的影响下，日本社会各界普遍认为，企业所获取的全部利益都来自于员工、社会和自然对企业的恩惠，作为对员工、社会和自然的应然回报，企业应当承担相应的道德责任。因此，日本企业非常关爱和尊重员工。正如索尼公司盛田昭夫所言："一个企业的成功，靠的是人而不是某种理论、计划或政府政策。"故此，日本企业把员工的利益放于企业利益相关者之首，积极为员工提供人性化的工作和生活环境。同时，日本企业十分重视回报社会。日本企业回报社会最直接的方式就是对社会困难群体的资助。例如，2001—2006 年，松下电器年均投入 700 万日元资金用于培养青少年。此外，松下电器还与致力于青少年教育的国内外非政府组织合作创办松下少儿学校。从 1989 年开始，松下电器已在全球 25 个国家和地区开办松下少儿学校，累计 10 万以上青少年参加松下少儿学校。② 另外，日本企业还非常注重维护人类赖以生存的自然环境。日本国土面积狭小资源奇缺的现实造就了国民对资源与环境的珍惜态度，尊重自然、节约资源、关爱环境的文化传统已深入人心，并在日本企业道德文化中得到了一定程度的体现。据日本内阁府的调查显示，日本民众对环境问题的关心已经上升到第一位，超过了对食品、物价、卫生等问题的关心程度。

三　日本企业自身的努力

日本企业在道德责任建设中把人本理念与员工、消费者、社会

---

① 毕楠：《日本企业社会责任（CSR）理念的儒家思想基因及其传承》，《现代日本经济》2014 年第 3 期，第 86 页。

② 胡树、夏美玲：《社会责任视角下日本企业与非政府组织的协作关系分析——以日本松下电器公司为例》，《内蒙古大学学报》（哲学社会科学版）2011 年第 5 期，第 88 页。

公众的利益有机结合起来，较好地实现了企业与员工、消费者和社会的共生与共赢。进入 21 世纪以来，日本泡沫经济破灭，经济处于缓慢增长期。即使在面临经营困难的情况下，多数日本企业仍然坚持人本观，较好地维护了员工、消费者和社会公众的权益。

（一）日本企业对员工的人本关怀

日本企业将员工视为企业不断发展壮大的重要保障，企业短期利润的增加和股东的利益排在第二位。因此，日本企业十分注重员工的利益和全面发展，并从终身雇佣、年功序列以及企业内工会等制度层面加以保障。[①]

1. 终身雇佣制：企业维系与员工的长期雇佣关系

在"恩和"文化的熏陶和影响下，日本现代企业多采用终身雇佣制，并在二战后得到了全面推广和应用。1958 年，美国学者詹姆斯·阿贝格伦实地调查日本的一些大企业后发现，日本企业用人制度的一个突出特点就是企业与员工之间的终身关系（life - time Commitment）。20 世纪 80 年代以来，日本企业的终身雇佣制有所松动，特别是 2008 年之后，日本非终身雇佣劳动者的"数量达到了劳动用工人数的 34%"[②]。不过，日本政府在 2009 年制定了《经济财政改革基本方针》，通过经济财政政策化解因非终身雇佣劳动者增加而引发的社会问题，并积极引导企业与员工建立终身雇佣关系。在终身雇佣制下，员工是企业命运共同体的一员，企业一般不解雇员工，努力保持员工队伍的稳定，特别是在企业工作的核心员工一直工作到退休，并且企业为员工提供终身的医疗、福利、住宅等方面的福利待遇。政府和学术界一般称日本企业这种稳定的雇佣

---

① 1958 年，美国学者詹姆斯·阿贝格林将日本管理模式归纳为终身雇佣、年功序列和企业内工会三大特征。1972 年，经济合作与发展组织（OECD）发表《对日特别调查报告书》，将终身雇佣、年功序列和企业内工会称为日本式经营"三大神器"。

② 李岩：《日本劳动关系模式下劳动者职业稳定权保护的经验及启示》，《湖北民族学院学报》（哲学社会科学版）2015 年第 3 期，第 90 页。

关系为"终身雇佣制"①。日本的终身雇佣制从产生、发展到持续维系是具有其一定合理性的。终身雇佣制有力地支撑着日本企业的生产经营活动；同时，终身雇佣制对于企业员工而言也极具人本意蕴。首先，终身雇佣制有利于增强员工对企业的归属感。由于员工在企业长期工作，员工与企业融为一个命运共同体。因此，员工会把企业看作是个人生活的依靠和事业发展的基石，这有利于增强员工对企业的归属感。其次，终身雇佣制有利于促进员工的全面发展。终身雇佣制消除了员工的失业危机，有利于稳定雇佣关系；日本企业因此不惜花费重金通过培训和轮换岗位等方式把员工培训成复合型人才。

2. 年功序列制：有效保障员工工资的稳定增加

作为终身雇佣制的补充，年功序列制是日本企业最具代表性特征的管理模式之一。年功序列制亦称工龄工资制，主要指企业按照员工在本企业的工龄为序，确定员工工资报酬和福利待遇的一种收入分配制度。日本企业界认为，员工的技术熟练程度与其业务能力和工龄成正比，员工工资理应随着其工龄的增加而增加。年功序列制萌发于日本明治维新后期，由于当时受欧美工业革命浪潮的冲击，技术力量薄弱的日本企业采取定期增加工资、发放津贴和奖金等方式稳定员工队伍；而企业员工为了收入的稳定增长和生活的稳定也愿意遵守这一制度。目前，日本企业普遍采用年功序列制。员工的薪酬通常由基本工资、津贴、奖金和退休金等组成。基本工资一般分为7—13个等级，企业每3年左右调整一次；津贴以员工的工作和生活需要为基础，包括交通补贴、住房补贴、家属抚养费等；奖金以员工的职位、技术岗位和月基本工资为基础，一般为员工月工资的3—6倍；退休金则以员工退休时的基本工资、工龄等

———————

① 值得注意的是，日本官方和企业都没有明确的关于终身雇佣的制度规定，终身雇佣只是作为企业与员工之间的一种默契而存在。也就是说，所谓的"终身雇佣制"不是一种硬性的制度安排，而是一种劳资之间相对稳定的、趋于长期雇佣的心理契约和习惯性做法。例如，日本劳务省将"终身雇佣制"界定为一种企业除了面临极度经营困难的情况外，决不随意解雇其正式员工的惯例。即企业从社会招募的员工，一般会长期雇佣到退休年龄：55—60周岁。

为依据发放。在年功序列制下，员工在同一企业连续工作时间越长，其工资水平和福利待遇就越高。年功序列工资的制度设计是基于随着员工工龄的增加、工作经验的丰富，员工对企业的贡献就越多、员工家庭负担就越大的人本化考虑。年功序列制有利于员工在同一个企业内长期工作，增加员工对企业的归属感和认同感；有利于员工进行岗位轮换、提高技能和发展人际关系，进而促进员工的全面发展，增加员工自我实现的满足感。显然，年功序列制是符合人本道德要求和需要的。

3．企业内工会：维护员工利益的基本组织

日本企业的企业内工会是指企业中的工会，这种工会组织形式是以企业为单位建立工会，工会成员只限于企业内部的员工，且不分工种。① 据日本劳动省调查，日本在 1980 年共有 34232 个工会，其中 93.6% 属于企业内工会。日本企业内工会的显著特点在于：工会成员仅仅限于企业的一般员工和基层管理人员。新员工进入日本企业后成为工会会员，如果他们晋升为中高级管理人员，就必须脱离企业内工会。日本企业内工会的这一特点确保了企业一般员工和基层管理人员在企业中的话语权。在日本，企业内工会在处理企业与员工的纠纷中发挥着积极的协商与调停作用。在每年的春季和秋季，企业内工会通常会和企业管理层进行交涉，为企业员工争取更好的工资与福利待遇以及良好的工作条件。因为历史上这种交涉的敌对和冲突色彩较浓，故此称为"春斗"和"秋斗"。如今，这种敌对和冲突色彩日益弱化，企业内工会的重要职能转化为追求企业员工与管理层之间的和谐共处。在企业内工会"以和为贵"思想的指导下，员工和企业一般通过沟通与协商的方式，妥善处理企业的福利待遇、劳资纠纷、经营方针、中长期规划等内容。此外，在工会的内部也经常交流有关劳资协商、工会活动信息等内容。由于企业内工会的作用，使得日本企业即使在经济不景气或暂时经营困

---

① 范围：《日本劳动关系"三支柱"的形成、变革与展望》，《国家行政学院学报》2014 年第 1 期，第 109 页。

难时也很少裁员。这不但有效防止了企业人才的流失，而且减少了员工的失业危机。可见，日本企业内工会是员工维权的重要平台，它在维护员工权益，建立和谐的劳资关系等方面发挥着积极的作用。

（二）企业对消费者的人本关怀

在日本，自从发展近代工商业以来，企业就形成了重视消费者权益的传统。伴随着现代工商业与市场经济体系的确立，日本企业视消费者为上帝的观念越发明确。在日本，企业多以顾客来称谓消费者；在日语里，"顾客"一词是一种敬语形式，顾客主义精神业已成为日本企业道德经营的重要特征之一。为了积极维护消费者权益，赢得消费者的信任，日本企业积极开展对消费者多方面的人本关怀，特别是在产品质量方面。日本企业高度重视产品质量，并将产品质量当作企业的生命。在提高产品质量方面，日本企业不仅制定了相关的质量理念、政策和方针，而且还在产品的设计研发、生产加工与销售服务等环节设置专门的管理机构和人员，全程保障产品的质量和安全。例如，2010 年，新华社记者采访了两家日本大型食品企业——日清奥利友公司和味之素集团。记者采访后发现，日本这两家大型食品企业都十分重视维护消费者的权益，并采取多种安全管理措施保障食品安全。日清奥利友公司和味之素集团两家企业都对产品原料实施严格监管。另外，这两家企业对从海外进口的产品原料也实行严格把关，部分海外农场就是在这两家企业的直接管理和指导下，严格依照这两家企业的质量要求开展生产的。除原料之外，这两家企业还要求为其提供包装材料的企业要严格依照相关标准生产和提供塑料袋或者塑料瓶等包装用品。[1] 同时，多数日本食品企业都积极采取公开产品原料产地、添加剂成分等产品信息，设立消费者咨询窗口以及拍摄产品 X 光片等措施，积极应对和消除消费者对食品安全的疑问和担忧。

---

① 口岸信息快递：《日本：企业将食品安全作为生存之本》，《口岸卫生控制》2010 年第 2 期，第 50 页。

（三）保护人类赖以生存的自然环境

20 世纪 50—70 年代，日本推行经济高速增长的政策。伴随着日本经济的恢复和近现代工业的迅猛发展，日本企业对自然环境造成的破坏也日趋严重，并危及社会公众基本的生存权益。例如，在日本熊本、四日等地出现的油症、水俣病、哮喘病、疼痛病四大公害疾病就是由于企业破坏自然环境而引发的。20 世纪 60 年代之后，源于企业污染自然环境的公害疾病问题导致了日本市民运动的兴起，这促使日本企业开始重视并采取各种措施保护人类赖以生存的自然环境。

1. 树立环境经营理念

理念是行动的先导，日本企业一般都有明确的环境经营理念，这已成为日本企业从事生产经营活动的指导原则和行动指南。环境经营理念要求企业在生产经营过程中，树立起保护人类赖以生存的自然环境，维持人类社会可持续发展的责任观念。企业环境经营理念的树立在很大程度上决定着企业环境保护管理制度的确立和环境生产实践的开展。在日本，很多企业认为"不采用环保技术的企业面临被市场淘汰的残酷局面"①。因此，多数日本企业将环境经营作为自己优先考虑的问题，把保护人类赖以生存的自然环境作为自己生产和经营的立足点，将企业自身发展与维护人类社会的可持续发展有机地结合起来。例如，松下电器公司的创始人松下幸之助在 1946 年就提出了企业是社会的公器的理念，倡导企业作为社会的一员，企业的发展应该与社会的发展相协调。为此，松下电器公司一直坚持加大在环境保护事业上的投入。富士施乐公司以生态友好公司作为自己的环境经营理念，提倡企业全员参与，节约资源，防控污染，保护自然环境。日本企业树立环境经营理念，一方面，促使企业在环境保护的实践和激烈的市场竞争中，发掘了新的商机，拓展了新的产业，提高了企业自身的环境适应能力；另一方面，有效维护了社会公众的根本权益和人类社会发展的长远利益，由此赢

---

① 肖明辉：《论市场在循环经济发展中的决定作用——以日本建设循环社会为例》，《西南民族大学学报》（人文社会科学版）2016 年第 3 期，第 137 页。

得了社会公众的积极评价，极大提升了企业自身的声誉和形象。

2. 完善环境保护管理制度

理念的实现需要制度的保障。在日本，企业的环境经营有一套相对完善的制度保障。首先，设立环境保护的组织机构。日本企业普遍设立了环境保护的职能部门，专门负责收集和分析环境保护方面的相关信息和标准，确定环境保护目标，制订环境保护计划并组织企业员工开展环境保护活动等。其次，积极参与 ISO 14001 认证。ISO 14001 环境管理体系标准是国际社会贯彻全面管理，预防为主的推荐性环境保护国际标准，贯彻和认证 ISO 14001 是企业的志愿性行为。日本企业参与 ISO 14001 认证虽然比欧美国家晚，但参与和贯彻 ISO 14001 认证却并不落后。最后，实施环境保护信息公开制度。环境信息公开制度是企业通过环境报告书等方式，向社会公开本企业所产生的环境影响和企业环境行为的相关信息。环境信息公开对于提高企业的可持续发展能力，改善全球环境质量有着重要意义。日本企业环境信息公开大多采用独立的环境报告书的形式。2008 年 7 月，日本环境省对东京、大阪、名古屋三地的 6484 家企业的环境保护机构与人员、环境措施、ISO 14001 认证、环境信息公开等方面进行了深入调查。此次调查共回收 2819 家企业的有效问卷。调查数据显示，有一半以上的企业设置了环境保护专门机构，没有设置环境保护专门机构但设置专兼职环境保护负责人的企业达到 30% 以上。多数企业都采取了有效的环境保护措施。其中，89.9% 的企业削减印刷、复印和办公用品等，89.6% 的企业推进节省能源和资源，85.4% 的企业减少办公室废弃物与促进循环利用，81.3% 的企业对从业人员进行环境教育，79.1% 的企业完善公司内部的环境管理体制。本次调查中共有 1873 家企业获得 ISO 14001 认证，占调查企业总数的 65.2%。35.9% 的企业编制并公开了环境报告书及可持续发展报告书等。①

---

① 龚蕾:《日本环境政策对我国企业环境行为的启示》,《煤炭经济研究 》2009 年第 12 期, 第 21—22 页。

3. 实施保护环境的生产实践

日本企业深刻认识到绿色生产对于保护自然环境的重要性，并积极采用多种措施，预防和控制污染物的排放，尽可能降低甚至避免经营活动对自然环境造成的负面影响。首先，实行绿色设计。日本企业在新产品开发阶段就考虑到产品整个生命周期的环境负荷，因此，在产品设计方面就力图做到在保持产品性能的前提下，使产品小型化、节能化、清洁化，从而尽可能地节约资源、减少甚至不使用有害物质。如松下集团从 1991 年起就开始实施产品环境评价制度，到 2005 年，绿色产品设计开发率已达 94%。其他大企业，如本田、日立、爱普生等都建立了绿色产品设计开发体系。其次，组织绿色生产。日本企业在生产过程中注重通过产品原料的筛选、生产设备和工艺的优化改造，实现生产过程对自然环境造成的危害最小化。例如，丰田公司制定了严格的绿色采购标准，要求产品的原料、零部件、工程设备、产品物流等供应商应当"获得 ISO 14001 或者 EMAS 认证证书，并具备系统化的控制、提升环境保护水平，在环境保护业绩方面持续提高"[1]。通过绿色采购，丰田汽车公司在生产过程中选用了符合绿色生产要求的生产材料，有效消除了镉、汞、铅和六价铬等物质对环境的破坏，并且消减了物流阶段温室气体等污染物的排放量，最终实现了保护生态环境与取得良好效益的双重目的。最后，开展绿色营销。日本企业在营销环节遵循绿色理念，尽量简化和循环利用产品包装、优化销售环节，以达到维护生态平衡，保护自然环境的目标。例如，日本企业为了保护生态环境，坚持尽可能使用天然材质、易降解材质或可重复利用材质包装产品。日本花王公司就一直致力于绿色营销，该公司的一个绿色营销方案就是"在全公司采用规格统一的包装瓶盛放护发、护肤产品并且可以在使用后重复加装"[2]。

---

① 吴蒙、董长青、蒲毅：《日本汽车企业绿色采购实践研究》，《天津科技》2014年第 12 期，第 57 页。
② 王玮、吴智慧：《从过度装饰下的产品包装看日本包装创意设计》，《包装工程》2015 年第 24 期，第 10 页。

经过二战后几十年的探索和创新，日本政府和社会各界秉承人本观，在企业道德责任建设方面取得了一定成效。同时，日本企业积极履行道德责任，不但开辟了新的产业，冲破了国际市场的各种贸易壁垒，降低了企业的经营风险，而且规避了政府管制的压力，提高了企业在员工、消费者和社会公众心目中的形象。

第四节　国外企业道德责任建设经验对我国的启示

他山之石，可以攻玉。经过战后几十年的实践探索，国外特别是美国、欧盟和日本等西方发达国家和地区在企业道德责任建设方面已经取得了许多宝贵的经验，并形成了一套较为完整和系统的企业道德责任体系。在国外企业道德责任建设的诸多经验中，政府的积极推动、社会文化与舆论的熏陶与监督以及企业自身的道德自律在企业道德责任建设中发挥着举足轻重的作用，这对于我国在市场经济条件下进行企业道德责任建设无疑具有重要的启示意义。

一　企业道德责任建设需要政府的有效监管

国外发达国家和地区企业道德责任建设的经验表明，在诸多影响企业道德责任的因素中，积极发挥政府的监管功能是破解企业道德责任缺失问题的关键环节之一。具体而言，国外政府在推动企业道德责任建设过程中有以下三个方面的经验值得我们去借鉴。

首先，政府应为企业履行道德责任提供完善的市场环境。二战后，为抑制企业道德责任缺失对员工、消费者和社会公众利益的侵害，国外特别西方发达国家和地区的政府逐步抛弃了经济自由主义思想，不同程度采取了国家资本主义政策。通过政府公共政策的引导，如制定有关企业道德责任的标准、倡议等，一方面为企业创造了良好的市场经济环境；另一方面也强化了政府对企业道德责任的调控力度。这对于我国政府在深化市场经济体制改革进程中推动企业道德责任建设无疑具有积极的借鉴意义。市场经济本质上是一种公平竞争的经济，它要求企业与其利益相关者之间的关系必须摆脱神权、君权以及封建等级制度的束缚，进而建立在平等互利的基础之上。因此，我国政府在不断深化市场经济体制改革的进程中，应秉承马克思主义人本观，通过严格监管和政策的积极引导，不断完善市场经济体制，为企业履行道德责任提供公平、规范、有序的市场竞争环境。

其次，政府应设立专门的企业道德责任管理机构。国外政府通过设立专门的企业道德责任管理机构，并通过此类机构实施的有关激励和惩罚措施，强化对企业承担道德责任状况的监管工作。实践证明，这一做法有力地促进了企业道德责任总体状况的好转，有效地保护了企业员工、消费者和社会公众的基本权益。目前，我国同样存在涉及企业道德责任管理的政府部门，如人力资源和社会保障部、发展和改革委员会、环境保护部和工业和信息化部等。从目前运行情况来看，这些部门主要是在开展自身工作时，结合自身职能兼顾企业道德责任建设的某些方面。要真正将我国企业道德责任运动推向深入，我国政府就必须建立起专门的企业道德责任管理机构，统一协调政府各部门的企业道德责任监管工作，使之形成企业道德责任建设的合力。

最后，政府应充分利用法制在企业道德责任建设中的强制约束作用。国外的经验业已证明，企业道德责任建设必须借助法制的强制性约束力才能增强实效性。国外发达国家和地区的政府特别注重法制在企业道德责任建设中的强制约束作用，并通过完备的、可操作性强的法律制度推动企业履行道德责任。目前，我国已有《劳动合同法》《产品质量法》《消费者权益保护法》《环境保护法》等法律法规，这些法律法规对督促企业履行道德责任起到了较好的保障作用。但是，纵观我国目前涉及企业道德责任的法律法规，整体上缺乏企业道德责任理念的指导，致使关于企业道德责任的法律法规过于分散和凌乱。另外，我国目前关于企业道德责任的法律法规多属于原则性的规定，尤其是在企业对员工、消费者和社会公众的人本道德责任方面，只能从原则性的法律条文总则中推测出来，可操作性较差。因此，在市场经济条件下，政府必须制定和完善关于企业道德责任建设的法律法规，逐步形成关于企业道德责任方面的、系统化的法制体系，增强法制的统一性和可操作性。借助可操作性强、系统完备的法制工具，才能真正将企业道德规范内化到企业的道德责任意识和实践之中。

二　企业道德责任建设需要社会舆论的监督

从国外发达国家和地区企业道德责任建设的经验来看，社会力量的多元参与和监督是企业道德责任建设的必要环节。例如，在美国、欧盟和日本等国家和地区，社会公众及工会、行业协会、消费者协会及环境保护协会等非政府组织广泛而积极地参与对企业道德责任的监督和评议，其目的在于为企业及其员工、消费者和社会公众等利益相关方提供道德责任方面的相关信息，提升社会文化的道德水准，形成有利于企业履行道德责任的社会文化和舆论氛围，进而推动企业做出符合社会道德责任标准的生产经营决策。实践证明，社会力量的参与和社会舆论的监督为企业履行道德责任创造了一个良好的社会文化环境，有力地促进了企业道德责任理论与实践的发展。我们借鉴国外的经验，通过社会力量改组现有企业工会，建立独立决策的非政府组织及行业协会，发挥其对企业履行道德责任的舆论监督和规制作用，增加企业履行道德责任的社会舆论压力和动力，这是推动我国企业道德责任建设应该采取的重要举措。

三　企业道德责任建设需要企业的道德自律

从国外发达国家和地区企业道德责任建设的经验来看，企业道德自律是落实企业道德责任的核心环节。美国、欧盟和日本等发达国家和地区的多数企业能够自觉地在人本观的指引下，从尊重与关爱员工、消费者和社会公众等方面出发，树立人本道德责任理念，主动设立企业道德责任管理机构，自觉履行道德责任，较好地维护了企业利益相关者的基本权益，同时也为企业自身赢得了良好的形象和声誉。反观我国频繁出现的企业道德责任缺失问题，其主要原因之一就是企业道德责任意识淡薄，企业对道德责任认识存在思想上的偏差和盲区。如果不尽快扭转这一状况，就无法提升我国企业道德责任的总体水平。鉴于国外企业道德自律的经验，当前我国企业不能局限于短期利益，仅仅将利润最大化作为生产经营活动所追求的唯一目标。企业的社会性质要求企业必须提升道德责任意识，自觉树立人本道德理念，实行人本管理，组织人本化生产，切实维护员工、消费者和社会公众的基本权益。只有这样，企业才能获得长期生存与发展的空间。

对我国而言，基于马克思主义人本视推动企业道德责任建设是现阶段经济与社会发展过程中的新鲜事物，必须引起社会各界的高度重视。相比较美国、欧盟和日本等发达资本主义国家和地区，我国企业道德责任建设起步较晚，近年来，虽然取得了一定的成绩，但是还存在诸多阻碍因素。为应对当前我国企业道德责任缺失的困境，我们有必要借鉴国外发达国家和地区，尤其是美国、欧盟、日本等国家和地区在企业道德责任建设方面的有益成果，通过政府法律制度的引导、社会舆论的监督以及企业的道德自律等途径促进企业牢固树立马克思主义人本观，切实履行对员工、消费者和社会公众的道德责任，进而增进整个社会的福利。

当然，作为一个拥有近14亿人口的发展中大国，我国的经济发展水平依然很低，且存在着发展不平衡的问题。因此，我们在借鉴国外发达国家和地区企业道德责任建设经验的同时，也要注意以下问题。第一，抵制国外文化的极端个人主义倾向。欧美等西方社会文化崇尚自由的特点固然有其自身的优势，但是也容易导致极端的个人主义倾向，进而造成对企业道德责任建设的不利影响。故此，我国在企业道德责任建设过程中，应该正视中外文化的差异，立足于马克思主义人本观，结合中国传统文化特点，创建符合我国基本国情的企业道德文化氛围。第二，抵制国外的贸易保护主义。在企业道德责任建设过程中，我们要辩证分析国外制定的有关企业道德责任标准，在鼓励中国企业增强企业道德责任意识，积极从事生产和出口创汇的同时，坚决抵制国外特别是西方发达国家和地区以推动企业道德责任的名义实施的贸易保护主义政策。总之，在企业道德责任建设过程中，我们要结合我国的基本国情和企业自身的实际状况，妥善处理好企业盈利和履行道德责任的关系，探索一条切实可行的中国式道路。

第五章　基于马克思主义人本观推动我国企业道德责任建设的具体方略

　　探寻企业道德责任建设的具体方略，使企业实现"经济人"与"道德人"的角色统一，这是企业长远发展的需要，也是本研究力图解决的问题。马克思主义人本观以其对现实的人的问题的关注、对人类解放的追求和对人的全面而自由的发展的向往，寄予着对无产阶级深切的人本关怀。因此，我们应深入领会马克思主义人本观的精神内核，并将其运用到我国企业道德责任建设的实践中去。从国外企业道德责任建设的实践经验看，企业道德责任的实现可以从政府制度环境、社会舆论环境和企业自身的道德自律三个方面来审视。因此，我们应通过政府、社会与企业三方力量的共同参与，形成企业道德责任建设的合力，从而推动企业树立马克思主义人本观，强化企业的道德责任意识，推动企业履行道德责任。

第一节　政府在企业道德责任建设中的具体方略

　　政府的基本职责之一就是保护弱势群体，增进国民福祉；企业道德责任作为一种道德要求，绝非纯然的道德宣示，它需要政府的严格监管与调控。企业承担道德责任如果仅寄希望于企业的道德自觉，而缺乏有效的外部制度环境的强力约束，则在企业趋利性本能动机的作用下，很难实现所有的企业都能自觉地承担起相应的道德责任。因此，政府相关部门应基于马克思主义人本观，认真"反思既往的公共治理模式，选择适合我们时代需要的行动方案，将企业过去的短期行为转移到有利于社会和经济可持续发展的轨道上来"①，并通过创建企业道德责任管理体系、营造人本化的市场经济环境、构建人本化的法律制度环境等措施，加强对企业行为的监控，促成企业履行道德责任的外部制度环境，推动企业将外在的道德责任规范内化为道德行为与习惯。

一 创建企业道德责任管理体系

政府相关部门应基于马克思主义人本观，通过建立企业道德责任管理机构、构建企业道德责任指导原则、开展企业道德责任效果评估等措施，从而形成以道德管理机构为支撑、以道德原则为指导、以道德评估为保障的企业道德责任管理体系，这是市场经济健康有序运行的必要条件，也是企业道德责任建设的重要手段。

（一）建立企业道德责任管理机构

从国外企业道德责任建设的经验来看，企业道德责任管理机构以其专业性和专门性的特征，在企业道德责任建设过程中发挥着极其重要的作用。为了把马克思主义人本观有效地融合到企业生产经营的实践活动中去，我国政府应根据自身情况，建立专门的企业道德责任管理机构。例如，在各级政府、人大、政协框架内成立专门的企业道德委员会，统一管理、协调和指导企业道德责任工作。企业道德责任管理机构具体负责以下几个方面的工作：一是在吸收、消化和借鉴国外企业道德责任先进理念的基础上，结合我国企业道德责任建设的具体实践，制定行业道德责任规范，宣传企业道德责任知识以及推动企业道德责任研究；二是对企业生产经营行为进行道德责任监督、评估与奖惩，以实现提高企业道德责任意识，引领企业履行道德责任的目的；三是协助企业设置负责企业日常道德责

---

① Don Mayer, "Legal Loopholes, Business Ethics, and Corporate Legal Strategy: A Reply to Professor Ostas", *American Business Law Journal*, Vol. 48, No. 4, December 2011, p. 763.

任事务的企业道德责任机构，协助制定企业道德责任守则和实施道德知识培训工作；四是通过实施道德稽查员制度、道德热线制度等方式推动企业履行道德责任。建立专门的企业道德责任管理机构是系统开展企业道德责任建设的前提性工作。在我国企业道德责任缺失日趋严重的今天，政府相关部门建立专门性的企业道德责任管理机构，统一管理、协调和指导企业道德责任事务是十分重要和必要的。

（二）制定企业道德责任指导原则

市场经济中的任何主体，只有在共享的道德责任原则的基础之上才能从事正常的交易活动。作为市场经济主体的企业，只有遵循一定的社会道德观，才能实现其所希望的利润与效率。因此，作为社会公众利益的代表和社会的公共管理者，政府应该在掌握必要的评估信息的基础上，合理确定社会普遍认可的企业道德责任指导原则，对企业应该承担什么样的道德责任有一个总体性的指导。笔者认为，在马克思主义人本观意境下，政府确定企业道德责任原则应着重从以下几个方面考虑。首先，确立公平公正原则。公平公正作为一项企业道德责任规范，和诚实守信、尊重关爱原则是密切相关的，因为企业交易双方的公平公正往往体现在诚实守信、尊重关爱的原则之上。除此之外，公平公正还有着更加丰富的内涵。市场经济中企业不仅仅是形式上的公平公正，还要实质上的公平公正，既要求企业地位的平等，也要求参与市场竞争的机会公平等内容。其次，确立诚实守信原则。诚实守信原则需要在制度上为规范企业道德行为提供一种外在和内在的双重压力。企业与员工、消费者、社会公众等利益相关者之间应以诚实守信为基础，只有坚持诚实守信的道德责任原则，企业与利益相关者之间的合作关系才能长久。最后，确立尊重关爱原则。除了公平公正、诚实守信原则之外，企业还应在生产经营活动中遵守尊重关爱的道德责任原则。人是企业存在和发展的前提和基础，企业应该在生产经营活动中认真履行道德责任，真正做到尊重关爱员工、消费者和社会公众。唯有如此，企业才能获取长远发展的不竭动力，社会与国家才能真正实现和谐与繁荣。

（三）开展企业道德责任效果评估

政府企业道德责任管理部门对企业履行道德责任状况进行回应式的评估，这是检验与促进企业履行道德责任的有效方式之一。道德责任评估通过外在的舆论力量，对道德责任行为主体进行价值评判，并以情感化的方式表达出赞誉或谴责、鼓励与劝阻、认同与抵制，进而形成对道德责任行为主体的约束力。道德责任评估不仅影响到行为主体功利层面的利益，而且渗透到行为主体精神与人格层面上的情感体验与声誉，这对于推动企业自觉履行道德责任将产生巨大的推动作用。所以，政府企业道德责任管理部门启动企业道德责任评估活动对企业道德责任建设具有积极意义。因此，政府企业道德责任管理部门应以相应的企业道德责任指导原则为依据，通过对企业日常生产经营活动进行观察、记录、评议和监督乃至提出批评或警告，督促企业履行道德责任。政府企业道德责任管理部门可以依据财政、税务、质检、银行等部门有关企业运营方面的数据资料，健全与完善企业公共信息数据库，对企业道德责任状况进行实时监控，做到防患于未然，发现问题及时解决。同时，政府企业道德责任管理部门可以通过征集企业员工、消费者和社会公众对企业生产经营活动的道德判断，对企业履行道德责任状况进行多方面的相互比较，对不积极履行道德责任的企业施加压力，以期督促企业改善生产经营状况。通过政府和企业其他利益相关者的共同参与，科学评定企业道德责任状况，并把企业履行道德责任的评估信息及时传递给企业员工、消费者和社会公众，这将对企业履行道德责任起到一定的外部警示作用。通过科学的企业道德责任评估方式可以有效减少企业道德责任缺失现象。

二　营造人本化的市场经济环境

政府相关部门应基于马克思主义人本观，进一步深化市场经济体制改革，通过维护良好的市场经济秩序、发挥公共政策的引导作用以及健全人本化的社会保障制度等措施，完善自身的社会管理和公共服务职能，加强宏观调控力度，更有效地利用市场在资源配置中的导向功能，为企业道德责任建设营造人本化的市场经济环境。

（一）维护良好的市场经济秩序

企业履行道德责任有赖于良好的市场经济秩序。故此，政府应加快市场经济体制改革，通过促成企业公平竞争的市场环境、营造企业生存发展的宽松环境、培养企业领导者的道德责任素养等措施，形成公平公正的市场经济秩序，这是促成企业履行道德责任，遵守社会道德秩序的基础性工程。

1. 促成企业公平竞争的市场环境

公平竞争的市场环境是推动企业履行道德责任的重要条件。纵观近期我国出现的大量企业道德责任缺失行为，究其原因往往是由于不公平的市场竞争环境引发的。因此，中央政府部门应采取措施解除行业垄断，促成全国范围内公平开放的市场运行环境，为企业间的公平竞争创造条件。同时，各级地方政府部门应摒弃狭隘的政绩观，积极消除各类地方保护主义现象，及时废除各种分割市场、阻挠企业公平竞争、抵制外地企业产品的有关规定。在我国加入WTO和深化国有企业改革的背景下，政府要想创建企业公平竞争的市场环境，就应该打破国有企业在重要行业，如金融、保险、电力、电信、烟草、饮用水等部门的垄断地位，推进政企分开，建立现代企业制度，根除官商现象。同时在上述行业领域培育非国有经济力量，鼓励民营资本进入以实现各类企业的公平竞争，为企业遵守道德责任创造制度基础。通过各类企业的充分参与和竞争，达到提高原垄断行业服务质量、提高生产效率、降低垄断利润、缩小行业收入差距的目的。另外，政府相关部门要进一步健全市场监管制度，加强对企业在劳动用工、产品质量、环境保护等方面的监管力度，严肃处理企业侵害其利益相关者权益的非道义行为，积极维护诚实守信、公平交易的市场经济秩序。

2. 营造企业生存发展的宽松环境

营造企业生存发展的宽松环境对推动企业道德责任建设有着极为重要的作用。企业道德作为企业上层建筑中的重要意识形态必然受制于企业的经营状况。企业作为一个由现实的人构成的经济实体，当其发生经营困难时，企业管理决策者的求生本能就会愈加强烈。在此情形之下，多数企业不得不首先考虑企业的生存问题，因而难免推卸部分道德责任，甚至以牺牲道德责任的方式达到获取必要生存空间的目的。当前，我国企业存在的经营困难集中体现在中小国有企业的历史包袱和非公有制企业经营成本过高等方面。在我国深化国有企业改革的过程中，政府采取了抓大放小等办法，切断了部分中小型国有企业和政府的行政隶属关系。然而，政府在"放小"的过程中，并没有承接这部分中小型国有企业办社会的历史遗留负担。这一状况致使目前这部分中小国有企业仍然承担着企业办学校、办医院等本应由政府担负的责任，经营负担十分沉重，面临严重的生存危机。在一些非公有制企业，存在国家和政府征收的税负过重、征税不透明、变相和强制性收费太多、政府管理和执法部门工作人员缺乏服务意识，以权谋私吃、拿、卡、要等问题。这些问题无疑加重了企业经营的负担，制约了企业履行道德责任的能力和热情。例如，山西省大同市一家国有发电厂近年来遭遇经营困难，一直处于亏损局面。在此情况下，这家发电厂没有能力履行基本的道德责任，存在员工收入低、员工安全培训滞后、工作场所安全隐患较多等现实问题。① 因此，政府应该在国企改革过程中，及时全面地评估中小型国有企业的历史遗留问题，妥善承接或处理这些企业的实际困难；同时通过减税让利、简政放权、提高政府公务员的服务意识和工作效率等措施，积极为企业生存与发展营造宽松的环境。

3. 培育企业领导者的道德责任素养

企业道德责任作为企业伦理文化的重要组成部分，其履行状况与企业领导者的道德责任素养密切相关。法国北方高等商学院学者吉尔特·德谬金克对法国欧尚企业集团进行案例研究发现，欧尚集

---

① 邓福：《抓好困难企业安全管理的对策探讨》，《现代国企研究》2015 年第 20 期，第 59 页。

团之所以成功，其原因之一就是该集团"连续两任首席执行官都是具有强烈道德责任感的领导人"①。由于企业组织权力的人格化特征，企业领导者作为企业决策与管理的权威，不但对企业的经营与发展战略具有充分的决策权，而且对企业的伦理与文化具有决定性的影响。

在企业内部，企业领导者的道德责任素养直接关系到企业履行道德责任的状况。企业领导者只有具备了坚定的马克思主义人本观和良好的道德责任素养，才能在日常的经营管理活动中自觉带领企业履行道德责任，才能主动培养企业管理层和企业基层员工的道德责任意识，也才能认真履行对员工、消费者和社会公众的道德责任，进而形成企业自觉履行道德责任的良好内部氛围。同时，如果企业领导者拥有坚定的马克思主义人本观和良好的道德责任素养，那么企业员工就容易在心理和情感上对企业产生强烈的组织认同感、安全感和归属感，就会"将自我概念和组织命运联系起来，感知到自己是组织中的一员"②，进而增强员工在企业组织内的主人翁责任感。因此，政府顺利开展企业道德责任建设工作就需要积极培育企业领导者的道德责任素养。

在企业外部，企业领导者的道德责任素养关系到企业家群体良好道德责任素养的形成。由于企业领导者在企业和社会中的特殊地位，决定了企业领导者的道德责任素养状况在一定程度上具有标杆和榜样的作用。在市场经济活动中，企业与企业之间业务往来频繁，企业领导者之间通过密切的商业关系与社会关系网络发生联系，企业领导者之间的道德责任素养会发生相互影响。以"三聚氰胺奶粉事件"为例，在查处三鹿集团问题奶粉的过程中发现，我国其他奶粉企业同样存在着不同程度的三聚氰胺超标问题。可以说，

---

① Geert Demuijnck, "From an Implicit Christian Corporate Culture to a Structured Conception of Corporate Ethical Responsibility in a Retail Company: A Case – Study in Hermeneutic Ethics", *Journal of Business Ethics*, Vol. 84, No. 3, February 2009, pp. 387 – 404.

② 王永明：《组织认同：员工自我管理的道德自律》，《领导科学》2016年第2期，第51页。

"三聚氰胺奶粉事件"反映出的问题奶粉，不仅仅是三鹿集团一家企业的道德责任缺失问题，而是全行业企业普遍存在的道德责任缺失问题。假如我国奶粉行业的企业领导者具备了为消费者特别是婴幼儿消费者负责的高尚的道德责任素养，在日常交流与沟通中互相监督提示，就不会或者减少我国大面积婴幼儿奶粉三聚氰胺超标现象，或许可以避免三鹿集团最高领导者本人所面临承担刑事责任的恶果，我国奶粉行业也不会因此而面临失去消费者信任的危机。可见，培养企业领导者的道德责任素养，将有利于促成具有良好道德责任素养的企业领导者群体，促成企业履行道德责任的良好氛围。所以，企业道德责任建设的关键环节之一就是培养企业领导者的道德责任素养。

作为社会管理者的政府应承担起培养企业领导者道德责任素养的任务，为企业道德责任建设营造人本化的市场经济环境服务。企业领导者的道德责任素养是一个复杂的道德能力结构，包括道德意识、道德信念、道德行为和道德评价等。在市场经济条件下，企业领导者道德责任素养的形成不能单纯依赖其道德自觉；另外，政府仍然肩负有服务与监管企业生产经营行为的职责。因此，为了引导企业合理化经营以造福社会，政府应该立足于马克思主义人本观，切实承担起培养企业领导者道德责任素养的任务。在具体做法上，政府有关部门可以组织企业领导者参加定期或不定期的管理哲学培训活动；积极发挥高等院校、政府培训机构等教育资源，基于马克思主义人本观对企业领导者进行人本道德教育，灌输人本管理知识。通过培训使企业领导者明确马克思主义人本观和企业道德责任的理论内涵，不断改造自身的世界观、人生观和价值观，进而形成良好的人本道德意识和道德信念，树立正确的道德评价标准。同时，选用国内外典型的企业案例，具体说明承担道德责任对企业生存与社会发展的重要意义；结合国内外优秀企业的道德责任规范，构建一些指导性的企业领导者道德责任规范用以约束企业领导者的日常行为；并结合企业领导者履行道德责任的状况，对其进行物质或精神奖惩，督促企业领导者形成良好的道德意识、道德行为和道德习惯。

（二）发挥公共政策的引导作用

针对我国企业对员工、消费者和社会公众道德责任意识薄弱的现实，政府应通过公共政策引导企业积极采用国际企业道德责任标准、实施企业道德责任奖励和惩戒等措施，促成企业履行道德责任的经常化和长效化。

1. 引导企业积极采用国际企业道德责任标准

企业道德责任问题成为近年来国际社会关注的热点问题。从 20 世纪中后期开始，许多国际标准化组织在企业道德责任运动的影响和推动下，将企业道德责任的核心理念编撰为一系列国际社会公认的、便于操作的道德责任标准。例如，ISO 9000 国际质量管理体系标准、ISO 14001 环境管理体系标准、SA 8000 社会责任管理体系标准等。其中，1997 年 10 月公布的全球第一个关于企业道德规范的国际标准——SA 8000 社会责任管理体系标准，以具体而详尽的严格规范，要求企业在生产经营活动中承担道德责任。SA 8000 标准是道德标准化在企业责任领域内的重要突破，该标准要求企业在生产经营活动中必须承担对利益相关者的道德责任；要求企业组织的生产活动必须符合国际社会普遍认可的、最低限度的劳工标准；还要求企业不违反国际社会公认的其他道德标准。另外，1995 年联合国秘书长科菲·安南提出的"全球契约"行动，倡导企业应尊重和保护国际公认的各项人权、不参与任何漠视与践踏人权的行为、承认劳资集体谈判的权利、消除各种形式的强迫与强制性劳动、消除童工、消除就业和职业方面的歧视、增加对环境保护所承担的责任以及鼓励无害环境技术的发展与推广等。联合国"全球契约"关注社会的公平与正义，在人权保护、劳工标准、环境保护等方面倡导企业担负起对员工、自然环境和社会公众的道德责任，这无疑为我国企业道德责任建设提供了可资借鉴的视角。目前，SA 8000 标准和联合国"全球契约"行动已得到全球企业界的广泛关注、认同和传播。作为一个发展中国家，我国政府有必要接受这些国际标准中的合理规定，引导企业积极响应国际公认的企业道德责任标准体系，提高我国企业履行道德责任的国际视野和意识，以此推动我国企业维护员工、消费者和社会公众的切身利益。

　　2. 实施企业道德责任的奖励措施

　　道德奖励措施是道德调控的重要手段。政府实施企业道德责任的奖励措施，通过对企业良好道德行为的表彰和奖励，使企业因积极履行道德责任而受到精神和物质上的相应补偿，这将有利于企业坚定自己良好的道德行为选择。在企业道德责任奖励内容方面，政府相关部门可采用物质奖励和精神奖励相结合的办法。

　　关于企业道德责任奖励的具体措施选择，一方面，政府相关部门可利用政府的行政管理职能、官方传媒舆论工具等，采取行政奖励，舆论奖励等方式，结合企业履行道德责任的状况给予相应的精神奖励。例如，对积极履行道德责任，严格按照国家质检部门有关质量要求进行生产的企业，给予其产品一定期限的免检作为鼓励。另一方面，政府相关部门可以通过经济杠杆激励企业承担道德责任。具体而言，政府应通过相应的货币政策和财政政策构建企业道德责任的引导模式，对于积极履行道德责任的企业，采用优先放贷、利息补贴、减免税收、财政扶持或政府采购等措施，使其获得相应的物质奖励或补偿。例如，政府的绿色采购政策是一项很重要的激励手段，是弥补市场调节不足，促进企业履行道德责任的重要渠道。政府制定并采用绿色采购政策，在绿色技术、绿色产品推入市场初期，利用政府采购创造市场空间，将对企业环境保护技术创新起到极大的扶持和促进作用。再如，政府可以通过财政扶持的方式设立环境保护风险投资基金，激励企业保护自然环境。环境保护技术的研发需要投入大量的人力、物力和财力，研发成果的产业化也存在很大的市场风险。企业作为市场的微观主体，很难承担巨额的开发成本和巨大的市场风险。因此，政府部门应通过财政力量设立环境保护风险投资基金，分担企业环境保护技术研发和产业化过程中的风险。英国政府 2001 年投资成立的碳基金就是一个致力于激励企业保护环境的风险投资基金。碳基金在政府财政的支持下，积极开展低碳技术研发，并为企业提供低碳技术、低碳经济资讯等服务，取得了良好的社会社会效果。① 碳基金实际上是英国政府对企业履行道德责任的一种公共福利或奖励。我国政府也可以设立类似的基金激励企业履行道德责任。

3. 采取企业道德责任的惩罚措施

道德惩罚措施同样是道德调控的重要手段。英国德比大学的史蒂芬·威尔莫特认为，现代企业是一个代理机构，任何一种方式的惩罚都将对作为理性代理人的企业产生威胁。从这个意义上讲，惩罚对于企业道德责任建设是一个有用的结果。② 政府通过公共政策对企业恶劣道德行为的谴责和处罚，使企业在声誉和利益上受到相应的损失，这将有利于企业确立马克思主义人本观，从而分辨是非善恶，抑制道德风险，进而做出合乎社会整体利益的道德行为选择。

因此，政府相关部门应从以下几个方面加强对企业不道德行为的惩罚。首先，加大惩戒力度。政府相关部门应加大对企业不道德行为的惩戒力度，对那些消极对待道德责任，严重侵害员工、消费者和社会公众利益的企业，应坚决给予处罚，让其停业、整顿、提高；对于拒不整改的企业，政府相关部门要通过行政手段，甚至不惜利用法律手段取缔其生产经营权利，将其清理出市场，这是我国建设市场经济体系的必然选择。其次，严控市场准入关。政府相关部门要对企业进入市场进行严格的道德责任能力认证，严把企业的市场准入关，严控高危企业和高危项目的审批，及早化解企业道德责任缺失问题。最后，加大税收调节力度。政府应通过税收制度，构建起企业道德责任的政策引导模式，对严重剥削员工、肆意损害消费者权益以及高能耗和高污染严重损害社会公众权益的企业加征相关税收予以限制，从而使不道德企业付出必要的经济代价，进而促进企业间的公平竞争。例如，为了有效保护人类赖以生存的自然

---

① 王保忠、何炼成、王进富：《从"康德拉季耶夫周期理论"看低碳革命首倡于英国的原因及启示》，《经济纵横》2016 年第 1 期，第 118 页。

② Stephen Wilmot, "Corporate Moral Responsibility: What Can We Infer from Our Understanding of Organizations?", *Journal of Business Ethics*, Vol. 30, No. 2, March 2001, p. 168.

环境，20世纪90年代欧盟一些国家就开始征收旨在保护自然环境的碳税，并将征收的部分税款投入到新能源的开发和温室气体的减排中，有效制约了企业对自然环境的破坏和污染。欧盟成员国"丹麦对碳税实施效果的评估表明，碳税促使企业的能源消耗下降了10%，企业碳减排的一半应归功于碳税。德国通过对能源征税，CO_2排放下降了2%—3%"[①]。开征环境保护税对企业树立绿色经营理念有巨大的推广和普及效应，将改变企业的成本支出结构，进而影响社会消费结构。可见，通过税收制度惩戒企业不道德行为不仅具有经济意义，更具有社会意义。

（三）健全人本化的社会保障制度

社会保障是促进社会公平正义的基本手段，保护员工权益是政府义不容辞的责任。针对我国企业在分配领域中的道德责任缺失问题，我国政府应重点从完善最低工资保障制度、建立全国统筹的社会保险体系、改进女性员工生育保险费用的统筹办法等方面健全社会保障制度，从而为企业道德责任建设提供人本化的制度环境。

1. 完善最低工资保障制度

最低工资保障制度是国家根据社会经济发展状况规定的，在劳动者法定工作时间内提供正常劳动的前提下，由用人单位支付给劳动者最低劳动报酬的一项社会保障制度。最低工资保障制度最早产生于19世纪末期的新西兰和澳大利亚，随后，英国、法国、美国等西方资本主义国家也结合本国的实际情况，建立了最低工资保障制度。我国从20世纪90年代开始实施最低工资保障制度。最低工资保障制度为企业劳资关系中的劳动报酬支付提供了一个基本的政策依据，这也为企业搞好内部分配，履行道德责任提供了一个基础。最低工资保障制度对保障企业员工的劳动权益具有十分重要的作用，它有利于实现初次分配中效率和公平的辩证统一，有利于减少和防止企业肆意克扣员工工资现象的发生，有利于提高企业员工

---

① 王晓红、姚瑶、李宗尧：《新常态下开征碳税的动因、效应与思路》，《江海学刊》2015年第6期，第90页。

收入和生活水平。政府不断完善最低工资保障制度，适时提高企业员工的最低工资标准，这是政府积极推动员工工资增长，保障员工基本生活的重要职责，也是实现初次分配公平与效率统一的重要保障。因此，在初次分配中，政府必须履行其宏观调控职能，通过制定合理的工资标准和增长规划，强化对企业初次分配的指导与监控。另外，各级政府还应根据本地区经济发展状况、居民消费价格指数以及企业员工个人家庭的实际收入水平等实际情况，科学测算最低工资标准，并根据物价指数适时调整提高最低工资标准，加大最低工资标准的宣传力度。政府还应以非公有制企业、中小企业、劳动密集型企业为重点，建立完善企业最低工资标准的监控、信用评价和失信惩戒等保障措施，定期督查企业落实最低工资保障制度的情况，对不执行最低工资标准和不依法支付员工超时、超量劳动工资等行为进行严厉批评和打击。

2. 建立全国统筹的社会保险体系

建立全国统一、公平的社会保险体系是马克思主义人本观的根本要求。虽然人与人之间的能力和发展存在差异，但以覆盖全面、水平较低、人人平等为基本特征的社会保险体系是维护人们基本生存条件的最后一道屏障。构建统一、公平的社会保险体系还能够有效释放社会需求，促进经济发展和社会稳定。李克强总理指出，"社保是民生之基"①。完善的社会保险体系是改善民生的重要举措，是化解人民恐惧心理、稳定人心的重要屏障。因此，构建完善的社会保险体系是政府的重要职责，也是一个国家现代化的重要体现。

我国企业员工具有跨城乡、跨地区、跨行业频繁流动的特点。据了解，当前我国农民工已达 2.1 亿，而且每年还以 600 多万人的速度在增加。农民工绝大多数进入城镇企业就业，且只有 20%—30% 的农民工在一个企业能够连续工作 3 年以上。由于我国目前的社保关系无法异地转续，因此，农民工基本养老保险参保率仅为15%，并且引发每年年初各地农民工集体退保事件。目前，我国的

---

① 李克强：《社保是民生之基》，《中国医疗保险》2014 年第 4 期，第 30 页。

养老、医疗等社会保险基本上是实行县级统筹，按照各自为政的方式组织运转。个别省份实现了不完整的省级统筹，例如省级社保部门没有实现对社保基金的统收统支，最多是建立了省社保调剂基金。构建全国统筹的社会保险体系的主要障碍在于各地以局部利益为重，特别是经济富裕地区要求企业缴费基数高，累积的社保基金数额较多，不愿意让本地区的社保基金转出，也不愿接收外来社保基金从而承担经济落后地区的社保负担；而经济落后地区则出于自身财政压力的考虑，不愿意为社保兜底，因而承接社保基金的积极性也不高。另外，社保基金及其相关数据从县转移到省市再到中央，还需要一定的配套措施去统一信息系统，整合数据资料。因而导致我国社会保险体系长期处于各自为政的碎片化状态，成为一个引发社会动荡，威胁社会稳定的导火索。因此，政府应继续坚持广覆盖、保基本、多层次、可持续的方针，打破地区利益格局，建立起基于国民统一身份的全国统筹、缴费便利、接转便捷的社会保险体系。在保障项目上，要统筹安排养老保险、医疗保险、失业保险、工伤保险、社会福利和社会救助等基本制度，要使每一个企业员工、每一个公民都能够享有社会保险；在保险水平上，应以有效保障人民基本生活为原则，适度适时提高保障水平，使包括农民工在内的各类劳动者都能享受到全面的社会保险。

3. 改进女性员工生育保险费用的统筹办法

女性生育具有社会性，关系到人类的繁衍和民族的繁荣。截至2015年底，我国大陆人口数量为13.7462亿，其中，男性人口比女性人口多出3366万人；同时，60岁及以上人口数量超过1.7764亿，占我国大陆总人口数量的13.26%，这已经超过国际社会普遍认定的人口老龄化社会标准（国际社会普遍认为，若一个国家或地区60岁及以上老龄人口达到其总人口数量的10%以上，那么这个国家或地区就进入老龄化社会）。可见，我国目前正面临着严重的人口危机，特别是人口老龄化的危机。人口老龄化将直接制约我国经济发展速度、削减我国企业经济进一步发展的潜力。故此，2015年10月党的十八届五中全会提出"全面二孩"的战略决定。不过，随着我国工业化和城镇化等战略的实施，人们的生活方式和生育观念已经发生了巨大转变，加之养育孩子的经济和时间成本居高不下，导致人们的生育意愿大幅下降。特别是在各类企业，女性员工普遍劳动强度大、劳动时间长，同时生育还极有可能影响到女性企业员工职业的稳定性，所以企业女性员工的生育意愿更低。故此，基于国家和民族长远利益的考虑，企业女性员工因生育给自身生活和职业生涯带来的各种风险，理应由政府和社会来承担。有鉴于此，政府需要构建以财政拨款和社会统筹相结合的生育保险制度，利用生育保险基金给予企业女性员工生育医疗费用和生育津贴。同时，设立专项生育保险基金，根据企业雇用女性员工的人数，每月从该项基金中拨付一定数额专款补贴给企业。政府通过这项措施，可以弥补企业雇用女性员工所产生的经济损失，在一定程度上减少企业劳动用工的性别歧视。

三　培育人本化的法律制度环境

道德作为一种社会意识形态，在本质上需要他律的保障。个体道德意识只有通过他律，促使个体的主观道德意志转化为符合社会道德规范的实际行为，才能形成良好的社会道德风尚。在改革开放和社会转型的时代背景下，如果我们不把法律和制度作为约束企业行为的基本手段，不推进法律制度建设、不加大法律的宣传普及、不加强执法力度，那么，企业必然会陷入道德沦丧的窘境，企业道德责任建设也就失去了重要的制度支撑。这一点从外资企业在我国的道德表现中很容易看出来。部分在本国恪守法律和制度要求、具有良好形象的国外企业来到我国后频频出现丑闻，诸如麦当劳在我国销售过期食品、苹果公司在我国污染环境、古驰公司在我国经营"血汗工厂"等不胜枚举。出现此类问题与我国立法滞后、监管制度不健全存在着必然的联系。因此，企业道德责任他律是自律的前提和基础，这就要求政府相关部门应基于马克思主义人本观，加快企业道德责任方面的法制建设，加强法制对企业运营的监管力度，这是化解企业失德行为的重要举措。

（一）加强法律制度建设

目前，市场经济是法治经济的基本命题已经得到社会各界的普遍共识。这一命题蕴含着在市场经济条件下，各利益主体的利益关系主要依靠明确的法律制度来协调。要想使我国法律制度发挥有效约束企业失德行为的功能，形成强大的法律威慑力和制裁力，政府就必须进一步加强社会主义法律制度建设，巩固提高法律制度的公正性、完备性等基本属性。

1. 坚持立法的公正性

法律制度是指统治阶级按照本阶级的意志，通过国家权力机关建立起来的用于调节社会成员利益分配和界定社会成员权利与义务的法律和制度。在理想的情况下，企业道德责任的实现应该通过企业的道德自律以及企业与员工、消费者和社会公众的集体协商来实现，然而，现实却并非如此。在企业道德自律意识淡薄的情况下，国家"将不得不采用大量新的社会立法取代集体谈判"①。社会主义国家的性质决定了广大人民群众在法律面前人人平等。因此，我国法律制度建设必须合乎以广大人民的根本利益为本的正义原则，法律制定要具有平等性和权威性，任何个人或组织在法律面前一律平等，真正做到立法的公平和公正。具体对企业道德责任立法而言，针对我国当前企业资本强势的现实状况，公正的法律制度将对企业"依资逞强"坑害员工、消费者和社会公众权益的动机和行为起到巨大的威慑和抑制作用。例如，针对我国当前部分企业肆意触犯法律底线的状况，通过公正的法律制度，让企业因违反社会公认的道德责任底线所付出的成本，高于企业以牺牲员工、消费者和社会公众权益为代价所获得的收益，这无论是对其他企业来说，还是对社会公众而言，都是立法公正的体现。

2. 确保法律制度的完备性

社会主义法律制度作为调控社会成员利益分配和界定权利与义

---

① Theodore J. St. Antoine, "The Future of American Labor and Employment Law: Hopes, Dreams, and Realities", *Employee Responsibilities and Rights Journal*, Vol. 21, No. 2, June 2009, p. 138.

务的主要方式，必须能够覆盖绝大多数社会利益分配与权利义务界定的经常性样态。目前我国已经出台了一些涉及企业道德责任相关内容的法律法规，包括《劳动合同法》、《消费者权益保护法》、《公司法》、《安全生产法》、《职业病防治法》、《工会法》、《产品质量法》、《环境保护法》等。但是，现行的法律法规存在许多漏洞，许多法律条文属于原则性的规定，缺乏可操作性。随着社会的不断发展，一些法律制度已经滞后于社会的实践和需要。例如，我国 2014 年新修订的《消费者权益保护法》对"商家恣意扩大不适用退货商品之范围"① 等问题，依然没有提供可操作性的规定，此类问题同样存在于其他法律之中。所以，我国政府需要加强关于企业道德责任方面的法制建设，不断完善相关法律法规，详细修订关于订立劳动合同、保护消费者权益和环境的实施细则，增强执法的可操作性。使企业道德责任缺失行为受到相应的法律处罚，从而避免因法律制度漏洞而放纵企业的失德行为。同时，建立专门的劳动争议审判庭，劳动法院，制定劳动争议解决的特别程序。通过责任明确、可操作性强的企业道德责任法律制度，加强对企业生产经营行为的硬性约束。政府还须实行企业道德责任的底线立法，把国家与社会对企业最低限度的道德要求采用法律形式加以规范，这对于我国企业道德责任建设十分重要。例如，针对全球气候变化问题进一步完善我国环境保护的法律法规，加快《不可再生资源保护法》、《温室气体排放法》、《低碳经济法》等法律法规的制定和实施，强化企业履行环境保护道德责任的法治环境。

当政府调控和社会舆论尚不足以有效消除或减少企业道德责任缺失问题时，当企业还不能将道德责任规范转化为自身的一种道德自觉时，就需要国家制定相应的法律制度加以强制性的规范和约束。尽管法律制度还不能直接解决企业道德责任缺失问题，但法律制度所具有的强制性和他律性的功能可以规范和警示企业行为。

---

① 葛江虬：《论消费者无理由退货权——以适用〈合同法〉条文之解释论为中心》，《清华法学》2015 年第 6 期，第 96 页。

（二）改进司法程序

司法程序是司法权运行的制度空间，又称诉讼程序，它是司法权行使时所必须遵循的法定的方式、方法、顺序及步骤等程序的总称，包括起诉程序、受理程序、开庭审判程序等内容。司法程序在司法改革中占有极其重要的地位，发挥着十分独特的作用。当前改革司法程序的重点应该是简化司法程序、实施法律援助。

1. 简化司法程序

司法部门应进一步简化司法程序，促进企业员工、消费者与社会公众能够快捷、低成本获得公平、公正、实效的法律救济。烦琐的司法程序是制约受害人获取法律救助的主要障碍。当前，相当一部分企业员工、消费者和社会公众的权益受到企业侵害时，鉴于起诉麻烦、受理与审判时间长等繁杂的司法程序而宁愿放弃法律救济，寻求私下解决或者默认企业不道德行为对自身权益的侵害。这一方面诱发了诸多劳资冲突的极端事件；另一方面也不利于形成企业自觉履行道德责任的社会氛围。因此，司法部门必须简化法律程序。各级司法部门应通过简化立案程序、控制审判期限、加快执行进度等措施缩短审判周期；同时理顺起诉、受理、开庭审判等程序的关系，形成一站式服务和各级法院的对口衔接渠道，使员工、消费者和社会公众在受到企业不道德行为侵害时能够快捷地获取法律救助。同时，司法过程要接受社会各界的监督。各级司法部门应采取诉讼流程、收费标准公开上墙，并提供专业的咨询和信访接待服务，公开举报电话和信箱，做到司法的公开、公平和公正。此外，司法人员必须"信仰法律、坚守法律，端稳天平……秉公司法"①，据此为员工、消费者与社会公众提供便捷高效的法律服务。

2. 加强法律援助

法律援助作为司法制度的重要组成部分，是政府和司法机关向社会弱势群体提供法律帮助、保护弱势群体合法权益的公益事业。

---

① 中共中央文献研究室：《习近平关于协调推进"四个全面"战略布局论述摘编》，中央文献出版社2015年版，第108页。

通过法律援助的手段帮助社会弱势群体是促进司法公正、维护社会正义的重要保障。近年来，我国法律援助工作取得了一定的成绩，但仍然还存在经费短缺、人员不足、覆盖面窄等问题。因此，各级政府和司法机关应采取妥善措施，积极推动法律援助工作，使经济困难的受害员工、消费者和社会公众能够依法行使诉讼权利，维护其合法权益。首先，积极筹措法律援助经费。政府应当加大对法律援助工作的财政支持力度，将法律援助经费纳入年度政府财政预算，力争使法律援助经费与经济发展同步增长；各级司法机关应积极争取社会捐助资金支持法律援助工作。通过法律援助经费的支撑，加强法律援助的宣传和队伍建设，增设法律援助工作站，进而提供更好的法律援助服务。其次，加强法律援助队伍建设。各级司法机关要合理使用法律援助机构编制，积极吸纳具有法律知识、道德高尚的人员加入法律援助队伍；同时，加强对法律援助人员的思想政治教育，增强他们的责任感和使命感；加大对法律援助人员的培训力度，不断提高他们的业务素质。最后，降低法律援助门槛。各级司法机关根据财力和人力情况，适时放宽法律援助条件，尽量满足经济困难的企业员工、消费者和社会公众在受到企业侵害时都能获得及时有效的法律援助。特别需要指出的是，各级人民法院要酌情减免经济困难的企业员工，特别是农民工的诉讼费。

（三）加强执法力度

执法不严甚至执法腐败也是导致企业道德责任缺失问题重要原因。作为社会主义国家的政府，应该摆正自己的位置，秉承马克思主义人本观，坚定地站在无产阶级的立场上，加大对企业侵犯员工、消费者和社会公众权益行为的惩罚力度。

1. 提高执法队伍的素质和水平

政府通过对人力资源与社会保障、环境保护、工商行政管理等机关公务员的教育培训，提高执法队伍的素质和水平，可以提升执法的准确度和公信力，有效监管企业道德责任缺失问题。2016年3月，李克强总理提出，各级政府及其工作人员"要严格遵守宪法和法律，自觉运用法治思维和法治方式推动工作，法定职责必须为，法无授权不可为"①。因此，政府部门在执法过程中应重点做到以下三点。首先，开展职业道德教育。执法人员应加强政治理论学习，深刻领悟马克思主义人本观的科学内涵，积极树立以人为本的理念，牢固确立执法为民的思想，甘做人民群众的公仆。同时，执法人员应确立法治思维和法治方式。执法人员在具体工作中应切实做到秉公执法、恪尽职守、廉洁自律，增强执法的透明度，不能相互推诿、滥用职权或接受贿赂。其次，加强执法培训力度。执法部门通过开展法律知识讲座、举办专业知识培训班、组织执法经验交流研讨会等培训形式，自觉加强对执法人员业务能力的培训力度，提高执法人员的法律知识、专业知识，切实提高他们的执法水平。最后，定期开展执法状况考核。执法部门应制定系统的考核制度，定期对执法人员的职业道德水平、业务能力、工作业绩和社会评价等方面进行全面考核，实行优胜劣汰，坚持奖罚分明，对考核良好或优秀的执法人员给予物质和精神奖励，对考核不合格的执法人员予以清理和解聘。

2. 加强对企业道德责任缺失行为的法律惩罚力度

法律法规在一定意义上就是对行为主体不当行为的禁止，禁止的主要方式就是惩罚。我国制定的一些法律法规是对企业道德责任的底线约束。一些法律法规对企业道德责任做了底线责任要求，如《劳动合同法》、《消费者权益保护法》、《环境保护法》等分别对企业保护员工、消费者和社会公众的权益作了较为明确的规定，并对企业不当行为做了较为具体的禁止性规定。这些法律法规理应成为企业生产经营活动的底线道德要求。在实际工作中，政府执法和司法部门应当秉承马克思主义人本观的基本价值取向，积极敦促企业遵守现有关于企业道德责任方面的法律法规，对因企业道德责任缺失行为引发的法律纠纷，如劳资纠纷、消费维权、环境污染纠纷

---

① 李克强：《政府工作报告——2016年3月5日在第十二届全国人民代表大会第四次会议上》，人民出版社2016年版，第38页。

等，要公正客观地处理；对严重侵害员工、消费者和社会公众权益，拒不承担道德责任的企业，要依法对这些企业实施行政制裁，并严格追究当事人的法律责任，对其进行必要的民事制裁和刑事制裁，从而切实增加这些企业的违法成本。政府执法和司法部门通过加强对企业道德责任缺失行为的法律惩罚力度，使不良企业因道德责任缺失行为所付出的成本远远高于其攫取的收益，这样才能引导企业确立马克思主义人本观并步入道德经营的正确轨道，才能培育良好的市场经济环境，也才能最大限度地保障员工、消费者和社会公众的基本权益。

3．开展法律宣传与培训

法律宣传与培训是普及法律知识、增强全民法律意识、促进企业履行道德责任的主要途径。当前我国企业道德责任缺失的原因，一方面在于企业管理层的法律意识淡薄；另一方面在于员工、消费者和社会公众的法律知识欠缺，并由此导致其维权的难度较大。开展法律宣传与培训是现代政府的应然责任。具体到基于马克思主义人本观的企业道德责任建设方面，政府相关部门开展法律宣传与培训，不但能够提升员工、消费者和社会公众的法律知识和自我保护意识，而且能够增强企业的法律意识，使企业认识到遵守法律，不仅维护了员工、消费者和社会公众的基本权益，同时也能为企业自身赢得良好的社会声誉和发展环境，进而促进企业的和谐与稳定发展。故此，政府相关部门应该开展法律宣传与培训工作，强化企业管理层的法律意识和法制观念，增强员工、消费者和社会公众的维权意识。在具体操作层面，政府相关部门可以通过开展法律咨询、发放法律文本、举办法律辅导班、建设法制教育基地、创办普法专栏专刊、增设普法电视节目、办好普法网站、开通在线法律课堂、组织法律知识竞赛等办法，让企业管理层、员工、消费者和社会公众及时深入掌握相关法律知识，推动企业管理层增强法律意识和守法经营的自觉性，帮助员工、消费者和社会公众有效使用法律手段保护自己的基本权益。

第二节　社会在企业道德责任
建设中的具体方略

社会力量通过其多种途径与层面的舆论监督功能，能够有效弥补政府监管失灵问题。我们通过对企业道德责任缘起的历史考察可以发现，企业道德责任运动的兴起不是源于企业的内生因素，而是来自各种社会力量推动的结果。社会力量是监控企业承担道德责任状况所必不可少的因素。企业道德责任建设除了需要政府的法制监管与企业的道德自律以外，还需要发挥各种社会力量的舆论监督功能。从近年来我国企业道德责任缺失的典型案例来看，社会舆论的规劝、抗议、谴责等软约束力量在规范企业道德责任方面发挥了巨大作用。因此，企业道德责任建设需要充分利用新闻媒体与社会公众、非政府组织、社会化工会等社会力量，进行多途径、多环节、多层面的舆论监督，形成对企业道德责任缺失行为的舆论压力，促成良好的社会道德环境，迫使企业在承担经济责任、法律责任的同时，牢固确立马克思主义人本观，承担起一定的道德责任。

一　利用媒体与公众的监督功能

在当代信息社会，报刊、广播、电视、网络等新闻媒体是社会舆论最为重要的载体。新闻媒体通过其社会舆论的导向与监督功能，在引领社会公众对企业道德责任进行评判与监督的过程中发挥着举足轻重的作用。近期频繁发生的企业食品、医疗安全事件，往往是新闻媒体首先发现并在社会公众的强大舆论谴责下得以处理的。因此，充分利用新闻媒体、社会公众等社会力量，对企业道德责任问题进行立体化的舆论监督，可以为企业确立马克思主义人本观并承担道德责任提供良好的社会环境。

（一）发挥新闻媒体的导向功能

企业道德责任建设有赖于新闻媒体的舆论导向功能。在当今社会，报刊、广播、电视、网络等新闻媒体是社会信息传播的重要途径和人们获取各类信息的主要渠道。从新闻媒体对社会舆论的导向功能看，新闻媒体依据一定社会的道德规范和价值理念，通过社会信息的价值发掘、专业制作、传递发布、反馈评价等环节，达到指引社会文化思潮与人们日常生活的目的。新闻媒体向社会公众提供的各类信息往往带有自身的道德评判与价值选择标准，这就意味着新闻媒体可以通过一定的道德价值取向，深刻影响企业、员工、消费者和社会公众的道德评判与价值选择，从而发挥其对社会舆论的导向功能。因此，在企业道德责任建设过程中，新闻媒体可以通过自身的声誉和社会公信力，向企业、员工、消费者和社会公众灌输合乎马克思主义人本观的企业道德责任规范和基本价值理念；同时，新闻媒体对秉承马克思主义人本观，自觉承担道德责任，主动维护员工、消费者和社会公众权益的企业应给予正面宣传和颂扬。充分发挥新闻媒体的导向功能，将会使企业、员工、消费者和社会公众等充分了解企业经营行为是否符合马克思主义人本观所倡导的企业道德责任规范和基本价值理念，从而对企业履行道德责任状况做出正确的评价和判断，最终形成有利于推动企业道德责任建设的社会舆论环境和氛围。

（二）发挥新闻媒体的监督作用

企业道德责任建设还需要发挥新闻媒体的舆论监督功能。从新闻媒体对企业履行道德责任状况的监督作用看，报刊、广播、电视、网络等新闻媒体通过自身的信息平台可以形成强大的舆论评判力量，能够有效对各种企业道德责任缺失现象进行披露和曝光，激起政府和广大社会公众的愤怒和抵制，使不道德企业面临巨大的舆论压力而有所收敛，从而发挥其对企业履行道德责任状况的舆论监督作用。事实上，我国很多企业道德责任缺失现象都是首先由新闻媒体揭发出来的。例如，近年来我国出现的"黑心棉事件"、"地沟油事件"、"镉大米事件"、"三聚氰胺奶粉事件"以及"瘦肉精事件"等危及消费者健康与安全的企业道德责任缺失问题都是通过新闻媒体向社会披露的，并受到政府和社会公众的强烈批判和有效惩罚。当前，新闻媒体应进一步发挥监督作用，通过自身的社会公信力和舆论感召力把社会各方力量积极动员和组织起来，共同在涉及维护员工、消费者和社会公众权益的立法、宣传、维权等方面发挥推动作用；对漠视道德责任的企业及时曝光并进行追踪报道，深刻揭露和批判其道德责任缺失问题，从而对这类企业构成强大的舆论压力，迫使其改正失德、败德等不道德行为。同时，新闻媒体要为维护市场经济秩序服务，在净化市场经济风气方面发挥正面作用，积极宣传社会公德和商业道德，拒绝刊登虚假广告，借此约束企业的不道德行为。

（三）发挥社会公众的监督作用

企业道德责任建设还应该发挥社会公众的舆论监督作用。作为参与社会活动的广大民众群体，社会公众的舆论力量在推动企业履行道德责任中发挥着至关重要的作用。社会公众的舆论监督可以有效弥补政府监管的漏洞，有效预防、矫正乃至惩戒企业道德责任缺失现象。毋庸置疑，在当前我国企业道德责任建设的政府监管领域，由于政府公务员队伍存在专业力量不足、人员素质存在差别、管理缺失甚至以权谋私等问题，造成政府对企业道德责任监管存在诸多的死角或软肋。社会公众以其庞大的群体、广阔的职业与行业分布、多样化的专业技能、高效的信息传递渠道等优势，可以有效弥补政府对企业履行道德责任状况监管的不足。因此，社会公众的监督理应成为推动我国企业道德责任建设、促进企业履行道德责任的重要力量。在实际工作中，社会公众应当积极行动起来，主动配合政府部门共同推动企业道德责任建设。例如，在企业产品与服务的定价、产品与服务的质量、企业劳动用工状况、企业与员工关系、企业环境保护措施、企业社会公益活动等方面，社会公众应积极关注企业的相关公示、听证会、产品说明书、企业道德责任报告等内容，对企业承担道德责任情况的进行客观评价；同时，社会公众可以担当义务监督员，严密监督企业履行道德责任的状况，积极披露企业道德责任缺失问题。

二　发挥非政府组织的监督作用

作为一种非营利性的社会公益机构，非政府组织是社会政治制度与非政治制度在不断分离过程中衍生出来的一种社会自组织系统，具有民间性、组织性、非营利性、自治性和志愿性等特征。非政府组织在推动解决社会冲突、化解社会矛盾等方面往往发挥着政府和企业所没有或难以充分发挥的作用，有力地推动了社会的进步。因此，在企业道德责任建设进程中，行业协会、消费者协会与环境保护协会等非政府组织应当积极发挥监督作用，推动企业在马克思主义人本观的指引下承担应然的道德责任。

（一）发挥行业协会的监督作用

行业协会是介于商品生产行业与企业之间，为本行业内企业提供信息咨询、沟通协调、公正监督等服务的民间性社会中介组织。在激烈的市场竞争中，行业协会在保护本行业的健康发展、支持本行业内企业增强竞争力方面发挥着重要的推动作用。企业道德责任作为企业的道德软实力，在保障企业生存与发展中的作用越来越重要。因此，为了提高本行业内企业的道德软实力，促进本行业内企业的健康发展，行业协会有义务肩负起推动本行业内企业道德责任建设的任务，有责任成为推动本行业内企业履行道德责任的重要力量。今后，行业协会应继续为本行业内的会员企业提供信息咨询、沟通协调、公正监督等服务。同时，行业协会还需要制定符合行业特点的企业道德责任规范，适时向社会发布本行业内企业的道德责任报告；协助国家和政府制定和实施关于企业道德责任方面的行政法规；严格监督本行业内企业的产品和服务质量、经营作风，推动本行业内企业公平竞争，打击本行业内企业的违法、违规行为，维护本行业信誉。此外，行业协会还需要推动企业道德责任建设方面的国际经验交流，积极学习国外企业道德责任建设的有益经验，并将其及时传递给本行业内企业，据此促进本行业的企业道德责任建设工作。

（二）发挥消费者协会的监督作用

我国的各级消费者协会是由同级的人民政府批准，在民政部门核准登记成立的，致力于对产品和服务进行社会监督、维护消费者合法权益、引导消费者科学合理消费、促进市场经济健康发展等工作的社会公益性组织。随着各级消费者协会的建立和维权能力的提高，消费者协会已成为除政府力量以外规制企业道德失范行为的重要制衡力量。广大消费者通过消费者协会开展的侵权索赔和声讨等维权活动，将对企业的生产经营与生存发展产生深刻的影响，以至于企业慑于消费者的舆论压力，不得不在追求自身利润最大化的同时，关注并维护广大消费者的权益。今后，消费者协会应采用各种办法，向消费者讲解各类企业道德责任标准与维权途径；向消费者提供企业产品与服务的具体信息和咨询服务；协助国家和政府相关部门制定与完善消费者权益保护的法律法规，配合国家和政府相关部门加大对企业履行道德责任状况的监督检查；积极受理消费者对企业产品与服务质量等问题的投诉和调查，对损害消费者权益的企业予以揭露和批评。消费者协会引导消费者积极维权，用货币选票支持承担道德责任的企业，拒绝购买违背道德责任的企业生产的产品，通过扶优限劣，将最终迫使企业树立马克思主义人本观并承担道德责任。

（三）发挥环境保护协会的监督作用

环境保护协会是致力于环境保护方面的交流合作、调查研究、技术咨询、科技推广等事务的社会公益组织。我国的各级环境保护协会为推动环境保护科技进步和环境保护事业的发展做出了重要贡献。在我国致力于建设社会主义生态文明的今天，环境保护协会是敦促企业履行道德责任，有效保护自然环境的一支重要力量。为了减少企业对自然环境的破坏，保护人类赖以生存的空间，我们有必要通过环境保护协会定期向企业宣传环境保护知识、提供环境保护咨询和培训服务；推广环境保护的先进技术和国际经验；制定企业环境保护的行业规范；组织企业参加环境保护方面的认证、评估与鉴定。通过上述努力促使企业形成环境保护意识，积累环境保护知识、提高研发绿色产品的技能。同时，环境保护协会还应积极引导消费者形成文明、理性的消费理念，使消费者认识到保护自然环境对于自身和社会发展的重要性，并尽快形成选购绿色产品和服务的理念与习惯。此外，环境保护协会还应协助国家和政府相关部门制定与完善环境保护方面的法律法规，积极开展环境法律援助工作，帮助环境权益受害者调查取证和申诉维权，借此维护社会公众的环境权益。环境保护协会的积极参与将成为推动企业承担道德责任的重要力量。

三　构建社会化工会的监督模式

企业工会的应然职责是保护员工权益。然而，由于我国多数企业的工会干部由企业所有者任命，并与企业签订劳动合同，由企业支付工资。这一制度安排使工会干部很难站在企业员工的立场上说话，不可能重视员工的利益诉求。例如，杨正喜等人对广州市部分企业工会效用的调查发现，这些企业中 58.6% 的被调查者认为"工会对薪酬调整方面发挥作用较小"①。有鉴于此，我们必须组建真实代表员工权益的社会化工会，才能为员工搭建一个与企业平等对话的平台，从而促使企业在马克思主义人本观的指引下履行道德责任。

（一）推动传统工会机构的组织制度改革

工会一方面是劳动者权益的代表者和维护者；另一方面又是劳资关系的中介者、调解者。多数情况下，企业基层员工在企业中处于弱势地位。因此，发挥工会组织的应有作用，帮助广大员工维护自身合法权益显得十分必要。工会能否发挥应有的功能关键在于工会干部的立场。众所周知，当前我国工会干部一般是上级委任，或者由企业所有者任命。例如，笔者曾经工作过的一家国有棉纺织企业和一家中外合资食品企业，前者的工会主席由上级政府主管部门任命，后者的工会主席由企业的副董事长兼任，台资企业富士康的工会主席由老板郭台铭的秘书兼任。很显然，这类工会主席实际上属于企业的管理层或高级雇员，只能对上级、对企业老板负责。"眼睛向上"的工会干部只能作为企业剥削员工的御用工具，根本

---

① 杨正喜、冯嘉萍、朱妍然等：《企业工会效用与员工满意度相关性分析》，《中国人力资源开发》2016 年第 1 期，第 100 页。

谈不上代表企业员工的利益与企业所有者谈判。这也注定工会难以发挥其应有的作用。在 2010 年 5 月备受中外各界关注的"本田停工事件"中，广东南海区总工会与狮山镇总工会直接倒向资方，蜕变为代表资方的帮凶，代表南海本田汽车零部件有限公司与争取自身权益的员工发生肢体冲突，这被视为中国工会角色错位的标本事件。

因此，必须推动我国传统工会机构的组织制度改革。"本田停工事件"中工会的倒戈，引发了我国珠三角地区一系列工人自发罢工事件，将中国工会推上了舆论的风口浪尖，也激起了全国范围内重组工会的呼声。当前工会改革，重点就是要组建真实代表员工权益的新型企业工会。为此，首先，应推动传统企业工会机构改革。传统企业工会应逐步从企业管理部门中剥离出来，企业工会人员应当由企业基层员工民主选举产生。传统企业工会人员应分流并充实到生产和管理一线，不能再继续同时担任企业高管和工会干部的双重职位。其次，应逐步推动企业工会的社会化改革。政府和社会组织应逐步推行工会干部的专业化、职业化和社会化，积极引导广大企业员工自发组织成立工会，通过企业员工推荐、个人自荐和公开竞聘相结合的方法，面向社会招聘专业化、职业化、社会化的工会工作人员。小型企业的员工可以联合起来，组建跨企业的联合工会。通过对传统工会机构的组织制度改革，把工会工作人员的任免与考评权还给企业员工，这有利于发挥企业工会应然的职责。

（二）多渠道筹集社会化工会的运转经费

推动工会干部的工资和工会的活动经费等工会运转经费与企业脱钩，这是构建新型企业工会监督方式的关键。因此，我国应积极借鉴国外工会运转的经验，通过国家财政支持、工会会员费与社会资助等办法，多方筹措资金用以解决工会工作人员的工资和工会的活动经费。首先，政府应加大对社会化工会的财政支持力度。当前，政府有必要开征企业工会活动税，面向所有企业，并根据企业经营规模和效益情况，结合新型企业工会的运转需要，征收一定比例的工会活动税。本着专款专用的原则，政府应将基于这项税收而

来的财政收入，转移支付给独立于企业之外的企业工会，专门用于
维持社会化工会的场地建设、日常活动费用和工会成员的工资等开
支。同时，作为政府财政的必要补充，新型企业工会也可以通过收
取适当的工会会员费、接受社会捐赠等途径，扩大自身的经费来
源，借此保障新型企业工会的正常运转，以期更好地发挥维护企业
员工基本权益的作用。只有工会干部在人事上、经济上摆脱了对企
业所有者的依赖，扔掉企业的饭碗，工会干部才能真正独立于企
业，才有底气维护企业员工的基本利益。由于制度的原因，当前我
国企业工会职能多局限在平时组织唱歌、跳舞和其他联谊活动，过
年过节发放小礼物、电影票等安抚式服务层面。通过推动企业工会
由"权贵化"向"平民化"的转型与回归，将彻底改变这一局面，
使企业工会在工资待遇、工作时间、工作环境等关系到员工基本权
益的问题上，能够真心实意地帮助员工维权，向企业提出有利于改
善员工生产与生活状况的要求和建议。

在现代社会，社会舆论是发挥道德监控力的一个重要工具。企
业道德责任建设离不开社会舆论的褒贬、教育和劝导。社会舆论通
过对漠视道德责任的企业进行谴责和抵制，对勇于践行道德责任的
企业进行赞扬和鼓励，可以有效遏制企业失德行为的发生。因此，
通过建立组织严密的社会舆论监督网络，发挥社会舆论强大的监督
力量，使企业最终确立以自觉担当道德责任为荣，以背弃道德责任
为耻的荣辱观，这将为我们基于马克思主义人本观开展企业道德责
任建设提供有利的社会道德环境。

第三节　企业在自身道德责任
建设中的具体方略

道德责任实现的基础是道德主体的自我约束，也即道德主体的
道德自律。由于政府调控和社会监督本身的局限性与滞后性等特
点，仅仅依靠政府调控和社会监督的外在约束力量尚不能完全解决
企业道德责任缺失问题。道德自律作为道德责任主体内在的评价尺

度，具有能动性和自觉性的特点。企业唯有实现道德自律，将企业道德责任规范转化为自身的道德自觉与道德习惯，并内化为企业的良心和道德需要时，企业道德责任的实现才具有现实性和真实性。可见，道德自律具有外部约束力难以替代的作用。在市场经济的种种诱惑面前，企业道德责任的实现不仅需要政府和社会舆论的外部监管，而且还需要企业承担道德责任的自我约束意识，借助企业的道德自律得以真正实现。因此，企业自身应秉承马克思主义人本观，通过树立人本理念、实施人本管理、组织人本生产等措施，主动履行道德责任。

一 树立人本理念

理念是制度的先导。企业秉承马克思主义人本观，并将马克思主义人本观所倡导的道德责任原则与规范内化为企业良心，这是企业道德责任建设的前提工作。当前我国企业道德责任缺失的表层原因是外部制度监管不健全，但究其深层原因在于企业内在马克思主义人本理念的虚化。因此，企业应充分认识到国家和社会各界对自身内在的道德诉求，树立起关心爱护员工、真诚对待消费者、积极维护社会公众权益的马克思主义人本理念，这是解决企业道德责任缺失问题的前提条件。

（一）关心爱护员工

马克思主义人本观要求企业在追求财富的同时还要有爱心，关心爱护自己的员工。习近平指出："只有富有爱心的财富才是真正有意义的财富。"[①] 企业爱心作为企业良心的重要组成部分，集中体现了企业的道德责任精神。企业关心爱护自己的员工是企业履行道德责任的最重要表现。在马克思主义人本观的意境里，人是企业最为宝贵的资源，在企业生产经营活动中起着决定性的作用。所以，企业应该关心爱护人，特别是作为企业最重要的利益相关者的员工。企业如果漠视道德责任，忽视对员工的关心与爱护，就会导

---

① 习近平：《之江新语》，浙江人民出版社 2013 年版，第 251 页。

致企业与员工之间"缺少精神上的、价值观上的紧密联系，难于有效地沟通与合作"①。故此，企业领导层要想实现与员工的沟通、交流与合作，就必须首先从关心爱护员工开始，在企业中营造充满爱心的文化氛围。作为社会主义国家的企业，更应该树立马克思主义人本观，在企业日常生产经营过程中，积极创造爱心，真正做到关心、爱护、尊重每一位员工。只有这样，企业管理层才能够走进员工的内心世界，实现与员工的坦诚沟通与交流；才能够了解员工的实际工作状况与生活需要；才能够采取有针对性的措施，为员工提供人本化的工作、生活与道德文化环境。也唯有如此，企业才能与员工通力合作，确保企业在激烈的市场竞争中具备旺盛的生命力和较强的竞争力。

（二）真诚对待消费者

马克思主义人本观要求企业要有诚心，真诚对待消费者。真诚对待消费者要求企业必须树立诚信经营理念。诚信是企业的生存之本和竞争力之源，是企业最为宝贵的无形资产。我国传统文化中，诚信是为人之道的核心道德规范。孟子曾说过："诚者，天之道也，思诚者，人之道也。"（《孟子·离娄上》）可见，早在先秦时期人们就把"诚"作为人立身处世的基本道德要求。从一般意义上讲，"诚"即诚实不欺，主要指行为主体真诚的内在道德品质；"信"即信用守信，主要指行为主体"内诚"的外化。"内诚于心"、"外信于人"的诚信理念完全符合马克思主义人本观的要求，并已成为当今社会普遍认可的道德标准。具体到企业对消费者的道德责任方面，诚信经营理念要求企业在生产经营过程中做到真诚不欺、信守合约，真心实意对待消费者。"'诚信'与'不欺'有机地构成明清晋商最具有说服力的伦理语汇"②。清代晋商乔致庸始终把"守信"作为自己首要的经商之道；乔家的复字号商号坚守诚信经营理

---

① 岳瑨：《企业经济伦理体征：含义、再造与基本理念》，《哲学动态》2016 年第 2 期，第 86 页。

② 阮海云、卫东海：《对明清晋商精神内在性超越问题的思考》，《山西档案》2015 年第 5 期，第 42 页。

念，确保质量，价格公道，决不以次充好，缺斤少两。对顾客的诚信赢得了复字号商号的良好声誉。社会主义企业生产产品或提供服务的终极目的是为了更好地满足人民群众物质与文化生活的需要。企业服务的对象是作为人民群众一部分的消费者，为消费者提供优质的产品和贴心的服务，不仅关系到企业的形象和生存问题，而且也是社会主义企业本质的内在要求。因此，企业在制定实施质量管理、营销管理、价格管理以及售后服务等规章制度方面，都应该遵循诚信经营理念，为消费者提供物美价廉、安全可靠的产品与服务。

（三）积极维护社会公众的权益

马克思主义人本观要求企业要有义心，积极维护社会公众的权益。企业积极维护社会公众的权益体现了社会对企业的本质要求和企业道德文化的理性精神。美国福特汉姆大学的米格尔·阿尔索拉认为，"如果我们处在一个可以避免或减轻很大的危害、且对我们没有太大成本的特殊情景下，我们有责任提供帮助"[1]。因此，当我们视企业为一个个体的时候，企业应该秉承马克思主义人本观，并按照能力原则承担起对社会公众的道德责任。从企业的本质和目的来看，社会主义企业的本质决定了企业生产经营活动的目的，不仅是为了实现企业自身和股东的利益最大化，而且还必须服从社会发展的总体要求，必须与社会经济发展的总体目的和社会公众的长远利益相一致；从企业自身的长远发展来看，企业积极维护社会公众的利益，表面上看似乎是增加了企业的成本，但在实际效果上却有利于形成企业生产经营的良好社会环境，从而有利于企业的后继发展和自身利润的最大化。例如，企业为维护社会公众利益而研发节能产品，减少产品能耗和对资源与环境的破坏，可以有效地将社会公众转化为本企业的消费者。可见，企业追求利润最大化必须以道义为本。企业如果为一己私利，根本不考虑社会公众的利益，那

---

[1] Miguel Alzola, "When urgency matters. On non-discretionary corporate social Responsibility", *Human Systems Management*, Vol. 27, No. 3, January 2008, p. 276.

么企业就不可能持久生存。

因此，企业必须树立马克思主义人本理念，并将其融入企业生产经营的原则和目标之中，以积极的心态维护社会公众的根本利益。当前，自然环境、社区建设、弱势群体就业等是社会公众普遍关心的问题，也是与企业密切相关的问题。如果这些问题得不到有效的解决，将造成环境破坏、生态失衡、贫富差距扩大等问题，最终将危及社会的和谐与稳定，继而危及社会公众的基本权益和企业长远发展的环境。故此，企业应该在生产经营活动中尽量减少对自然环境的污染、支持社区建设、为社会弱势群体提供就业机会；有能力的企业应该积极从事社会公益和慈善事业，这将有助于实现二次分配的公平，促进社会的文明和进步。

二　实施人本管理

人本管理是企业在经营管理环节对人的重视与关怀，是企业履行人本理念的基本体现。人本管理是保障企业人本意识转化为德性管理行为的关键环节。因此，我国企业应依据马克思主义人本观的基本精神，通过健全人本管理制度、实施人本化分配、开展员工教育培训等措施，给予员工以人本关怀，达到尊重、信任、理解、关心员工的目的。

（一）健全人本管理制度

人本管理需要制度保障，制度化的最常用的方式是制定行为准则。为此，企业应秉承马克思主义人本观，从用人公平、民主管理、有效沟通等方面健全人本管理制度，并将这些伦理化的制度通过企业道德准则的方式确定下来。

1. 坚持用人公平

公平即公正、公平、不偏不倚的意思。公平虽然是在理想的状态下实现的，现实生活中没有绝对的公平。但是，马克思主义人本观提倡公平，公平也是现代社会得以维系、稳定与发展的基础。在马克思主义人本观的意境里，实现公平的前提是取消任何个人所拥有的任何形式的特权。具体到企业道德责任而言，用人公平意味着企业应该在员工招聘、培训、绩效考核、福利待遇、职位晋升等方面做到人人平等。然而，中国部分企业的现实却并非如此，一些企业，特别是非公有制企业在用人上无视公平的道德法则，存在严重的劳动用工歧视现象。在台资企业富士康，大陆员工普遍受不到重用，即便是大陆员工工作能力突出，工作业绩优异，也会因为其大陆身份而难以到核心岗位就职，故此也很难担任企业的高层管理。类似情况在我国的家族企业中更是屡见不鲜。这种任人唯亲的用人制度是明显的劳动用工歧视。因此，企业要建立科学民主的聘用制度，在人才选拔、教育培训和使用方面严格按照公平公正的用工原则，在企业中形成知人善任、举贤任能的用人环境，让优秀员工有机会到企业的核心技术与管理岗位工作。近现代企业发展史业已证明，一个企业如果能够坚持用人公平、任人唯贤，那么这个企业就可能兴旺发达；反之，一个企业如果长期存在徇情嫉贤、任人唯亲，那么这个企业最终必然走向失败。

2. 推行民主管理

企业民主管理是通过职工代表大会等组织，发动企业职工民主参与、民主监督企业生产经营活动，促进企业决策民主、利益关系公平的一种民主管理制度和管理方式。在企业推行民主管理，让员工有机会参与企业的经营管理活动，这不仅是改善企业人际关系与员工自我实现的需要，同时也有利于企业经济效益的提高。例如，新余钢铁集团通过接纳员工参与生产管理、广泛征集员工合理化建议、采用重大事项全员投票表决制度等方式积极推行民主管理，并通过微信公众平台等载体，将企业信息及时传递给员工。该企业的民主管理取得了显著成效，如"员工关注企业信息的主动性日益增多；员工参与企业管理的热情日益高涨；企业基础管理工作得到进一步加强；员工对企业的认同感提升"①。因此，企业应当秉承马克思主义人本观，主动实施民主管理，积极构建企业的民主管理制

---

① 李健勇、桂秀娟：《利用微信平台，创新企业民主管理》，《企业管理》2016年第2期，第77页。

度，为所有员工提供民主管理企业事务的平台。为实现这一目标，企业首先应该健全职工代表大会制度。企业职工代表大会是企业员工参与民主管理的主要渠道，职工代表大会制度的完备性是落实其职权的关键。所以，企业应建立与职工代表大会相配套的制度，如建立与完善职工代表大会民主评议制度、职工代表大会举报监督制度、职工代表大会督查通报制度、职工代表质询制度等。通过完善的职工代表大会制度全面审议、批准、督查关于企业发展规划、福利方案和涉及员工生产和生活等方面的重大决策。其次要实施厂务公开。厂务公开是企业员工了解、参与、监督企业生产经营活动、参与企业民主管理的一个平台。企业通过厂务公开制度接受员工的民主监督，能够促进企业生产经营活动的民主化进程。总之，推行企业民主管理是克服企业短期行为，确保企业履行道德责任的重要途径之一。

3. 搭建有效的沟通平台

良好的沟通有利于人与人之间思想与情感的交流，增加互相了解，及时化解摩擦和矛盾。在企业中搭建有效的沟通平台，增进企业管理层与员工之间的交流和理解，可以有效减少劳资冲突，进而形成和谐的企业文化环境。作为中国目前最大的钢铁企业，上海宝钢集团及其管理层十分重视与员工的沟通与交流，并通过各种渠道积极回应员工的利益诉求。宝钢集团为搭建管理层与员工的沟通平台，在企业中专门设置了一个涉及三个层面的"问号"收集体系。一是企业党委与管理层收集；二是工会收集；三是团委收集。其中，工会每年开展一次涵盖宝钢集团五千名员工的问卷调查，团委则搭建了一个与员工互动交流的网络平台。这三个层面工作的主旨就是收集员工日常工作和生活的具体需要。[①] 宝钢集团党委书记刘国胜介绍，宝钢集团在收集员工"问号"的基础上，重点解决员工最关心的几个问题，例如住房、员工互助以及对员工的人本关怀等

---

① 李荣：《宝钢"交底"，员工找到"家"的感觉》，《新华每日电讯》2011 年 4 月 1 日第 6 版。

问题。宝钢集团的经验无疑具有积极的借鉴意义。为了加强企业中人与人之间，特别是管理层与员工之间的思想与情感交流，企业应坚守马克思主义人本观，积极搭建有效的沟通平台，形成有利于企业人员思想交流的氛围。一方面，企业应加大对员工的人本关怀。人本关怀要求企业尊重员工、信任员工、理解员工。因此，企业管理层在日常生活中应该主动与员工接触，关心员工的日常生活，这样才能消除与员工的心理隔阂，取得员工的信任，进而掌握员工的真实想法。另一方面，企业要搭建具体的对话平台。例如，利用意见箱、公告栏、班组会等方式加强管理层与员工的沟通。同时，企业还应建立沟通反馈制度，对沟通中发现的问题及时处理。在企业中搭建有效的沟通平台，促进企业管理层与员工之间的思想沟通与情感交流，能够满足员工的自尊感、成就感、归属感等心理需求。

（二）实施人本分配

人本分配是企业在分配环节对员工劳动收益权的尊重与保护。分配的人本化是企业社会属性的本质要求，也是企业承担道德责任，实现社会分配正义的根本体现。对此，德国学者英格·派斯等人指出："企业的目的在于创造社会价值。企业的一个社会任务就是组织互利合作。"① 因此，企业应秉承马克思主义人本观，通过提高员工工资、加大激励力度、积极帮扶困难员工等措施实施人本分配，进而提高员工的幸福感和归属感。

1. 提高员工工资收入

提高员工工资收入是国家发展经济的最终目的和改善民生的基本要求之一。现阶段，不断提高企业员工工资收入，对于扩大内需，提升人民的消费层次与水平具有十分重要的意义。同时，对企业员工来说，工资收入是自己最重要的经济来源。合理的工资收入不仅是员工及其家庭提高日常生活质量的重要经济保障，而且对于员工寻求自身的进一步发展意义重大。近年来，随着我国经济的快

---

① Ingo Pies, Markus Beckmann and Stefan Hielscher, "Value Creation, Management Competencies, and Global Corporate Citizenship: An Ordonomic Approach to Business Ethics in the Age of Globalization", *Journal of Business Ethics*, Vol. 94, No. 2, June 2010, p. 276.

速发展，我国企业员工的平均工资收入水平有了较大程度的提高。但是，由于分配制度等原因，我国企业工资分配中也存在员工工资性收入在初次分配中的比重逐年下降、基层员工工资增长缓慢、企业内部收入差距过大等问题。建立合理的企业收入分配制度，促进企业普通员工工资的持续增长，是马克思主义人本观的基本要求，也是企业履行道德责任的具体体现。对此，美国德雷克大学的罗杰·卡尼斯认为，企业要想建立良好的雇主—员工关系，就不能仅仅局限于企业的财务底线；在这方面应该采取以礼貌和尊重对待所有生物的态度去做正确的事情，而不应考虑"可以得到何种类型的利润"①。因此，企业应充分肯定员工的物质利益需要，坚持分配的正义理念，让员工分享部分企业发展的成果。首先，企业要合理分配利润。企业可以依据年度经济效益情况，提取部分企业利润分配给所有员工，用以提高全体员工的基本工资水平。其次，企业要积极落实工资集体协商制度。企业应与职工代表大会、工会组织、政府相关机构密切配合，积极实施企业工资集体协商制度，在基本工资确定、工资增长计划等方面，充分听取并积极采纳企业员工、工会和政府的合理意见和建议。最后，企业要深化内部分配制度改革。企业应秉承马克思主义人本观的基本精神，合理制定企业内部分配制度，切实解决因性别、户籍、职位不同所形成的同工不同酬现象，实现企业内部分配的人本化。

2. 扩大股票期权激励范围

股票期权激励是企业依据股东利润最大化和所有权与经营权分离的现实考虑，企业所有者（股东）以股票期权作为激励手段，对企业经营者进行的激励。一般情况下，企业董事会代表股东与企业经营者签订协议，当企业经营者完成一定的业绩条件后，企业所有者（股东）就以一定的优惠价格授予企业经营者在一定期限内购买企业的股票期权，从而达到企业经营者为企业所有者（股东）利益

---

① Roger Eugene Karnes, "A Change in Business Ethics: The Impact on Employer – Employee Relations", *Journal of Business Ethics*, Vol. 87, No. 2, June 2009, p. 195.

最大化而努力工作的目的。目前多数上市企业股票期权激励的对象主要是企业的高级管理人员和核心技术人员。为了进一步推动人本分配，企业可依据马克思主义人本观的基本精神，借鉴股票期权的激励办法，将股票期权激励的对象扩展至企业的全体员工，逐步实施员工全员持股、工龄股份等制度。例如，实行企业员工工龄股份制度，在具体做法上，企业可以依据员工在本企业内工作的时间，无偿给予员工一定数额的企业股份。这样一方面可以使员工有机会分享企业发展的红利，激励企业员工在本企业长期服务的积极性和主动性；另一方面也能够使员工有动力分担企业的经营风险，最终促使企业与员工形成密切联系的利益共同体。股票期权激励制度体现了企业分配制度的未来走向，它能够有效保障企业底层员工的部分经济权益，进而促进企业人本分配的实现。

3. 积极帮扶困难员工

积极帮扶困难员工是企业坚守马克思主义人本观、实施人本分配的具体表现。故此，企业在实施初次收入分配的基础上，还要积极开展企业的二次收入分配。企业二次收入分配主要体现了企业对困难员工的特殊帮扶和关照。在一个企业中，由于员工工作能力、工作岗位、家庭负担等客观条件存在差异，企业中不可避免地存在部分生活困难，经济压力较大的员工。因此，企业在实施初次分配后，还应积极组织二次收入分配，借此对困难员工的基本生活给予一定的照顾，使他们能够拥有基本的生活和生存条件。为此，企业应该树立马克思主义人本观，制定帮扶困难员工的长效措施，积极寻求解决困难员工经济压力和生活困难的办法。首先，企业应设立帮扶困难员工的专门机构。在具体实践中，企业可以设立困难员工帮扶中心、困难员工帮扶工作站等机构，专门负责对企业内困难职工的帮扶工作。其次，企业应多渠道筹集困难员工帮扶基金。企业可以通过划拨企业部分利润、组织员工捐款、开展员工互助保险等形式多渠道筹集困难员工帮扶基金。企业通过该基金对企业内的老、弱、病、残等困难员工的生活、医疗、住房、子女上学等具体困难给予妥善的帮扶和资助。企业积极帮扶困难员工是企业履行道德责任的重要体现，它可以促进社会分配正义的实现和整个社会善的进步。

（三）开展员工教育培训

企业开展对员工的教育培训工作是承担道德责任必不可少的关键环节。开展员工教育培训不仅可以为企业积累人力资本，增加企业的核心竞争力，而且可以提高员工的工作能力和心理素质，让员工看到自我发展的前景，增强员工抗挫折的心理承受能力。可见，企业积极开展员工教育培训工作，是企业秉承马克思主义人本观的良好表现，也是促进企业员工自由而全面发展的重要保障。

1. 挖掘社会教育培训资源

企业秉承马克思主义人本观，通过社会教育培训资源开展员工培训工作，这是促进员工全面发展、提升员工社会适应能力的需要。在当今社会，知识与技术不断更新，这一方面带动了经济与产业结构的急剧变革；另一方面也要求人们必须通过不断的学习来适应这一变革。企业通过对员工的教育培训，可以增加员工的知识与技能水平，进而达到促进员工全面发展的目的。因此，企业应当划拨适当的教育培训经费，设置相应的员工教育培训机构，并充分挖掘社会教育培训资源，加强与相关教育培训机构间的交流与合作，加大对员工教育培训的力度。在具体实践中，企业可以通过自身的教育培训机构、聘请高校或职业院校的相关学者，对员工进行企业文化、职业道德、专业理论知识、岗位操作技能以及职业生涯规划等方面的教育培训工作，据此端正员工的工作态度、提高员工的工作能力和综合素质。同时，企业可以通过聘请心理医生，开展员工心理健康教育，定期对员工进行职业心理健康宣传、评估，引导员工合理应对各种压力和挫折，帮助员工保持积极的心态和乐观的情绪，增强员工对心理问题的抵抗力。有条件的企业还可以充分利用远程网络教育等现代科技开展员工教育培训工作，不断提高员工教育培训的便捷性和实效性。

2. 营造企业团队学习氛围

企业营造良好的团队学习氛围，通过团队学习方式开展员工培训，这是提高员工适应企业生产和发展的能力之需，也是企业维持自身持久生存与发展的重要保障。一方面，企业营造良好的团队学习氛围，这能够增加企业的所有者和管理层之间、管理层与员工之间、员工与员工之间的友谊和凝聚力，可以营造良好的企业文化氛围，进而有利于形成和谐的企业生产关系，有利于激发员工工作的积极性和创造力，从而使员工能够及时跟上企业生产和发展的步伐；另一方面，企业营造良好的团队学习氛围，打造学习型企业，这也可以促进企业员工个人业务能力的提高和自身的全面发展，从而为企业的持久生存与发展提供人才保障，使企业能够更好地应对激烈的市场竞争。为此，企业应当秉承马克思主义人本观，积极把握人才开发的特点与规律，建立健全各种团队学习制度，大力开展关于生产工艺、岗位技能、质量监控、安全生产等方面的团队学习与培训，依此保障企业员工劳动技能和综合素质的提高。例如，企业可以通过班组会、岗位轮换、经验交流会、以老带新与以新促老等形式，在企业营造一个人人要学习，时时是机会，处处是榜样的良好团队学习氛围，尽可能让企业每一个员工都有充分的机会去提高自己的劳动技能与综合素质。

三　开展人本生产

人本生产是企业在生产环节对员工基本人权的关注与尊重，是企业履行道德责任的具体要求。马克思主义人本观要求企业必须高度关注员工、消费者和社会公众的健康与生命。因此，我国企业应依据马克思主义人本观的基本精神，努力通过改善员工的劳动环境和条件、保障产品安全和保护自然环境等途径积极承担道德责任。

（一）改善劳动条件

企业通过减少劳动时间、降低劳动强度、提高生产的安全性等措施开展人本生产，改善员工的基本工作环境，以降低工作的疲劳度和枯燥度，使员工有时间和精力从事业余文化娱乐活动，这是马克思主义人本观的基本要求。

1. 减少劳动时间

提出减少劳动时间的企业道德责任要求是基于目前我国企业员

工普遍超时劳动的现实。例如，笔者曾经工作过的一家合资食品企业，该合资食品企业包装车间员工每天工作时间长达 12 个小时以上，并且员工一个月只有半天休息时间！这家合资食品企业的其他车间同样存在员工长时间劳动的问题。对此，该合资食品企业某领导在一次讲话中说：我们可以自豪地向全世界宣布，我们没有节假日！事实上，这一问题是存在于我国很多企业之中的共性问题，我国很多企业员工的劳动时间都超过了《劳动合同法》规定的有关标准。企业变相强迫员工超时劳动是与马克思主义人本观背道而驰的一种极不道德的行为，这无疑加剧了员工的异化，践踏了员工的尊严，降低了员工的幸福感和生活质量；同时，企业变相强迫员工超时劳动必将引发员工的不满，极易引发劳资矛盾并威胁社会的和谐与稳定。因此，在员工劳动时间方面，企业需秉承马克思主义人本观，按照《劳动合同法》关于劳动时间的规定，依法合理安排劳动用工时间；企业中若出现员工缺编情况，应及时招聘新员工予以补充；企业中若存在变相强迫员工超时劳动的情况，企业决策层和管理层应当深刻反省，及时采取措施，务必尽快减少员工的劳动时间。

2. 降低劳动强度

劳动强度是劳动者在单位时间内的劳动支出，即劳动密度。增加劳动强度是资本主义制度下，资本家剥削工人所使用的重要手段之一。高强度的劳动极易诱发员工一系列身心疾病，如高血压、血尿症、抑郁症等。这些疾病将对员工身心健康造成巨大损害，且容易引发员工轻生的念头。例如，2014 年，意大利古奇（Gucci）公司因在我国经营"血汗工厂"而被媒体广泛披露。据古奇公司的员工透漏，为古奇公司加工手袋的中国员工每天需要从事 14 个小时的高强度劳动。为了监管员工，古奇公司制定了 100 多项严苛的规章制度，如员工喝水上厕所也要提出申请，导致部分员工因此而尿血；员工上班时间需长时间站立，导致员工静脉曲张，甚至导致一名女性员工流产。显然，意大利古奇公司在我国的"血汗经营"已经公然背弃了马克思主义人本观的基本理念。因此，在降低员工劳动强度方面，企业要秉承马克思主义人本观，积极培育企业管理层的道德良知和同情心，并从维护员工的切身利益出发，推行人本生产。通过安排合理的作息制度、改善作业环境、提高装备的人性化水平、调整工作内容等措施，降低员工的劳动强度，以缓解员工工作的疲劳感、单调感和枯燥感，使员工有时间和精力从事业余文体娱乐活动，这才是企业人本生产之道。

3．开展安全生产

企业开展安全生产是担当人本道德责任的积极表现。当前我国企业，特别是一些资源开发型和重化工型企业面临艰巨的安全生产任务。这些企业一旦发生生产事故，就可能造成群死群伤、中毒污染等重大灾难。因此，企业应秉承马克思主义人本观，采取各种措施开展安全生产，消除安全隐患，保障员工的劳动安全。首先，加强安全生产教育。安全生产事关企业员工的身心健康和生命安全，企业员工只有掌握必要的安全知识，才能树立起正确的安全生产意识。为此，企业应开展对员工的安全知识教育，使员工了解企业生产的安全操作规程和安全隐患注意事项，从而增加员工的安全生产意识和应对突发事故的自我保护技能。其次，加大安全设施投入。企业应在优化生产工艺、选购安全设备等方面加大投资，确保生产安全的需要。一是优化生产工艺。优化生产工艺是安全生产的基本保障。企业应加强研发力度，采用高新技术和材料改造和替换落后的生产工艺；二是采取生产事故的防控措施。企业应建立科学的生产设备管理制度，定期进行生产设备的检测、护理与维修，发现问题及时处理；企业应及时翻修和替换落后生产设备，减少甚至杜绝生产事故的发生。最后，改善工作环境。企业应通过有效的职业病防控、配备必要的劳保用品等措施为员工提供人性化的工作环境。

（二）保障产品安全

企业确保产品安全是人本生产的重要方面，也是其履行对消费者道德责任的基本体现。消费者的信任是企业生存与发展的前提之一。因此，企业必须秉承马克思主义人本观，树立维护消费者权益的生产经营理念，在产品的原料采购、生产加工、包装销售等环节严把质量关，为消费者提供安全可靠的产品。

1. 严格筛选产品原料

质量过硬的产品原料是保障产品质量的根基。然而，从近年来我国频繁出现的食品、药品等产品安全事件来看，企业对产品原料筛选与采购环节监管不严是导致产品安全事件的根本原因之一。例如，近年来备受消费者和社会公众谴责的"皮革奶事件"、"地沟油事件"、"瘦肉精事件"、"镉大米事件"、"三聚氰胺奶粉事件"等，引发了一系列餐饮和食品企业的产品安全问题，对消费者身心健康造成了一定程度的危害。究其原因就是这些企业为了节约成本，谋取高额利润而放松了对产品原料筛选与采购的把关力度。为了保护消费者的切身利益，企业应该坚持马克思主义人本观，严格筛选产品原料，切实履行对消费者的道德责任。例如，在产品原料采购过程中，企业应对产品原料的供应商进行严格筛选，择优录用那些报价合理、供货及时、质量过硬的产品原料供应商；同时，企业应对产品原料本身进行严格检验、严格管理，做到从源头上消除产品质量的安全隐患。特别是与广大消费者健康与生命安全密切联系的食品与药品，企业一定要对产品原料基地进行定期检查、指导和管理，使之按照企业产品质量标准的要求生产和供货，必要时企业应通过并购的方式直接组建自己的产品原料生产基地。

2. 严格监控产品加工流程

产品本身的安全是产品安全的核心，生产加工流程是决定产品安全的重要环节。产品本身的安全不但对消费者意义重大，而且对于企业的生存与发展也具有决定性的影响。企业在激烈的市场竞争中，如果能够给消费者提供安全可靠的产品，那么，广大消费者就会通过更高的企业产品忠诚度和更多的需求等方式支持企业的发展，企业就能够从履行道德责任的实际行动中得到相应的回报。反之，企业若无视产品质量和安全，一旦损害到消费者的身心健康和生命安全，那么等待企业的就是市场规律和法制的惩罚，甚至导致企业因此而破产倒闭。因此，企业必须秉承马克思主义人本观，严格监控产品生产加工流程，为消费者提供安全可靠的产品。为保障产品安全，企业首先应严格按照国家和行业规定的标准和工艺流程进行生产。一旦发现问题，应及时采取措施加以处理和改进。其次，企业要制定产品安全规范，定期举行产品安全方面的教育和培训，向全体员工灌输产品安全意识，确保全体员工切实重视产品安全问题。最后，企业要加大质检力量，抽调学历高、工作认真负责、具备专业知识的员工充实到质检或产品安全管理部门，按照企业产品质量安全规范加强对产品质量的监督检查，严控不合格产品流入市场。

3. 确保产品包装安全

包装安全也是产品安全的重要环节。近年来，社会各界对产品安全问题的关注主要集中于产品本身。实际上，由于目前我国政府对产品包装的安全、卫生监控力度尚比较薄弱，企业自身又出于节约成本等方面的考虑，致使我国企业包装安全问题较为突出。例如，有些食品企业通过对垃圾站回收的废弃泡沫、农用薄膜、医用废弃物等塑料垃圾进行简单加工，不做严格的消毒处理就用来包装食品。这些再生塑料中含有甲醛、稳定剂、增塑剂等对人体有害的化学物质。有些食品企业采用的产品包装存在较为严重的铅、铬、镉等重金属残留和苯残留超标现象，这些有害物质会渗入到食品进而迁移到人的身体中。消费者如果长期使用这类包装材料包装的产品，则有可能引发中毒甚至致癌。因此，在产品包装环节，企业应秉承马克思主义人本观，严格按照国家有关规定，遵照国家标准、行业标准等的具体规定进行包装。企业回收和利用有毒有害的废弃包装材料一定要进行无害化处理。企业生产易燃、易爆、有毒、辐射性产品时，更应该高度重视产品包装安全，选用高质量的包装材料，在显著位置注明产品在运输、装卸、储存和使用过程中的注意事项，防止消费者因包装问题而造成人身伤亡和财产损失。

（三）保护自然环境

自然环境是人类和企业共同的生存空间。既往企业粗放型的生产经营活动虽然在一定程度上促进了经济的发展，但是却严重破坏了自然环境，未能促进人类社会整体效益的提升。正如南澳大利亚大学的保罗·沈和莎伦·亚姆所言，企业"经济上的成功不足以创造一个更美好的世界。要创造更多的社会的善，以利润为导向的企业管理者应把推动和参与更多的对社会和环境负责的活动作为企业经营策略的一部分"①。当前，环境保护依然是人类面临的最为迫切而严峻的问题。为此，企业应该坚持马克思主义人本观，确立绿色经营理念，通过开展环境保护教育、研发绿色产品、实施绿色生产等措施，切实担负起保护自然环境，促进人、自然、社会和谐发展的责任。

1. 开展环境保护教育

企业环境保护教育是使环境保护思想转化为企业环境保护道德意识和行为的实践，其核心内容是树立企业整体的环境保护道德意识。唯有如此，企业才能增强节能减排的自律性，积极投身到保护自然环境、维护生态平衡的经营实践中去，自觉履行作为环境保护道德主体的责任和义务。因此，企业应秉承马克思主义人本观，把环境保护教育纳入教育和培训体系，使之成为企业人力资源部门及各层领导的重要职责，使环境保护教育成为企业行为。企业应针对自身情况，结合企业文化活动，制定具体的环境保护教育内容，不断完善环境保护培训制度，加大环境保护教育的培训力度，使企业所有成员都应了解保护自然环境对企业发展和维护社会公众利益的重要性。具体来讲，一是要培育企业管理层的环境保护责任意识。企业管理层确立保护自然环境的责任意识，将有助于企业的决策管理朝着环境保护的方向发展。按照理论联系实际、分级分类培训、保证教育效果的原则，使他们深刻领会保护自然环境的本质意义和人本价值取向，并将其运用到企业决策与管理之中。二是要通过舆论和教育，引导员工树立环境保护责任意识，并使之内化为员工绿色生产的信念。三是要通过规章制度等载体，形成相对稳定的，具有约束力的环境保护原则和规范。同时，企业要重视环境保护的国

① Paul K. Shum and Sharon L. Yam, "Ethics and Law: Guiding the Invisible Hand to Correct Corporate Social Responsibility Externalities", *Journal of Business Ethics*, Vol. 98, No. 4, February 2011, p. 561.

际交流与合作，积极与国外环境保护组织、教育科研单位取得联系，学习、交流和借鉴国外环境保护的经验与成果。

2．开发绿色产品

开发绿色产品既是实施绿色生产的前提，也是保护自然环境的重要保障。我国"十三五"规划提出："绿色是永续发展的必要条件和人民对美好生活追求的重要体现。"① 因此，企业应秉承马克思主义人本观，组织研发人员，着眼于节能、耐用、简便和零部件易于回收等方面，加大绿色产品的研发力度，使产品在生产、使用和回收环节更加节约自然资源，产生的废弃物尽可能减少。当前，在科技与环境保护道德责任分离的情况下，部分企业的新产品研发人员往往只考虑产品的性能和生产成本，忽视如何降低产品能耗和减轻环境负荷。因此，企业要加大环境保护科技创新的经济激励力度，推行研发和管理人员技术入股、专利入股、管理入股和持股经营政策，采取期权、期股等各种分配激励方式，推动他们积极从事环境保护技术创新工作。同时，企业还应加大精神激励力度，使环境保护研发和管理人员在开发绿色产品方面的工作业绩与其职位、荣誉紧密挂钩，从而鼓励他们开动脑筋，发挥智力潜能，设计出物美价廉的绿色产品，使企业生产经营活动对自然环境的不良影响最小化。通过物质和精神激励，能有效增强企业环境保护道德责任意识，研发出更多绿色产品。

3．实施绿色生产

生产的绿色化要求企业在生产过程中要客观分析供求关系，保持适度的生产规模以求节约自然资源；积极研发并利用绿色技术，生产绿色产品；树立循环经济理念，充分利用废旧原料。人类社会进入 20 世纪以来，随着科学技术和工业经济的迅猛发展，企业在大量开采与使用矿石、煤炭、石油、天然气等自然资源的过程中，严重破坏了自然环境，打破了自然生态的平衡。由此产生了水污

----

① 中共中央：《中华人民共和国国民经济和社会发展第十三个五年规划纲要》，人民出版社 2016 年版，第 14 页。

染、大气污染、土地污染、资源枯竭、全球性气温升高等危及社会可持续发展和社会公众根本权益的事件。在 20 世纪的 100 年中，人类共消耗了 "1420 亿吨石油、2650 亿吨煤、380 亿吨铁、7.6 亿吨铝、4.8 亿吨铜"[①]；同时排放出大量温室气体，这使大气中二氧化碳浓度从 20 世纪初不到 300ppm（百万分率）上升到目前 400ppm（百万分率）水平，地球平均气温亦随之升高了 0.74℃。气候变暖导致了冰川消融、水灾频繁、海平面上升、沿海土地盐碱化、部分物种灭绝、岛屿消失等严重后果，威胁到全球的生态平衡和人类社会的可持续发展。因此，企业应秉承马克思主义人本观，及时转变以往的粗放型生产经营模式，积极实施绿色生产以应对气候变化对人类造成的重大挑战。实施绿色生产要求企业做好以下工作：一是改造传统设备和工艺，对高能耗、高污染的传统落后生产设备和工艺进行升级改造，必要时购置更先进的生产设备和工艺，减少生产过程的废弃物排放量。二是采用绿色材料，使包装既能满足商品运输、储存、销售的需要，又能节约资源，保护环境；对白色污染等难降解的产品或包装材料，提倡替代资源，引导消费者购买环境保护类产品。三是建立废品处理与循环利用产业链。建立废旧产品循环回收体系，通过逆向物流渠道，最大限度地利用废旧产品，提高资源的综合利用率。从生产这一核心环节抓起，是推进企业保护自然环境，履行道德责任的关键。

改革开放以来，我国经济发展取得了令人瞩目的巨大成绩。这与我国企业经济的快速发展密不可分。然而，由于我国企业长期实行粗放型的生产经营模式，加之法律制度的不健全和企业逐利性动机等因素的影响，致使我国企业道德责任意识十分淡薄，企业道德责任缺失现象十分普遍。企业道德责任缺失一方面给员工、消费者和社会公众的基本权益造成了极大损害，严重危及社会的和谐与稳定；另一方面也给企业自身的声誉和形象带来了诸多负面影响，极

[①]　巩前文、严耕：《"绿色生产"指数构建与测度：2008—2014 年》，《改革》2015 年第 6 期，第 73 页。

大削弱了企业的竞争力，甚至危及企业的生存与发展。因此，企业作为市场经济活动的主体，除了要推动社会经济发展，遵守国家的法律制度外，还必须承担相应的道德责任，以此促进社会善的进步。在马克思主义人本观的意境下，企业道德责任的人本取向是促进企业自身长远发展与维护员工、消费者和社会公众基本权益的重要保障。基于马克思主义人本观的企业道德责任建设是一项系统工程，必须依靠政府、社会、企业三方的共同参与，形成企业道德责任建设的合力，这是根治企业道德责任缺失问题的关键。我们有理由相信，在马克思主义人本观的正确引导下，在政府、社会和企业自身的不懈努力下，我国企业自觉履行道德责任的意识将会逐步提高，我国企业对员工、消费者和社会公众将会更加负责任。

第六章 结论与展望

本章综合前文的研究成果，对本研究的创新点进行简要地总结，并对企业道德责任领域未来进一步研究方向提出自己的建议。

一 本研究的主要创新点

本研究在借鉴国内外既有研究成果的基础上，通过研究视角的转换和学科理论的拓新，基于马克思主义人本观积极探索企业道德责任建设的具体方略，并形成以下几点创新：

（一）本研究构建了一个体系较为完整的理论分析框架

本研究关注的核心问题是基于马克思主义人本观构建企业道德责任建设的理想模式。那么，如何论证马克思主义人本观与企业道德责任的内在关联？这无疑成为本研究需要重点突破的课题。基于这样的逻辑和考虑，首先，本研究在系统梳理中外传统文化中蕴含的人本观的基础上，对马克思主义人本观进行了深入阐释和理论界定；其次，本研究基于马克思主义人本观，对企业道德责任的人本理据进行了系统地分析和论证，厘定了企业道德责任的人本意蕴与价值维度；最后，本研究在马克思主义人本观的意境下，将企业道德责任理解为构建企业与员工、消费者和社会公众这三个最重要的利益相关者之间的和谐关系。本研究基于马克思主义人本观，紧紧围绕企业道德责任建设的人本价值取向这一理想模式，通过分析与论证马克思主义人本观与企业道德责任的内在关联，最终形成了一个体系较为完整的企业道德责任理论分析框架。

（二）本研究提出人本是企业道德责任实质的观点

本研究在界定马克思主义人本观及企业社会性本质的基础上，提出人本是企业道德责任实质的观点。一方面，马克思主义人本观的主旨决定了人是社会发展的目的与归宿；企业的本质决定了企业不仅是一个经济主体，更是一个社会主体和道德主体。因此，企业必须以维护和实现员工、消费者、社会公众的权益作为其生产经营的核心任务和根本目的；另一方面，本研究通过企业道德责任缺失的现状考察发现，企业道德责任缺失的主要受害者也是人（员工、消费者、社会公众）。故此，本研究提出，企业道德责任的实质就是人本，企业道德责任建设的实质内容与核心价值取向也是人本。本研究基于马克思主义人本观提出企业道德责任的人本实质观，其本意就是要将维护与实现员工、消费者和社会公众的根本权益，作为企业生产经营活动以及企业道德责任建设的根本目的与归宿。

（三）本研究系统论证了企业道德责任的人本理据

本研究通过整合多学科知识来探究企业道德责任的人本理据。本研究着眼于马克思主义人本观的视野对企业道德责任的概念及其人本内涵进行了清晰化的梳理和界定。在此基础上，本研究按照从抽象到一般的原则，从多学科维度探析企业道德责任人本取向的理论渊源与依据。具体而言，本研究首先从文化哲学的视野，系统分析了马克思主义人本观的时代特征及其科学内涵。然后，本研究从经济学与管理学的视野，阐释了企业的概念及其本质——"经济性"与"社会性"的统一体，借此为企业道德责任的人本取向提供理论支撑。在此基础上，本研究从理论与实践两个层面剖析了企业道德责任的人本理据。在理论层面，本研究系统挖掘了利益相关者理论、企业伦理理论、企业公民理论等企业道德责任基础理论的人本意蕴。并结合马克思主义人本观指出，企业道德责任基础理论实际上蕴含着企业应当对员工、消费者和社会公众等利益相关者实施人本关怀；在实践层面，本研究基于马克思主义人本观，系统阐释了企业道德责任的人本诉求，力图反推企业道德责任人本取向的实践理据。本研究指出，企业承担道德责任是维护企业利益相关者权益的基本保障，是企业自身生存与发展的迫切需要，同时也是落实科学发展观的应然要求。总之，本研究基于马克思主义人本观并从多学科整合的视野系统论证企业道德责任的人本理据，可以实现企业伦理学研究的理论拓新，夯实企业道德责任研究的人本理论根基。

（四）本研究提出企业道德责任"三方共建"的实践模式

本研究的落脚点是，基于马克思主义人本观探求企业道德责任建设人本取向的具体方略。本研究认为，政府、社会的外部约束力弱化和企业自身的道德责任意识淡薄是导致企业道德责任缺失的三大诱因。由此，本研究基于马克思主义人本观的视野，在全面分析企业道德责任制约因素的基础上，提出企业道德责任"三方共建"的观点，并从多角度、多层次探索政府、社会和企业三方力量共同推进企业道德责任建设的实践模式。企业道德责任建设需要政府的规制力量。政府应该通过创建企业道德责任管理体系、营造人本化的市场经济环境、构建人本化的法律制度环境等措施，为企业道德责任建设营造一个理想的制度环境。企业道德责任建设尚需社会的舆论监督。新闻媒体、社会公众、非政府组织、社会化工会等社会力量应充分发挥舆论监督作用，促成企业履行道德责任的社会环境。企业道德责任建设还需要企业的道德自律。在市场经济的种种诱惑面前，企业要冷静和自律，秉承马克思主义人本观，树立正确的义利观，主动承担道德责任。具体而言，本研究提出企业应通过树立人本理念、实施人本管理、组织人本生产等措施，主动履行道德责任。企业道德责任建设是一项系统工程，必须在马克思主义人本观的指引下，依靠政府、社会、企业三方的共同参与，形成企业道德责任建设的合力，这是根治企业道德责任缺失问题的关键。

二　未来进一步研究的建议

基于马克思主义人本观的企业道德责任研究是一项具有重要理论意义和现实意义的课题。本研究致力于基于马克思主义人本观的企业道德责任研究，通过系统的理论研究和大量的案例分析，得出了一些比较有意义的结论。但由于文献资料和篇幅所限，本研究不可避免地存在一定的局限性，这有待后继研究者进一步深入探讨。

（一）推动企业道德责任的定量化研究

本研究的侧重点是基于马克思主义人本观开展企业道德责任的理论研究。由于时间和能力所限，本研究没有从定量化的角度展开企业道德责任研究。因此，随着企业道德责任研究的不断深化和学科之间的进一步交融，后继学者可以基于马克思主义人本观，并运用统计学、高级计量经济学的相关理论，对企业道德责任与企业经济效益和社会效益之间的关系进行实证研究，构建定量化的模型，并在不同类型的企业中进行验证。这是今后需要努力的方向之一。

（二）推动企业道德责任法制化建设

虽然企业道德责任本质蕴含着的对法律的超越，但不可否认，法律的强制约束力依然是企业履行道德责任的重要保障。因此，为了更好地提高企业的道德责任意识和水平，今后需要法学界进一步细分企业与员工、消费者、社会公众等利益相关者的义务与责任关系，并在马克思主义人本观的意境下，根据企业和利益相关者的实际承受能力，将部分企业道德责任规范上升到法制层面，以加强本研究成果的规范性和可操作性。

（三）细化企业道德责任研究的领域

由于行业、地域、经济类型的差异，企业履行道德责任亦将存在差别。因此，随着文献资料的不断丰富和研究条件的不断改善，今后学者们可以立足于马克思主义人本观，进一步细化企业道德责任研究的领域，将研究视角触及不同行业、不同地域、不同经济类型的企业之中，进一步分析关于特定领域内企业道德责任建设的具体方略，借以增加企业道德责任建设的针对性。

综上所述，本研究所采用的研究视角和提出的企业道德责任建设的具体方略尚需要得到企业实践的检验，本研究的不足之处还需要后续学者进一步探索。总之，希望本研究的成果能够达到抛砖引玉的目标，为学术界提供一个基于马克思主义人本观的企业道德责任研究框架，为政府与企业界进行企业道德责任建设提供一些可能的策略与建议。

参考文献

一 著作类文献

1. ［美］约翰·斯坦纳、乔治·斯坦纳：《企业、政府与社会》，诸大建、许艳芳、吴怡等译，人民邮电出版社 2015 年版。

2. ［美］琳达·K. 屈维诺、凯瑟琳·A. 尼尔森：《商业伦理管理》第 4 版，何训译，电子工业出版社 2010 年版。

3. ［英］理查德·布兰森：《商界裸奔——一切生意的绝对秘密》，李志斌、郑云辉译，中信出版社 2015 年版。

4. ［英］亚当·斯密：《国富论》，胡长明译，江苏人民出版社 2011 年版。

5. ［美］林恩·夏普·佩因：《公司道德——高绩效企业的基石》，杨涤等译，机械工业出版社 2004 年版。

6. ［美］理查德·T. 德·乔治：《经济伦理学》，李布译，北京大学出版社 2002 年版。

7. ［美］哈罗德·孔茨：《管理学》，郝国华等译，经济科学出版社 1993 年版。

8. ［日］岩田松雄：《经营的哲学：星巴克 CEO 的忠告》，胡静译，北京时代华文书局 2015 年版。

9. 朱金瑞：《当代中国企业伦理模式研究》，安徽大学出版社 2011 年版。

10. ［德］马克斯·韦伯：《新教伦理与资本主义精神》，阎克文译，上海人民出版社 2010 年版。

11. ［美］斯蒂芬·杨：《道德资本主义》，余彬译，上海三联书店

2010 年版。

12. ［印度］阿马蒂亚·森：《伦理学与经济学》，王宇、王文玉译，商务印书馆 2000 年版。

13. ［美］斯蒂芬·罗宾斯、玛丽·库尔特：《罗宾斯管理艺术》，李原、孙健敏、黄小勇译，中国人民大学出版社 2015 年版。

14. 《马克思恩格斯选集》第 3 卷，人民出版社 1995 年版。

15. 赵敦华：《西方哲学简史》，北京大学出版社 2010 年版。

16. ［德］歌德：《读莎士比亚》，张可、元化译，上海书店出版社 2008 年版。

17. ［德］康德：《实践理性批判》，邓晓芒译，商务印书馆 2000 年版。

18. ［德］费尔巴哈：《费尔巴哈哲学著作选集》上卷，荣震华等译，商务印书馆 1984 年版。

19. 《马克思恩格斯选集》第 1 卷，人民出版社 1995 年版。

20. ［德］马克思：《1844 年经济学哲学手稿》，人民出版社 2000 年版。

21. 《马克思恩格斯全集》第 44 卷，人民出版社 2001 年版。

22. 《毛泽东选集》第 3 卷，人民出版社 1991 年版。

23. 《毛泽东选集》第 4 卷，人民出版社 1977 年版。

24. 《邓小平文选》第 3 卷，人民出版社 1993 年版。

25. 《江泽民文选》第 3 卷，人民出版社 2006 年版。

26. 中共中央文献研究室：《科学发展观重要论述摘编》，中央文献出版社 2009 年版。

27. 习近平：《习近平谈治国理政》，外文出版社 2014 年版。

28. 《毛泽东选集》第 1 卷，人民出版社 1991 年版。

29. 《江泽民文选》第 2 卷，人民出版社 2006 年版。

30. 习近平：《摆脱贫困》，福建人民出版社 2014 年版。

31. 中共中央文献研究室：《毛泽东 邓小平 江泽民论科学发展》，中央文献出版社 2009 年版。

32. 中共中央宣传部：《习近平总书记系列重要讲话读本》，学习出版社 2014 年版。

33. 《毛泽东文集》第 7 卷，人民出版社 1999 年版。

34. ［德］马克思：《资本论》第 1 卷，人民出版社 1975 年版。

35. 《马克思恩格斯选集》第 2 卷，人民出版社 1995 年版。

36. 罗国杰：《马克思主义伦理学》，人民出版社 1984 年版。

37. ［德］康德：《道德形而上学原理》，苗力田译，上海人民出版社 2005 年版。

38. 《新编学生新华字典》编委会：《新编学生新华字典》，吉林出版集团有限责任公司 2015 年版。

39. 朱贻庭：《伦理学大辞典》，上海辞书出版社 2011 年版。

40. 曹凤月：《企业文化与企业伦理研究》，光明日报出版社 2014 年版。

41. ［美］约瑟夫·W. 韦斯：《商业伦理——利益相关分析与问题管理方法》，符彩霞译，中国人民大学出版社 2005 年版。

42. ［美］阿奇·B. 卡罗尔、安·K. 巴克霍尔茨：《企业与社会伦理与利益相关者管理》，黄煜平、朱中彬、徐小娟译，机械工业出版社 2004 年版。

43. 惠丰廷：《理性与企业行为》，上海交通大学出版社 2014 年版。

44. ［澳大利亚］苏哈不拉塔·博比·班纳吉：《企业社会责任：好的、坏的和丑陋的》，肖红军、许英杰译，经济管理出版社 2014 年版。

45. 刘光明、李明巍、高静：《新企业伦理学》，经济管理出版社 2015 年版。

46. 钟宏武、许英杰、魏秀丽等：《陕西省企业社会责任研究报告》，经济管理出版社 2015 年版。

47. ［美］特伦斯·迪尔、艾伦·肯尼迪：《新企业文化——重获工作场所的活力》，孙健敏、黄小勇、李原译，中国人民大学出版社 2015 年版。

48. 石娟：《企业文化管理与实践》，科学出版社 2015 年版。

49. 中共中央文献研究室：《习近平关于协调推进"四个全面"战

略布局论述摘编》，中央文献出版社 2015 年版。

50. 李克强：《政府工作报告——2016 年 3 月 5 日在第十二届全国人民代表大会第四次会议上》，人民出版社 2016 年版。

51. 习近平：《之江新语》，浙江人民出版社 2013 年版。

52. 中共中央：《中华人民共和国国民经济和社会发展第十三个五年规划纲要》，人民出版社 2016 年版。

53. 罗国杰：《马克思主义伦理学的探索》，中国人民大学出版社 2015 年版。

54. 李江凌：《马克思主义的民生思想与实践》，中央编译出版社 2015 年版。

55. 杨晓东：《马克思解放视野中的社会政治生活》，中国社会科学出版社 2011 年版。

56. ［美］赫尔伯特·金蒂斯、塞缪尔·鲍尔斯等：《道德情操与物质利益：经济生活中合作的基础》，李风华、彭正德、孙毅译，中国人民大学出版社 2015 年版。

57. 韩桥生：《道德价值共识论》，人民出版社 2015 年版。

58. ［美］克里斯托弗·博姆：《道德的起源——美德、利他、羞耻的演化》，贾拥民、傅瑞蓉译，浙江大学出版社 2015 年版。

59. 范志均：《尼采与现代道德哲学》，中国社会科学出版社 2015 年版。

60. （春秋）老子：《道德经全鉴》第 2 版，东篱子译，中国纺织出版社 2014 年版。

61. ［美］亚当·斯密：《道德情操论》，赵康英译，华夏出版社 2014 年版。

62. ［美］詹姆斯·雷切尔斯、斯图尔特·雷切尔斯：《道德的理由》第 7 版，杨宗元译，中国人民大学出版社 2014 年版。

63. ［丹麦］尼古拉·彼得森、［瑞典］亚当·阿维森：《道德经济：后危机时代的价值重塑》，刘宝成译，中信出版社 2014 年版。

64. ［美］托马斯·斯坎伦：《道德之维——可允许性、意义与谴责》，朱慧玲译，中国人民大学出版社 2014 年版。

65. 杨建兵：《先秦平民阶层的道德理想》，中国社会科学出版社 2012 年版。

66. 王淑芹：《伦理秩序与道德研究》，中央编译出版社 2015 年版。

67. 熊宁宁、李昱、王思成：《伦理委员会制度与操作规程》，科学出版社 2014 年版。

68. 贾英健：《伦理与文明》第 2 辑，社会科学文献出版社 2014 年版。

69. ［美］史蒂文·卢坡尔：《伦理学是什么》，陈燕译，中国人民大学出版社 2014 年版。

70. 王莹、柴艳萍：《伦理治理与社会秩序》，河北大学出版社 2014 年版。

71. 杜镇远：《哲学 科学 信仰：探索的轨迹》，科学出版社 2015 年版。

72. ［日］柄谷行人：《哲学的起源》，潘世圣译，中央编译出版社 2015 年版。

73. ［英］克里斯·霍奈尔、［美］埃默里斯·韦斯科特：《哲学是什么》，夏国军等译，中国人民大学出版社 2014 年版。

74. 李泽厚：《哲学纲要》，北京大学出版社 2011 年版。

75. 熊坤敏：《企业管理机遇、转型与发展》，经济管理出版社 2015 年版。

76. 于祖尧：《忧思录：社会主义市场经济从理念到实践的跨越》，中国社会科学出版社 2015 年版。

77. 朱涛：《企业管理策略：如何让企业走向成功》，社会科学文献出版社 2014 年版。

78. 胥悦红：《企业管理学》，经济管理出版社 2013 年版。

79. 刘月霞、赵玉娟：《现代企业管理哲学——兼论企业家哲学素养》，中国社会科学出版社 2009 年版。

80. 张夏准、孙建中：《经济学的谎言：为什么不能迷信自由市场主义》，新华出版社 2015 年版。

81. ［美］马斯切纳：《经济学基础》，中国人民大学出版社 2014 年版。

82. 于光远：《经济学问题的哲学探析》，科学出版社 2013 年版。

83. 赵人伟：《经济转型和民生》，中国社会科学出版社 2015 年版。

84. 卢洪友：《外国环境公共治理：理论、制度与模式》，中国社会科学出版社 2014 年版。

85. ［美］约翰·D. 卡尔：《社会学》，刘铎、王文卿、王修晓等译，中国人民大学出版社 2014 年版。

86. ［美］理查德·谢弗：《社会学与生活》，赵旭东等译，世界图书出版公司 2014 年版。

87. 法学通论编写组：《法学通论》，高等教育出版社 2015 年版。

88. 王宏巍：《法律移植与中国环境法的发展》，科学出版社 2015 年版。

89. 丰霏：《法律制度的激励功能研究》，法律出版社 2015 年版。

90. ［英］维杰·K. 巴蒂亚等：《法律沟通中的透明度、权力和控制》，方芳译，北京大学出版社 2015 年版。

91. 张晓霞、彭忍钢：《法律与现实的差距：发展中国家劳动法与劳工保护研究》，人民日报出版社 2015 年版。

92. 谭安奎：《政治哲学：问题与争论》，中央编译出版社 2014 年版。

93. 梁涛：《儒家道统说新探》，华东师范大学出版社 2013 年版。

94. 景海峰：《儒家思想与当代中国文化建设》，人民出版社 2013 年版。

95. 张鸿翼：《儒家经济伦理及其时代命运》，北京大学出版社 2010 年版。

96. 单振文：《人本 人性 人心》，中央编译出版社 2014 年版。

97. ［美］亚伯拉罕·哈罗德·马斯洛：《人本管理》，方士华译，北京燕山出版社 2013 年版。

98. ［美］汉娜·阿伦特：《责任与判断》，陈联营译，上海人民出版社 2011 年版。

99. 胡春民：《企业的逻辑：夏普、松下、索尼兴衰启示录》，人民邮电出版社 2015 年版。

100. 王同新：《马克思恩格斯政府公共性思想与公共服务型政府构建》，中央编译出版社 2014 年版。

101. 田学斌：《传统文化与中国人的生活》，人民出版社 2015 年版。

二 期刊类文献

1. 周玉竹、王鹏、赵永林等：《四川省职业病危害现状调查及原因分析》，《工业卫生与职业病》2015 年第 4 期。

2. 王泽应：《论企业道德责任的依据、表现与内化》，《道德与文明》2005 年第 3 期。

3. 胡凯、胡骄平：《论企业道德责任边界公正的充要条件》，《伦理学研究》2014 年第 6 期。

4. 杨一凡：《企业道德责任重塑》，《经济与管理》2015 年第 10 期。

5. 岳瑨：《企业如何规避道德风险》，《哲学动态》2014 年第 7 期。

6. 曹凤月：《企业道德责任的哲学追问》，《当代电力文化》2013 年第 4 期。

7. 曾春海：《儒商与企业伦理》，《湖南大学学报》（社会科学版）2015 年第 2 期。

8. 夏绪梅：《基于利益相关者视角的企业伦理评价研究》，《经济体制改革》2011 年第 6 期。

9. 王小锡：《九论道德资本——企业道德资本类型及其评估指标体系》，《道德与文明》2014 年第 6 期。

10. 王小锡：《当代中国企业道德现状及其发展策略分析》，《社会科学战线》2013 年第 2 期。

11. 沈烈、孙德芝、康均：《论人本和谐的企业内部控制环境构建》，《审计研究》2014 年第 6 期。

12. 陈进华、欧文辉：《国家治理现代化中企业伦理的转向》，《哲学研究》2014 年第 11 期。

13. 聂增民：《企业道德实践的价值及其实现路径》，《河北师范大学学报》（哲学社会科学版）2015 年第 5 期。

14. 王立宏：《企业契约性质理论的问题研究》，《社会科学辑刊》2014 年第 6 期。

15. 宋友文：《价值哲学与规范问题——现代社会核心价值观的思想史语境》，《北京师范大学学报》（社会科学版）2015 年第 5 期。

16. 叶响裙：《由韦伯的"新教伦理"到"责任伦理"》，《哲学研究》2014 年第 9 期。

17. 曾琰：《在"人本"与"物本"之间：系统信任的价值分野及融合》，《东北大学学报》（社会科学版）2015 年第 5 期。

18. 王应黎：《绿色壁垒对中国纺织品出口欧盟的影响》，《国际经济合作》2015 年第 9 期。

19. 李振宇、黄格省、黄晟：《推动我国能源消费革命的途径分析》，《化工进展》2016 年第 1 期。

20. 魏婷、董文杰、武炳义等：《近期碳排放趋势对气候变化历史责任归因的影响》，《科学通报》2015 年第 7 期。

21. 潘毅、吴琼、文倩：《一纸劳动合同的建筑民工梦——2013 年建筑工人劳动合同状况调查》，《南风窗》2014 年第 3 期。

22. 孙远太：《基于福利获得的城市农民工幸福感研究——以河南875 个样本为例》，《西北人口》2015 年第 3 期。

23. 杨慧：《大学生招聘性别歧视及其社会影响研究》，《妇女研究论丛》2015 年第 4 期。

24. 卢晶亮、冯帅章：《贸易开放、劳动力流动与城镇劳动者性别工资差距——来自 1992—2009 年中国省际面板数据的经验证据》，《财经研究》2015 年第 12 期。

25. 孟续铎、王欣：《企业员工超时工作成因与劳动时间特征》，《经济与管理研究》2015 年第 12 期。

26. 陈法明、张建中、王艳：《2008 年长沙市工业企业职业危害现状分析与管理对策研究》，《实用预防医学》2010 年第 10 期。

27. 潘胜文、孙玉璟：《低收入行业职工收入状况分析及调控对策——基于江苏省细行业工资数据》，《西部学刊》2015 年第6 期。

28. 谢勇：《中国最低工资水平的适度性研究——基于重新估算社会平均工资的视角》，《社会科学》2016 年第2 期。

29. 苏晓智、张波：《创新型消费者权益保护体系构建研究——以美国20 世纪60 年代消保运动为借鉴》，《湖北社会科学》2013 年第9 期。

30. 蔡红、吴兴光：《美国〈统一商法典〉：创新、成就及对中国的启示》，《国际经贸探索》2014 年第2 期。

31. 邢维全：《我国〈国家审计准则〉与美国〈政府审计准则〉之比较》，《财会月刊》2015 年第10 期。

32. 田翠香、李蒙蒙：《美国环境信息披露管制政策及借鉴》，《北方工业大学学报》2015 年第4 期。

33. Verschoor and Curtis C：《美国消费者眼中的企业社会责任》，张凌宁译，《WTO 经济导刊》2009 年第5 期。

34. 王斋：《美国艾默生公司企业文化》，《石油政工研究》2015 年第5 期。

35. 孙雨悦：《美国企业文化对中国的影响》，《中国商论》2015 年第33 期。

36. 张辉：《企业社会责任强化法律路径探索》，《人民论坛》2015 年第23 期。

37. 肖丽萍：《法国企业社会责任政策的起源、发展和实践》，《南昌大学学报》（人文社会科学版）2015 年第1 期。

38. ［瑞典］本都·塞云、欧拉·劳曼：《瑞典汽车行业节能减排政策的分析》，杜珩、杜珂译，《西南民族大学学报》（人文社会科学版）2011 年第4 期。

39. 张晓瑞、尹彦、冯永琴等：《欧盟绿色采购技术标准体系研究》，《标准科学》2015 年第12 期。

40. 张琼：《浅析德国工会职业培训的特点及启示》，《工会理论研究》（上海工会管理职业学院学报）2015 年第 3 期。

41. 殷格非：《十年合作　同台论道——金蜜蜂代表团欧洲企业社会责任协会 20 周年年会论道一带一路社会责任》，《WTO 经济导刊》2015 年第 12 期。

42. 段明明：《法美企业伦理的跨文化比较研究：基于一个文本分析》，《法国研究》2011 年第 2 期。

43. 胡王云：《日本现代环境治理体系分析》，《日本研究》2015 年第 4 期。

44. 毕楠：《日本企业社会责任（CSR）理念的儒家思想基因及其传承》，《现代日本经济》2014 年第 3 期。

45. 胡树、夏美玲：《社会责任视角下日本企业与非政府组织的协作关系分析——以日本松下电器公司为例》，《内蒙古大学学报》（哲学社会科学版）2011 年第 5 期。

46. 李岩：《日本劳动关系模式下劳动者职业稳定权保护的经验及启示》，《湖北民族学院学报》（哲学社会科学版）2015 年第 3 期。

47. 范围：《日本劳动关系"三支柱"的形成、变革与展望》，《国家行政学院学报》2014 年第 1 期。

48. 口岸信息快递：《日本：企业将食品安全作为生存之本》，《口岸卫生控制》2010 年第 2 期。

49. 肖明辉：《论市场在循环经济发展中的决定作用——以日本建设循环社会为例》，《西南民族大学学报》（人文社会科学版）2016 年第 3 期。

50. 龚蕾：《日本环境政策对我国企业环境行为的启示》，《煤炭经济研究》2009 年第 12 期。

51. 吴蒙、董长青、蒲毅：《日本汽车企业绿色采购实践研究》，《天津科技》2014 年第 12 期。

52. 王玮、吴智慧：《从过度装饰下的产品包装看日本包装创意设计》，《包装工程》2015 年第 24 期。

53. 邓福：《抓好困难企业安全管理的对策探讨》，《现代国企研究》2015 年第 20 期。

54. 王永明：《组织认同：员工自我管理的道德自律》，《领导科学》2016 年第 2 期。

55. 王保忠、何炼成、王进富：《从"康德拉季耶夫周期理论"看低碳革命首倡于英国的原因及启示》，《经济纵横》2016 年第 1 期。

56. 王晓红、姚瑶、李宗尧：《新常态下开征碳税的动因、效应与思路》，《江海学刊》2015 年第 6 期。

57. 李克强：《社保是民生之基》，《中国医疗保险》2014 年第 4 期。

58. 葛江虬：《论消费者无理由退货权——以适用〈合同法〉条文之解释论为中心》，《清华法学》2015 年第 6 期。

59. 杨正喜、冯嘉萍、朱妍然等：《企业工会效用与员工满意度相关性分析》，《中国人力资源开发》2016 年第 1 期。

60. 岳瑨：《企业经济伦理体征：含义、再造与基本理念》，《哲学动态》2016 年第 2 期。

61. 阮海云、卫东海：《对明清晋商精神内在性超越问题的思考》，《山西档案》2015 年第 5 期。

62. 李健勇、桂秀娟：《利用微信平台，创新企业民主管理》，《企业管理》2016 年第 2 期。

63. 巩前文、严耕：《"绿色生产"指数构建与测度：2008—2014 年》，《改革》2015 年第 6 期。

64. 成广海、杨新焕、刘海燕等：《晋城市民营企业员工培训的现状分析——晋城职业技术学院"校企合作"的案例分析》，《晋城职业技术学院学报》2011 年第 1 期。

65. 刘建新：《我的电脑谁做主？——从腾讯与 360 纷争看互联网公共道德危机》，《新闻爱好者》2010 年第 24 期。

66. 陈晶晶：《腾讯、奇虎公司——3Q 之争》，《法人》2011 年第 2 期。

67. 顾海良：《新发展理念的马克思主义政治经济学探讨》，《马克思主义与现实》2016 年第 1 期。

68. 李长成：《现代性视野下马克思的劳动正义批判思想探微》，《武汉大学学报》（人文科学版）2016 年第 1 期。

69. 鲁力：《中国传统文化的伦理取向及其道德教育价值研究》，《学术论坛》2016 年第 2 期。

70. 王桂艳、刘金阳：《论"义"在传统道德价值体系中的融通性》，《道德与文明》2016 年第 2 期。

71. 李红梅：《马克思研究幸福的人学维度》，《理论月刊》2016 年第 3 期。

72. 李萍：《从牟利至上到共同发展——中国企业跨国经营的伦理审视》，《伦理学研究》2016 年第 2 期。

三　报纸类文献

1. 孙瑞灼：《对房地产暴利课以重税值得期待》，《中国消费者报》2011 年 2 月 21 日第 A01 版。

2. 李荣：《宝钢"交底"，员工找到"家"的感觉》，《新华每日电讯》2011 年 4 月 1 日第 006 版。

3. 张西陆、向雨航：《职场隐形性别歧视难阻止》，《南方日报》2011 年 11 月 9 日第 SC03 版。

4. 范亚康：《内蒙古鄂尔多斯市公布 2010 年全市十大虚假违法广告案例》，《北方新报》2011 年 3 月 1 日第 9 版。

5. 董庆利：《让食品工业流淌道德血液（声音）》，《国际金融报》2013 年 7 月 8 日第 2 版。

6. 李善举：《慈善是企业社会责任的旗帜》，《生命时报》2014 年 8 月 5 日第 19 版。

7. 刘仰：《莫用假新闻跟道德"碰瓷"》，《环球时报》2015 年 10 月 8 日第 15 版。

8. 董配永：《营造慈善社会道德风尚（畅议国是)》，《人民日报》（海外版）2016 年 3 月 12 日第 9 版。

9. 冯国川：《欧盟重罚过哪些美国企业》，《环球时报》2016 年 4 月 22 日第 11 版。

四 网络类文献

1. 习近平：《国家主席习近平发表二〇一五年新年贺词》，2015 年 1 月 1 日，人民网（http：//politics. people. com. cn/n/2015/0101/c 1024 – 26309646. html）。

2. 徐博、岳德亮：《人社部：企业内部收入差距最高达 112. 77 倍》，2015 年 3 月 9 日，新华网（http：//news. xinhuanet. com/ politics/2015 – 03/09/c_ 127560907. htm）。

3. 中华人民共和国国家统计局：《2014 年全国农民工监测调查报告》，2015 年 4 月 29 日，中华人民共和国国家统计局网站（http：//www. stats. gov. cn/tjsj/zxfb/201504/t20150429 _ 797821. html）。

4. 北京市总工会课题组：《北京市总工会推进集体合同工作的调研报告》，2009 年 8 月 11 日，北京市总工会网站（http：// www. bjzgh. gov. cn/template/10004/file. jsp？cid = 114&aid = 18668）。

5. 富士康科技集团：《集团荣誉变迁略览》，2016 年 2 月 21 日，富士康科技集团官网（http：//www. foxconn. com. cn/HonorsStatus. html）。

6. 360 百科：《富士康跳楼事件》，2013 年 4 月 27 日，360 网站（http：//baike. so. com/doc/3843171 – 4035380. html）。

7. 《京华时报》：《五年变迁：讨薪农妇熊德明一言成名》，2008 年 3 月 6 日，腾讯网（http：//news. qq. com/a/20080306/000382. htm）。

8. 韩宇明：《媒体解读强征五险：企业可能因高社保费率裁员》，2011 年 12 月 9 日，中国网（http：//www. china. com. cn/news/ txt/2011 – 12/09/content_ 24114323. htm）。

9. CCTV2 新闻频道：《央视曝光双汇子公司收购含"瘦肉精"猪肉》，2011 年 3 月 15 日，网易财经（http：//money. 163. com/ 11/0315/12/6V6I4IKU00252603. html）。

10. 李鹏飞：《山西孝义 1/5 面积成采空区 生态伤口待疗慰》，

2011 年 8 月 11 日，中国新闻网（http：//www. chinanews. com/gn/2011/08 – 11/3252161. shtml）。

11. 新华财经：《2011 中国慈善排行榜：上榜企业共捐赠 116.07 亿》，2011 年 4 月 27 日，新华网（http：//news. xinhuanet. com/fortune/2011 – 04/27/c_ 121353400. htm）。

12. 韩肖：《2015 年食品安全热点事件全回顾 专家权威解读》，2016 年 1 月 13 日，网易财经（http：//money. 163. com/16/0113/08/BD6QUOBD00253B0H. html）。

五 外文类文献

1. Ralitza Nikolaeva and Marta Bicho, "The Role of Institutional and Reputational Factors in the Voluntary Adoption of Corporate Social Responsibility Reporting Standards", *Journal of the Academy of Marketing Science*, Vol. 39, No. 1, February 2011.

2. Milton Friedman, "The Social Responsibility of Business Is to Increase Its Profits", *New York Times Magazine*, No. 13, September 1970.

3. Robyn A. Berkley and George Watson, "The Employer – Employee Relationship as a Building Block for Ethics and Corporate Social Responsibility", *Employee Responsibilities and Rights Journal*, Vol. 21, No. 4, September 2009.

4. Justine Nolan and Luke Taylor, "Corporate Responsibility for Economic, Social and Cultural Rights：Rights in Search of a Remedy?", *Journal of Business Ethics*, Vol. 87, No. 2, August 2009.

5. Wim Dubbink and Jeffery Smith, "A Political Account of Corporate Moral Responsibility", *Ethical Theory and Moral Practice*, Vol. 14, No. 2, April 2011.

6. Stephen P. Robbins and Mary Coultar, *Management（Fifth Edition）*, New Jersey：Prentice Hall International, Inc., 1996. 清华大学出版社影印本 1997 年版。

7. Keith P. Davis and Robert L. Blomstrom, *Business and Society：Envi-*

ronment and Responsibility, New York: MeGraw – Hill, 1975.

8. J. Maurice Clark, "The Changing Basis of Economic Responsibility", *Journal of Political Economy*, Vol. 24, No. 3, March 1916.

9. Carter A. Daniel, *MBA: The First Century*, London: Lewisburg Bucknell University Press, 1998.

10. Coase R. H, "The Nature of the Firm", *Economics New Series*, Vol. 4, No. 16, November 1937.

11. Armen A. Alchian and Harold Demsetz, "Production, Information Costs, and Economic Organization", *The American Economic Review*, Vol. 62, No. 5, December 1972.

12. William H. Shaw, "Marxism, Business Ethics, and Corporate Social Responsibility", *Journal of Business Ethics*, Vol. 84, No. 4, February 2009.

13. Stig Larssaether and André Nijhof, "Moral Landscapes – Understanding Agency in Corporate Responsibility Initiatives", *Corporate Social Responsibility and Environmental Management*, Vol. 16, No. 4, July 2009.

14. Stephen P. Robbins and Mary Coultar, *Management (Fifth Edition)*, New York: Prentice Hall, 1996.

15. Archie B. Carroll, "A Three – Dimensional Conceptual Model of Corporate Performance", *Academy of Management Review*, Vol. 4, No. 4, October 1979.

16. James J. Brummer, *Corporate Responsibility and Legitimacy: an Interdisciplinary Analysis*, Greenwood Press, 1991.

17. Elsa González, "Defining a Post – Conventional Corporate Moral Responsibility", *Journal of Business Ethics*, Vol. 39, No. 1, August 2002.

18. R. Edward Freeman, *Strategic Management: A Stakeholder Approach*, Boston: Pitman Inc., 1984.

19. Richard T. De George, "The Status of Business Ethics: Past and Future", *Journal of Business Ethics*, Vol. 6, No. 3, April 1987.

20. Dirk Matten, Andrew Crane and Wendy Chapple, "Behind the Mask: Revealing the True Face of Corporate Citizenship", *Journal of Business Ethics*, Vol. 45, No. 1, June 2003.

21. Henry L. Petersen and Harrie Vredenburg. "Morals or Economics? Institutional Investor Preferences for Corporate Social Responsibility", *Journal of Business Ethics*, Vol. 90, No. 1, November 2009.

22. S. Duane Hansen, Benjamin B. Dunford and Alan D. Boss, et al, "Corporate Social Responsibility and the Benefits of Employee Trust: A Cross – Disciplinary Perspective", *Journal of Business Ethics*, Vol. 102, No. 1, August 2011.

23. Michael Callaghan, Greg Wood and Janice M. Payan, et al, "Code of ethics quality: an international comparison of corporate staff support and regulation in Australia, Canada and the United States", *Business Ethics: A European Review*, Vol. 21, No. 1, January 2012.

24. Mark Cordano, R. Scott Marshall and Murray Silverman, "How do Small and Medium Enterprises Go 'Green'? A Study of Environmental Management Programs in the U. S. Wine Industry", *Journal of Business Ethics*, Vol. 92, No. 3, March 2010.

25. Robert McCorquodale, "Corporate Social Responsibility and International Human Rights Law", *Journal of Business Ethics*, Vol. 87, No. 2, August 2009.

26. Don Mayer, "Legal Loopholes, Business Ethics, and Corporate Legal Strategy: A Reply to Professor Ostas", *American Business Law Journal*, Vol. 48, No. 4, December 2011.

27. Geert Demuijnck, "From an Implicit Christian Corporate Culture to a Structured Conception of Corporate Ethical Responsibility in a Retail Company: A Case – Study in Hermeneutic Ethics", *Journal of Business Ethics*, Vol. 84, No. 3, February 2009.

28. Stephen Wilmot, "Corporate Moral Responsibility: What Can We Infer from Our Understanding of Organizations?", *Journal of Busi-*

ness Ethics, Vol. 30, No. 2, March 2001.

29. Theodore J. St. Antoine, "The Future of American Labor and Employment Law: Hopes, Dreams, and Realities", *Employee Responsibilities and Rights Journal*, Vol. 21, No. 2, June 2009.

30. Miguel Alzola, "When urgency matters. On non – discretionary corporate social Responsibility ", *Human Systems Management*, Vol. 27, No. 3, January 2008.

31. Ingo Pies, Markus Beckmann and Stefan Hielscher, "Value Creation, Management Competencies, and Global Corporate Citizenship: An Ordonomic Approach to Business Ethics in the Age of Globalization", *Journal of Business Ethics*, Vol. 94, No. 2, June 2010.

32. Roger Eugene Karnes. "A Change in Business Ethics: The Impact on Employer – Employee Relations ", *Journal of Business Ethics*, Vol. 87, No. 2, June 2009.

33. Paul K. Shum and Sharon L. Yam, "Ethics and Law: Guiding the Invisible Hand to Correct Corporate Social Responsibility Externalities", *Journal of Business Ethics*, Vol. 98, No. 4, February 2011.

后　记

　　本研究是在我的博士学位论文基础上，在河南理工大学博士基金以及河南理工大学马克思主义学院的经费支持下完成的。

　　20世纪80年代至今，随着我国经济与社会的快速发展，企业道德责任问题逐步成为社会各界关注的热点之一。因此，2009年9月至2012年6月，我在西安交通大学攻读博士学位期间，选择企业道德责任问题作为自己的研究方向。日月如梭，转眼博士毕业已近四年。2012年7月进入河南理工大学从事教学科研工作以来，我继续从事企业道德责任问题研究。在河南理工大学的教学科研工作中，我立足于马克思主义人本观，继续收集和整理哲学、法学、经济学与管理学等学科中与企业道德责任问题相关的资料，不断充实到文稿之中；在与单位同事们的交流研讨中，进一步拓展了学术视野，理顺了写作思路。经过近四年的不断思考、补充和完善，最终形成了本研究的书稿。

　　在博士研究生学习期间，西安交通大学深厚的学术积淀、浓郁的人文环境以及严谨的学术氛围为我提供了良好的学习和科研条件；三年时间里，西安交通大学给予我巨大的精神财富，使我领略了学术的魅力、接受了精神的洗礼。在此感谢母校西安交通大学对我的培养。

　　本研究的完成与我的导师卢黎歌教授的关怀和指导是分不开的。在攻读博士学位期间，卢老师的指导给予我很大启发，使我有机会对企业道德责任这一具有现实意义的课题进行探索。随后博士论文提纲的确立、框架的设计直至具体撰写过程，卢老师都提出了许多宝贵的意见和建议，这为本研究的完成奠定了坚实的基础。卢老师渊博的学识、严谨的治学态度、豁达的生活理念给我留下了深刻的印象，使我受益匪浅。在此，谨向卢老师表示衷心感谢！

在博士论文开题、撰写、答辩过程中，廉永杰教授、陈国庆教授、袁祖社教授、秦燕教授、李景平教授、陆根书教授、焦垣生教授、霍有光教授、张思峰教授、李明德教授等，都对我的研究提出了许多宝贵的意见和建议，使我深受教益！在西安交通大学学习期间，人文社会科学学院的领导和老师们，特别是李玉华教授、边燕杰教授、王宏波教授、李建群教授、陆卫明教授、韩鹏杰教授、张顺教授等，都对我的学习和研究给予了热情的鼓励和指导。在西安交通大学学习期间，我的师门同学都给予我热情的鼓励和无私的帮助。在此对给予我指导、鼓励和帮助的老师和同学们表示衷心感谢！

在河南理工大学马克思主义学院这个人才济济，充满学术氛围的集体中，我有幸得到马克思主义学院各位领导、众多老师与热心朋友的关怀、帮助和指导，使我充分感受到集体的温暖，促使我自觉追求进步，在此一并致以衷心感谢！

在本研究的进展过程中，笔者参阅了大量文献资料，并从文献资料的论述中得到了诸多启发，在此特向文献资料的责任者表示诚挚的感谢！

本研究的书稿能够出版，还要特别感谢河南理工大学博士基金以及河南理工大学马克思主义学院的经费资助；同时，还要特别感谢中国社会科学出版社责任编辑田文老师和其他工作人员，正是由于你们的高度敬业精神和付出的辛劳，本研究的书稿才得以出版并呈现给读者朋友。

最后，我还要感谢我的家人。在我艰苦的读书岁月里，在我繁忙的工作过程中，父母的殷切期盼、爱人的默默支持、儿女的稚嫩问候，一直是我不断前进的动力，使我能够度过人生最为艰苦的历程。在此，我要特别感谢家人给予我的理解和支持！

由于本人的能力有限，本研究难免会有不足之处，敬请各位指正！

魏新强

2016 年 4 月 26 日于河南理工大学